海洋安全研究系列丛书

美国海岸警卫队发展战略

赵伟东　编译

海洋出版社

2024 年 · 北京

图书在版编目(CIP)数据

美国海岸警卫队发展战略/赵伟东编译. —北京：海洋出版社,2024. 5

ISBN 978-7-5210-1257-6

Ⅰ. ①美… Ⅱ. ①赵… Ⅲ. ①美国海岸警卫队-发展战略-研究 Ⅳ. ①E712. 53

中国国家版本馆 CIP 数据核字(2024)第 091916 号

责任编辑：高朝君
责任印制：安 森
海洋出版社 出版发行
http：//www. oceanpress. com. cn
北京市海淀区大慧寺路 8 号 邮编：100081
涿州市般润文化传播有限公司印刷 新华书店经销
2024 年 5 月第 1 版 2024 年 7 月北京第 1 次印刷
开本：710mm×1000mm 1/16 印张：13. 5
字数：255 千字 定价：98. 00 元
发行部：010-62100090 总编室：010-62100034
海洋版图书印、装错误可随时退换

前　言

对于热衷于军事的专业人士来说，“战略”一词也许并不陌生，但是据作者观察，关注并研究美国海岸警卫队（以下简称“美国海警”）相关战略的人士却并不多见。原因自然很多，与美国海警相对于其他美军军种较为“小众”有关，也与美国海警较其他美军军种不那么“风光”有关。尽管如此，美国海警作为美国海上三大力量之一却是一个独特的存在，按美国海警自己的说法就是“人数最少、干活最多”，是美军中唯一拥有海上法定执法权力的部队。凭此一点，相较于美国海军历史上曾被撤销的灰暗一页，美国海警自 1790 年起，历经 230 余年一直地位稳固，而且自 2002 年成为美国海上国土安全领域领头羊、正式加入美国情报界之后，更是雄心勃勃、自信满满，不仅制定并实施了耗资巨大的装备更新改造计划，还借美国竭力推行“亚太再平衡”战略以及海军第七舰队险况频出之际，自 2019 年直接出兵西北太平洋并实际参与美军所谓的“航行自由”行动，非法侵入我国东海和南海海域。人们在关注美国海警的“华丽”表演之际，也许会思考这样一些问题：为什么美国海警这样一支应该专注本国海上执法的力量会跑到西北太平洋来挑事？为什么美国海警缉私船有能力与美国海军舰船甚至其盟国舰船组成联合编队进行训练演习、开展军事挑衅行动？其实，本书所编译的文献之中就隐藏着若干答案。

诚然，作为目前世界上实力最强大的海上执法力量，美国海警的确有其自身的特点和发展经验。因而被世界上众多沿海国家（地区）所效仿。这也不足为怪，“学习”和“借鉴”历来是各国图谋发展、抵御外强的有效举措。1842 年，魏源在其《海国图志》一书中就提出了“师夷长技以制夷”的主张，明确地把是否学习外国“长技”提高到能否战胜外国强敌的高度来认识，并且提出要“制夷”，就必须了解“夷情”和“夷形”。这一思想在中国近代思想史上占有非常重要的地位，甚至成为后来洋务运动、维新变法、辛亥革命等一切革新运动的先声。美国海警战略，作为美国海警发展建设的顶层设计，自然具有全局性、规划性、指导性价值。研究美国海警发展战略，不仅可以了解其对外部威胁环境的总体看法和具体举措，更能够探查其未来发展的目标和方向，同时还能明确其现在及未来发展建设的内容和重点，这也是我们正视现实威胁、聚力发展壮大、应对强敌挑衅之所需。

为方便读者阅读，遂概述每篇内容的来龙去脉与要义如下：

第一篇“美国海警国土安全海上战略”，由美国海警司令部于 2002 年 12 月 23 日颁布。该战略的出台，正值美国遭受“9·11”恐怖袭击后、海警转隶新成立的国土安全部之际。发布时间距离现在虽然久远，但研究价值仍很重大。从层次上看，该战略处于美国当时的《国家安全战略》和《国土安全国家战略》之下，是美国海警针对本国海上领土特点对以上两项国家战略所作的进一步分解和细化。从内容上看，美国《国家安全战略》将美国的战略重点从冷战时期的防御政策转变为防范敌国和恐怖组织的“提前到达、先发制人”；《国土安全国家战略》则界定了美国联邦政府各机构在国土安全行动中的指挥和行动框架，将目标定位于动员和组织美国的国家力量进行反恐；《国土安全海上战略》则基于海上领土的特殊性，将美国海警的战略目标定位于保卫美国海上领土、防止恐怖分子从海上对美国发动恐怖袭击。其中的分层防御作战概念在之后的战略文本中不仅有继承，而且还不断演化发展，而增强海域感知能力、加强海上装备建设等发展重点，在后续出台的战略文本中也被反复提及，由此可见美国海警一个时期以来对重点建设方向的重视程度和其战略发展方向的延续性。

第二篇“美国海警司令 2015—2019 战略意图”，该文件发布于 2015 年 5 月，是之前于 2013 年 5 月发布的《美国海警北极战略》、2014 年 9 月发布的《美国海警西半球战略》的汇总和统合，同时也为 2015 年 6 月发布的《美国海警网络战略》确定了基调，故将此篇置于这三个战略文件之前。从内容上看，该文件既有对外部复杂性威胁和挑战的精确分析，又有对内部资金和财政支持情况严峻的深刻思考；既聚焦国家最高战备重点，也提出了海警能力建设的关键举措。其中，关于战略挑战和美国海警应对之策的阐述，具有很强的针对性和可操作性；关于 21 世纪美国海警任务目标的表述——“服务国家”“服务民众”“追求卓越”，提纲挈领、高度概括，具有很强的方向性引领作用。

第三篇“美国海警北极战略”，发布于2013年5月。美国作为一个北极国家，长期以来一直关注北极并竭力维护其在北极的利益，所以近几十年来，如1983年、1994年和2009年都可见美国政府发布相关北极政策指令。而2013年是比较罕见的“美国北极政策”密集出台年，力度之大超乎想象：4月，美国海洋政策委员会发布《国家海洋政策执行计划》；5月10日，美国总统奥巴马发布《北极地区国家战略》；5月21日，美国海警发布《美国海警北极战略》；11月22日，美国国防部又发布了《国防部北极战略》。这一系列政府文件的出台，表明美国政府已经将北极战略提升为“高度关注”的国家战略，同时也表明美国要投入更多的精力和财力在经济、政治、法律、安全等领域争夺北极事务领导权。《美国海警北极战略》在分析地缘战略环境时虽然强调了北极地区地缘经济因素的巨大驱动作用，但同时也不忘提及中国和俄罗斯，说中国对北极非常感兴趣、俄罗斯在北极的采矿业已成为成熟产业等。需要指出的是，由于海警历来是美国海上安全、治安和管理的领导者，所以该战略明确将海警的职责任务范围扩展到北极地区，并强调要充分利用海警作为军事机构和多任务海上执法机构的特殊地位，发挥其法定权力、伙伴关系、行动灵活性以及国际交流方面的相关专业知识优势，在今后一个时期努力达成增强态势感知、实现现代化治理和扩大伙伴关系三大战略目标。

第四篇“美国海警西半球战略”，发布于2014年9月。通常意义上，西半球被定义为东经160°以东至西经20°以西的区域，而该战略定义的西半球是指东经180°（国际日期变更线）以东至西经0°（本初子午线）以西的区域。从地理面积上看，这两种定义方式虽然没有太多变化，但涉及的地理区域却发生了改变。前一个定义的区域主要涉及南美洲、北美洲、东太平洋、部分大西洋、部分北冰洋以及部分南极洲，而后一个定义的区域除了以上地区，又增加了欧洲和非洲的部分地区。也许读者认为美国海警的西半球战略与我们关系不大，然而并非如此。首先，正如该篇所言“尽管（美国）海警的活动范围遍布全球，但主要行动区域还是在西半球”，而对于中俄等国与一些西半球国家的政治、经济联系不断取得突破性进展这一情况，美国不仅表现出极度焦躁不安的情绪，而且还企图通过西半球战略的实施，削弱中俄等国在该地区不断增长的影响力。另外，该文件中提到的“分层防御”作战概念，是美国海警官方文件中经常提及的“分层、纵深安全”作战概念的另一种表述方式，表述方式有别但内涵完全相同。同时，基于该作战概念的兵力部署方式，则被首次形象、直观地概括为：“高自持力国家安全缉私船要投送到主要拦截转运走廊，中自持力远海巡逻缉私船作为补充投送到美国专属经济区，快速响应缉私船、岸基直升机和临近美国海岸的当地执法部门要守住后门。”这使分层兵力部署形成的纵深防御体系跃然纸上。

第五篇“美国海警网络战略”，发布于2015年6月。与美军其他军种一样，美国海警及其任务装备也严重依赖网络空间。但无论是美国海警专网（CGOne）、美国海上运输系统（MTS），抑或是其他相关网络基础设施，目前都面临越来越严重的网络攻击威胁和挑战。这也是美国海警自2011年成立网络司令部（初期人数规模约为一个排）之后，该司令部迅速发展并逐步拥有四个独立部门（网络情报处、行动处、评估授权处和行动支援处）、肩负三项职责（海警网络防御、保障海警行动、保护海上交通系统）的原因。2015年《美国海警网络战略》是美国海警发布的首份以网络空间安全防御为内容的战略文件，但是这在美国并非先例，而且同年还有美国国防部发布的《国防部网络空间战略》等，这些网络战略文件都是相互关联、相辅相成的。在该文件中，美国海警首次将网络空间作为一个作战领域来看待，并强调要重视三个战略优先事项：网络空间防御、保持行动能力和保护基础设施。

第六篇“美国海警人力资本战略”。在获得历史上最大一笔政府财政拨款后，美国海警司令保罗·祖孔夫特上将于2016年1月签发了该部队历史上第一份人力资本战略文件，足以证明美国海警对人力资本管理的重视，同时也显示出美国海警数十年来所使用的人力资本管理方式已经过时，不能完全适应新世纪任务要求以及劳动力市场的变化。当然，这也是在得到最大一笔政府拨款之后，美国海警认为有能力对人力资本管理进行改变而做出的战略性思考。至于这份为期10年、雄心勃勃的计划能不能实现满足任务需要、满足部队需要、满足个人需要的三大目标，还要看其北极战略、西半球战略、网络战略等制定的战略任务目标能不能如期实现。

第七篇“美国海警2018—2022战略计划”。与美国海警第25任司令保罗·祖孔夫特上将2015年上任之初即抛出《美国海警司令2015—2019战略意图》一样，第26任司令卡尔·舒尔茨上将也在2018年上任之后就发布了《美国海警2018—2022战略计划》。因此，该战略计划完全可被称为舒尔茨上将的任期工作目标和任职宣言。如果说舒尔茨上将的任职宣言与祖孔夫特上将的任职宣言有什么不同，那就是舒尔茨上将突出强调大国间竞争加剧是战略环境急剧变化的一大特点，还抛出“竞争对手”试图削弱“美国和伙伴国家在海外影响力”的荒谬论调。这一言论与美国政府及军方同期的言论腔调完全一致，也与2019年美国海警开始出兵亚太地区甚至直接参加美军所谓的“航行自由”行动的行为遥相呼应。

第八篇“美国海警北极战略展望”。这是继美国海警2013年5月发布《美国海警北极战略》之后，2019年4月再次发布的能力建设政策指导性文件，目的是应对北极地区竞争态势加剧的趋势，弥补自身能力建设方面的不足。在对北极地区总体现状的分析中，除了指出因气候变化导致环境、经济等方面存在不确定性风险外，还宣扬美国的“竞争对手”有意突破现有框架。在阐述美国海警在北极地区的使命任务时，一方面将海警视为美国在北极安全、治安和环境治理领域的主导部门，负责实现美国在北极地区主导国际治理事务的利益诉求；另一方面，还要求海警采取措施、应对严峻挑战，尤其要加强与联邦、州、地方政府、当地部族、学界及工业界的密切合作，提升在北极最偏远地区的行动能力，实现对北极地区各类活动的有效管控。在明确海警取得长期成功的原则时，指出伙伴关系、团结一致、文化创新是海警各级规划和决策中需要贯彻的三项基本原则。在确定海警今后的努力方向时，要求海警：一要增强在动态变化的北极地区有效行动的能力；二要强化在北极地区“基于规则的秩序”；三要通过创新和适应变化，提升国家恢复能力和促进繁荣。该文件特别明显地提升了对中俄两国的所谓“威胁”表述，预示中国今后在北极地区的活动将受到来自美方的日益严重的关切、敌视和掣肘，这不能不引起我们的高度重视。

第九篇“21世纪美国海上力量合作战略”。美国海警既是海上执法力量，同时又是美军的一个军种，所以研究、分析其战略，就不能不提及其作为军事力量的相关战略文件。《21世纪美国海上力量合作战略》于2015

年3月由美国海警与海军、海军陆战队联合发布。该战略文件的第一版发布于2007年。与首版相比，新版战略在表述结构上变化不大，涵盖威胁环境分析、战略实施等方面，但具体内容却有实质性改变。新版战略明确美国的防范重点，同时还关注网络空间和电磁频谱装备与技术带来的新军事挑战，特别是“反介入/区域拒止”能力的增强。对于涉及美国海警的内容，该战略有以下几个方面需要关注：一是进一步明确美国的海上力量由海军、海军陆战队和海警组成，美国海上力量的共同目标是通过一系列军事行动，创建有利的安全环境，使美国免受直接攻击、确保战略准入和全球行动自由；二是为实现海上力量的全球存在，美国要整合组建一支任务导向型海上力量；三是根据《国家舰队政策》，为保障美国安全，海警必须能够作为联合特遣部队的一部分在距美国海岸数千英里的地方执行任务，海军只是在必要的时候执行近距离沿海作战任务。

在编译过程中，依据我国出版规定的要求，对相关文件的部分内容进行了删减处理。原文中的论述为客观引用，不代表译者和出版方认同其立场。

本书由赵伟东整体筹划、统稿和校对，并负责第一篇、第二篇、第四篇、第六篇、第九篇的翻译、整理，柳俊峰负责第三篇、第八篇的翻译、整理，彭颖负责第五篇的翻译、整理，李立纬负责第七篇的翻译、整理。周田园、彭颖参加了本书的初步校对工作。

编　者

2024年3月于宁波

目　　录

第一篇　《美国海警国土安全海上战略》…………………………… 1

美国海警司令的发布函………………………………………………… 1
一、内容摘要…………………………………………………………… 2
二、导语………………………………………………………………… 4
三、国土安全战略环境………………………………………………… 6
四、制定战略的指导原则 …………………………………………… 11
五、美国海警国土安全海上战略 …………………………………… 16

第二篇　《美国海警司令 2015—2019 战略意图》 ……………… 31

美国海警司令的发布函 ……………………………………………… 31
美国的海岸警卫队 …………………………………………………… 32
一、内容摘要 ………………………………………………………… 32
二、战略格局 ………………………………………………………… 34
三、战略挑战和海警应对之策 ……………………………………… 35
四、建设 21 世纪海警………………………………………………… 38
五、未来展望 ………………………………………………………… 45

第三篇　《美国海警北极战略》 …………………………………… 46

美国海警司令的发布函 ……………………………………………… 46
北极地区 ……………………………………………………………… 47
一、导语 ……………………………………………………………… 47
二、内容摘要 ………………………………………………………… 49
三、当前现状 ………………………………………………………… 51
四、地缘战略环境 …………………………………………………… 57
五、美国海警在北极 ………………………………………………… 60
六、战略目标：增强感知 …………………………………………… 62

七、战略目标：现代化治理 …… 65
八、战略目标：扩大伙伴关系 …… 68
九、确保长期成功 …… 69
十、结论 …… 73
十一、附录 …… 74

第四篇 《美国海警西半球战略》 …… 79

美国海警司令的发布函 …… 79
一、导语 …… 80
二、内容摘要 …… 82
三、当前现状 …… 85
四、地理战略环境 …… 89
五、美国海警在西半球 …… 96
六、战略优先项：网络战斗 …… 99
七、战略优先项：边界保护 …… 104
八、战略优先项：维护商贸 …… 108
九、确保长期成功 …… 113
十、结论 …… 118

第五篇 《美国海警网络战略》 …… 119

美国海警司令的发布函 …… 119
美国海警技术与任务演化进程 …… 120
一、导语 …… 121
二、内容摘要 …… 123
三、现状 …… 124
四、背景：美国海警与网络作战 …… 129
五、战略重点：网络空间防御 …… 132
六、战略重点：保持行动能力 …… 135
七、战略重点：保护基础设施 …… 137
八、确保长期成功 …… 140
九、结论 …… 142

第六篇 《美国海警人力资本战略》 …… 143

美国海警司令的发布函 …… 143
一、导语 …… 144
二、内容摘要 …… 145
三、员工组成、权利和能力 …… 147
四、当前环境 …… 148
五、重点战略任务之一：满足任务需求 …… 152
六、重点战略任务之二：满足部队需要 …… 154
七、重点战略任务之三：满足个人需要 …… 157
八、确保长期成功 …… 160
九、结论 …… 162

第七篇 《美国海警 2018—2022 战略计划》 …… 163

美国海警司令的发布函 …… 163
一、美国的海岸警卫队 …… 164
二、战略环境 …… 164
三、我们对国家的价值 …… 166
四、战略框架 …… 167
五、战略重点 …… 168
六、未来之路 …… 175

第八篇 《美国海警北极战略展望》 …… 177

美国海警司令的发布函 …… 177
一、内容摘要 …… 178
二、当前现状 …… 181
三、美国海警在北极 …… 183
四、确保长期成功 …… 184
五、努力方向 1：增强在动态北极地区有效行动的能力 …… 185
六、努力方向 2：强化“基于规则的秩序” …… 188
七、努力方向 3：创新和适应以促进恢复和繁荣 …… 189
八、结论 …… 191

第九篇 《21 世纪美国海上力量合作战略》 …… 193
前言 …… 193
一、导语 …… 194
二、新时代的挑战 …… 195
三、海上战略概念 …… 196
四、战略实施 …… 198
五、结论 …… 202
后记 …… 203

第一篇 《美国海警国土安全海上战略》①

美国海警司令的发布函

为应对全球恐怖主义，美国在国内外开辟了多条战线。在可以预见的未来，我们的国家很容易受到恐怖分子的攻击，因为他们一直在寻找我们防御和战备上的弱点，包括海洋和海上运输系统所提供的途径。

为保卫美国免遭恐怖威胁，总统制定了《国土安全国家战略》，以及保护美国、减少安全漏洞的具体措施。另外，总统还签署了一系列法令，第一时间授权组建以保护我们国家、应对恐怖威胁为首要任务的国土安全部。② 现在，这一新机构要落实《国土安全国家战略》的中心任务，美国海警在预防海上恐怖袭击、减少安全漏洞、响应并降低攻击损失方面自然责无旁贷，这就是美国海警制定的《国土安全海上战略》所明确的。该战略既要支撑总统的《国家安全战略》，也要支撑《国土安全国家战略》，还要以此为指导，确保美国在全球反恐战争中的安全。另外，该战略还要落实《2002 海上交通安全法案》所赋予的新责任。

该战略将应对海上恐怖威胁、保护我们的基本自由和经济繁荣视为海警必须承担的责任，同时还明确了海警在承担国土安全任务中充当海上国土安全领导机构所需要的民事授权，以及在支援其他联邦机构应对特殊事件和在军事行动中作为支援指挥机构或受援指挥机构的权力。

该战略提出了在威胁到达美国海岸之前进行识别和拦截的多种策略，即通过分层的、多部门协同的海上战略行动来确保战略经济港口和军事港口的安全。该战略还对海警承担的应对其他海上威胁的多任务职责提供了保障——包括海上缉私，非法移民拦截，打击国际有组织犯罪和资源攫取，阻止传染性疾病及环境破坏等。

---

① 本篇译自：*The U. S. Coast Guard Maritime Strategy for Homeland Security*. U. S. Coast Guard Headquarters, Washington, D. C. , December 2002. 本书将美国海岸警卫队简称为“美国海警”。——译者注

② 国土安全部（Department of Homeland Security, DHS）：根据《2002 国土安全法案》成立，其主要任务是在美国领土上阻止、防范和应对恐怖主义行为。

总统在《国土安全国家战略》中指出："保护美国国土是一项复杂而艰巨的挑战，这是美国政府唯一重要的任务。"因此，尽管海警承担的所有任务都很重要，但是国土安全是首要的任务。有你们对该战略坚定的奉献和毫不动摇的承诺，我们一定能打赢这场反恐战争。

美国海警司令

托马斯·柯林斯（Thomas H. Collins）上将

2002 年 12 月 23 日

一、内容摘要

《美国海警国土安全海上战略》（简称《国土安全海上战略》）是《国家安全战略》和《国土安全国家战略》的目标在美国海域的具体化，是美国海警国土安全行动的基石。该战略主要描述海警如何达成国土安全的国家目标。

美国的《国家安全战略》已经从冷战时期的威慑防御政策转变为对敌方和恐怖集团的抵近前沿、先发制人政策。《国土安全国家战略》的国家目标是动员和组织我们的国家力量保卫美国本土免遭恐怖攻击，是联邦政府各部门承担各自国土安全任务的行动指导和行动框架。而《国土安全海上战略》是《国家安全战略》和《国土安全国家战略》之下的战略性指导，是特别针对美国海上领土的战略，涉及海洋和航道的共享使用、美国海陆空以及底土的传统边界等错综复杂的领域。

美国海警具有的海上、军事和多任务特征，广泛的法律授权，美国情报界成员地位，指挥控制架构，以及实施与协调复杂行动的广泛实践，都使其在政府部门中扮演着独特和复杂的角色，这一点已经在 1999 年美国海警角色任务跨部门特别工作组①的组建中得到充分体现。海警在国土安全领域担负的角色

① 根据美国总统第 13115 号行政令（时任总统克林顿于 1999 年 3 月 25 日签署），美国成立了美国海警角色任务的跨部门特别工作组。该工作组的任务是"为确定 2020 年以前美国海警的角色任务提出意见和建议"。该行政令试图让工作组全面审查美国海警的角色任务，尤其对"深水"任务方面予以特别关注。其中，"深水"的定义为距离美国海岸 50 海里以外的海域。该行政令突出深水任务的原因，是当时美国海警提出了将舰船和飞机进行更新换代的"深水能力置换计划"。源自：美国海警航空历史网站，"1999 年美国海警角色任务跨部门特别工作组"，2020 年 11 月 14 日检索。https：//cgaviationhistory. org/1999-the-interagency-task-force-on-coast-guard-roles-and-missions/. ——译者注。

是：①需要民事权力响应的领导联邦机构（LFA）[①]；②《2002 海上交通安全法》指定的美国港口联邦政府海上安全协同机构；③《联邦政府响应计划》中负责处理灾难和紧急事件的联邦政府应急管理部的支援机构；④《美国政府跨机构国内反恐行动概念计划》以及即将取而代之的《联邦政府应急管理计划》中负责处理特别事务的领导联邦机构的支援机构；⑤《美国法典》第 10 编确立的军事行动支援指挥机构[②]或受援指挥机构[③]。《国土安全海上战略》战略的支援计划，将聚焦于依据清晰、明确的任务，开发正确的条令、教育培训、战术和程序，实施有效的指挥控制，适时调动作战部队以应对各种威胁、处置各类事件。

维护海上国土安全是美国海警最重要的任务之一。该任务源于《国土安全国家战略》以及其他国家级政策，具体基于以下七个方面：①海警是维护海上国土安全的领导联邦机构；②对于海上国土安全，国防部是海警的支援机构；③对于海上国土防御，执行传统军事任务时，国防部是领导联邦机构，海警是受援指挥机构或支援指挥机构；④确保国土安全需要所有政府机构共同分担责任；⑤所有机构将以前所未有的方式共享信息的；⑥海上安全行动要满足应对实际威胁的需要并在法律规则内实施；⑦海上战略的实施要以海警的多任务能力为基础，获取新资源并通过与公共、私人利益相关者合作/协调来达成。

与恐怖主义作斗争并非一项短期的任务，因而不可能一蹴而就、轻松取胜。困难和挑战是艰巨的，因为恐怖分子的手段不是犯罪活动就是战争行动。鉴于海警既是美国的武装力量（《美国法典》第 14 编第 1 节），同时又是政府执法机构（《美国法典》第 14 编第 89 节），因此其能力极为强大，无论威胁是军事攻击还是恐怖袭击，海警都能够满足海上国土安全之需要。海警在国土安全方面的战略目标源于《国土安全国家战略》，按重要程度罗

---

① 领导联邦机构（Lead Federal Agency，LFA）是“该部门由总统在紧急状态下任命，用于领导和协调所有联邦政府机构的响应。通常，领导联邦机构要建立运作体制和处理程序，以便召集给予直接支援的各机构并与之协调工作，进行初始态势评估，制定行动计划，监视并调整行动优先权，确保各部门遵守美国法律、落实美国总统的相关政策并正常行使权力。该部门的特殊责任会随其特别法定权力的不同而不同。”源自：*U. S. Government Interagency Domestic Terrorism Concept of Operations Plan* of 22 February 2001，Appendix B.

② 支援指挥机构（Supporting Commander）：向受援指挥机构提供加强兵力或制定支援计划的指挥者，包括指定的作战司令部和合适的防御机构。源自：*Joint Publication* 1-02，*Joint Terminology Master Database*，10 June 1998，p. 434.

③ 受援指挥机构（Supported Commander）：由联合战略能力计划或其他联合行动计划机构指定，负责全方位事务的指挥者。在本文所述的联合行动计划中，该术语是指接受参谋长联席会议主席的指示，筹备行动计划或制定行动命令的指挥者。源自：*Joint Publication* 1-02，*Joint Terminology Master Database*，10 June 1998，p. 433.

列如下：

（1）防止恐怖分子利用美国海域以及实施攻击；

（2）减少美国海域内遭受恐怖主义威胁的薄弱环节；

（3）保护美国人口中心、关键基础设施、海上边界、港口、沿海通道及其结合部；

（4）保护美国海上运输系统，同时维持在美国海域实施合法追击的自由；

（5）无论作为领导联邦机构还是支援机构，都要最大限度地减少美国海域内可能发生的攻击损失并从攻击中尽快恢复。

海警的国土安全任务是保护美国的海域和海上交通系统，防止恐怖分子使用和利用它们攻击美国领土、民众和关键基础设施。另外，美国海警还要为发生攻击事件时实施应急响应做好准备，并且按照传统军事任务角色，依规作为受援指挥机构或支援指挥机构开展国土防御军事行动。

为实现战略目标，海警的海上战略由以下六个要点组成：

（1）增强海域感知能力；

（2）开展经过强化的海上安全行动；

（3）弥补港口安全漏洞；

（4）构建关键安全能力；

（5）利用合作伙伴关系，降低安全风险；

（6）确保为国土防御行动做好准备。

国土安全对于保持我们的生活方式极为重要。美国海警的海上战略将保障船舶、货物和人员在我们的港口能有效、可靠的流动，尽可能减轻对我们基本自由和经济繁荣的冲击。在其他军种和跨部门力量的支援下，海警部队将依靠构成海域感知的信息、知识和可操作的情报，在美国海域开展海上安全行动，打击针对港口、航道的国内威胁和远海外部威胁；充分利用部队独特的身份和能力，以及与其他海上利益相关者的合作伙伴关系，防止恐怖分子利用美国海域并对美国发动攻击。然而，由于海上恐怖分子的气焰十分嚣张，所采取的措施未必完全有效，即使以全国之力进行防守，海警也未必能够预知并阻断每个可能的攻击。在一个自由和开放的社会中，面对无情、隐蔽在暗处活动的杀戮者，任何一个部门都不能担保我们的安全万无一失。为此，海警需要采取所有可能的措施保卫我们的国家和民众。

二、导语

《国土安全海上战略》将《国家安全战略》和《国土安全国家战略》与美国海域相关联，是美国海警国土安全行动的基石。本文件有关战略的描述是介绍美国海警如何完成维护国土安全这一国家目标。

美国在国内和海外的多个战线忙于应对全球恐怖主义的战争。要满足针对全球恐怖主义战争的复杂挑战，就需要一个更直接的响应措施。这就意味着要使用全部国家力量——外交、经济、军事、执法和情报，当然也包括秘密行动。同时，也意味着要用两个拳头保卫我们的国家。其一当然是组织国家力量到国外去打击恐怖主义，摧毁全球范围的恐怖组织，并对他们的收容者施加压力；其二是在联邦、州和地方部门的协调努力下采取重要措施，保障国土安全。

针对恐怖主义的战争是无情的、残酷的，获取胜利既非轻而易举也非一蹴而就。更大的困难和挑战，是难以区分恐怖主义活动是犯罪行为还是战争行为。当行为状态不清晰时，恐怖主义活动看起来像是犯罪行为，需要执行美国国内民事法律来解决；当行为是敌对状态或确定对手为其他外国武装和组织集团时，恐怖主义活动看起来像是战争行为，需要动用美国军队采取传统的防卫行动。要恰当地区分威胁或事件是恐怖主义活动还是战争行为是困难的。既然海警同时拥有双重身份，既是美国的一支武装力量（见《美国法典》第 14 编第 1 节），又是一个执法机构（见《美国法典》第 14 编第 89 节），所以无论威胁被称为恐怖袭击还是军事攻击，海警的能力对于满足海上国土安全需要来说都再合适不过了。

目前的国家政策强调意外事故或事件驱动行动优先，因此制定一个完善的、日常环境条件下对付恐怖威胁的资源使用战略是必要的。这一战略必须重点关注发现、预防、保护、威慑以及响应和后果处理。

本战略指出，作为落实海上国土安全任务的领导联邦机构，海警的责任是在美国海域防止恐怖攻击、降低美国的受打击风险；如果攻击确实发生，也要最大限度地减少由此造成的损失。美国也面临一系列其他严重威胁——毒品走私、非法移民、国际有组织犯罪、资源滥用、传染性疾病以及环境恶化。和恐怖主义一样，这些威胁具有明显的无国界性和非国家行为特征，可以在美国国内或国外由组织或由个人发动。同时，本战略将海警的责任义务与美国的基本自由和经济繁荣相联系。海警认识到：①美国必须始终是一个自由、开放和民主的社会；②美国主要港口和航道的经济和战略价值不允许链条上的任何一环发生断裂，除非最严重的情况发生。海警的目标就是通过加强经济和军事战略港口的安全，开展分层、多机构协作的海上安全行动，御威胁于海岸之外。

在可以预见的未来，在全球范围内，以美国为目标的恐怖分子有办法也有机会袭击美国的民众和财产，最明显的可能是通过海路并以美国海上交通系统为工具进入美国。恐怖分子已经具备了使用大规模杀伤性武器给美国及其盟国和友好国家带来巨大灾难的技术能力，并且正试图加以实施。他们的战略已经集中在要使国家力量遭受重创，进而破坏美国的经济并由此产生其他严重影响。2001 年 9 月 11 日的恐怖袭击造成了世界经济和社会的动荡，这刺激了恐怖分子实施其他恐怖袭击的意愿。这一长期且普遍存在的恐怖威胁已使维护国土安全成为至关重要的课题。

三、国土安全战略环境

（一）美国国土安全国家政策

美国开辟了多个战线以对付全球恐怖主义①。就像在美国《国家安全战略》和《国土安全国家战略》② 中所指出的，这一长期且普遍存在的恐怖威胁已使国土安全③成为国家的重大关切。

《国家安全战略》已经从传统意义上的威慑概念④——这一冷战时期占主导地位的防御政策，转向提前、预先消灭敌对国家和恐怖组织。这一转变来源于美国今天面临最大的现实威胁，即一心要打击美国和公然寻求开发和使用大规模杀伤性武器的美国的敌人及恐怖分子。⑤《国家安全战略》把美国的政策定义为在恐怖威胁到达美国之前就要识别出来并予以清除。⑥ 此外，《国家安全战略》还指出："如果美国继续致力于争取国际社会支持，美国就不会孤立无援；需要的话，美国将先发制人行使自卫权，避免我们的国家和民众受到伤害。"⑦ 例如，如果其他国家不愿意或不能坚持条约义务阻止核材料扩散的话，

---

① 恐怖主义（Terrorism）的特征是"预谋以非法行动威胁人类生命或公共社会安全，以便恐吓或胁迫民众或政府"。源自：*National Strategy for Homeland Security*，Office of Homeland Security，Washington，DC，July 16，2002，p. 2.

② 其他国家级重要政策文件是打击恐怖主义的国家战略和抗击大规模杀伤性武器的国家战略。

③ "国土安全是阻止针对美国国内的恐怖攻击，减少易损特性，最大限度地减少攻击损失并予以恢复的共同的国家行动。"源自：*National Strategy for Homeland Security*，p. 2.

④ "冷战威胁的特点，需要美国及其盟友把重点放在加强对敌方使用武力威慑上，即相互毁伤的残酷战略。随着苏联的瓦解和冷战的结束，我们的安全环境已经发生了重大变化。"源自：*The National Security Strategy of the United States of America*，The White House，September 2002，p. 13. "传统的阻止概念不能用于对付恐怖分子，他们公开的战术是肆无忌惮地毁伤无辜目标，以其成员的死亡去殉教，其最有效的自我保护就是无国籍状态。"同③，第 15 页。

⑤ "在冷战时期，大规模杀伤性武器的使用是最后的手段，使用者也同样面临毁灭的危险。今天，我们的敌人把大规模杀伤性武器当作选择之一。拥有这一武器的'无赖国家'把大规模杀伤性武器当作军事进攻邻邦的工具和武力威胁工具。这些国家也将用这类武器来勒索美国及其盟国，防止我们阻止和击退他们的侵略行为。这些国家也将把这类武器当作战胜美国常规优势的最佳工具。"同③，第 15 页。

⑥ "对这一新威胁的认识已有十几年的时间。如果'无赖国家'和恐怖分子是已知的，美国再也不会像以前那样仅仅依靠被动反应。如果没有能力阻止潜在的攻击者，敌人就会选择形成直接威胁并能够造成巨大伤害的武器，这是绝不允许的。我们不能让我们的敌人首先发起攻击。"同③，第15 页。

⑦ 同③，第 6 页。

美国就可以在走私钚被运送到“无赖国家”之前派军队予以拦截。

《国土安全国家战略》的目的就是动员和组织我们的国家，使我们的国土不受到恐怖攻击。《国土安全国家战略》规定了联邦政府机构和部门在国土安全中所承担的角色及其行动框架和方向。此外，还提出各州、地方部门、私人团体和组织、每个美国国民采取和改进安全措施的步骤。

另一个重要的国家级政策文件是2001年2月22日发布的《美国政府跨机构国内反恐行动概念计划》。[①] 该计划描绘了联邦政府如何应对在美国发生的恐怖威胁和意外事件，其中也包括大规模杀伤性武器的应对。根据该计划，美国司法部被指定为在美国国内或国际水域（不包括外国船只）负责应对恐怖威胁和掌控行动全局的领导联邦机构。美国司法部对于联邦调查局（FBI）的行动响应负有领导责任。行动响应主要包括识别、搜捕、执法、预见、抢先阻止恐怖威胁或行动所需要的资源使用计划，以及逮捕恐怖分子。

该计划还指定联邦应急管理局（FEMA）作为保护公共健康和安全、恢复政府机构基本功能、为受恐怖袭击后果影响的政府机构、工商企业和个人提供救助的领导联邦机构。恐怖袭击后果的处理响应主要由州和当地政府机构实施，联邦政府提供所需要的援助。联邦应急管理局对美国司法部提供支援，一直到司法部部长将领导联邦机构的权力移交给联邦应急管理局。

该计划中对反恐的定义是“针对恐怖行动的全部行动总称，包括预防、威慑、响应和危机管理工作”[②]。反恐战略包括进攻性和防御性两方面措施。进攻性反恐战略要综合协调使用政治、外交、信息、军事和经济力量，以先发制人的方式阻止或消除恐怖主义。这包括外交施压、经济制裁和先期军事打击等措施。“防御性反恐战略致力于挫败恐怖行动，万一措施失效则要减少物质损失和人员伤亡。”[③] 被动措施要以增强公众安全、保护重要设施和防止受到攻击为目的，是防御性反恐战略的根本。对以上两种战略来说，准确无误的情报是关键所在。尽管该计划目前仍然有效，但《国土安全国家战略》要求将各部门的响应计划整合为专门的全方位的危机处理计划。“按照总统的建议，国土安全部将合并现有的联邦政府应急响应计划为一个统一的、全面的总体应

① 该计划是《美国反恐政策》之《总统决策指令-39（PDD-39）》的落实，即要确立这样一个政策：减少恐怖攻击的可能性，增强发现、阻止、挫败恐怖分子的能力及消除其使用大规模杀伤性武器产生的后果。PDD-39正在修改并将最终定稿，因为《国土安全国家战略》需要有一个独立的、全面的意外事件处理计划。源自：*National Strategy for Homeland Security*, p. 42.

② 源自：*U. S. Government Interagency Domestic Terrorism Concept of Operations Plan* of 22 February 2001, Appendix B.

③ 源自：John M. Collins, *Military Strategy-Principles, Practices, and Historical Perspectives*, Brassey's, Inc., 2002, Dulles, Virginia, p. 208.

急响应计划——《联邦应急管理计划》，以消除‘危机处理’和‘后果处理’的不同。”这一即将出台的全面计划将针对所有对国家有重要影响的意外事件，包括致命恐怖行为和暴力恐怖行为，并且明确了受到恐怖攻击时各政府级别应急响应实体的责任和义务。

（二）美国国土安全部

《2002国土安全法案》改组并加强了联邦政府的执行部门，以更好地满足对恐怖袭击作出统一、有效响应的需要。在国土安全部成立时，该法案首次确立国土安全部的主要任务是对威胁美国的恐怖主义活动作出响应，协助阻止和对付恐怖攻击。

国土安全部的职责之一就是确保美国交通系统和边界线的安全，这包括与加拿大的5525英里①长的边界线和与墨西哥的1989英里长的边界线，还有95000英里长的海岸线和3400万平方英里②的专属经济区组成的海上边界。此外，国土安全部还负责350个官方报关港口的安全。管理边界和保证交通系统安全这两项任务是直接相关的，对于国际机场和海港来说更是密不可分。

当国土安全部全部运转的时候，该部将统一所有与边界、领海、交通系统相关的重要联邦安全业务，控制和处理“谁进来了、什么时候进来的”等事项，以便阻止恐怖分子及其装备的进入，同时还要保证合法交通流的快速流动。国土安全部将是掌管全部报关港口的唯一联邦政府机构，其中也包括安全检查以及对其他联邦政府机构和部门报关港口行动的管理和协调。

为落实边界安全任务，国土安全部的责任和义务具体由以下机构负责：美国海警、美国海关总署、外来移民与入境管理局、美国边界巡逻局、动植物检疫局、运输安全局。这使得入境美国的管理由单一政府机构实体实施。作为军事机构的一员，海警在海警司令的领导下将继续保持其独立特性。当处于战争状态或总统宣布进入战争状态时，海警仍作为国防部的一员展开行动，这与目前的法律相一致。

国土安全部还有备战和响应意外事件的责任。该部要检查联邦机构第一响应援助组织的国内灾难战备训练情况，协调各联邦机构的灾难响应工作。联邦应急管理局将是国土安全部的核心机构。国土安全部要管理核应急调查队和国家药物储备等资产。最后，国土安全部要将联邦政府机构内的紧急事件响应计划整合为一个政府范围内的综合计划，确保所有响应人员拥有必要的装备和能力进行相互沟通。国土安全部也将领导联邦政府机构做好应对全方位恐怖威胁，包括应对大规模杀伤性武器威胁的准备工作。要做到这一点，国土安全部

① 1英里约为1.609千米。——译者注

② 1平方英里约为2.59平方千米。——译者注

要为各州和当地政府机构制定指导方针和政策，并直接训练和演练联邦、州和当地政府机构的核、生、化、放射性和高当量爆炸物（CBRNE）攻击响应队。该部要分析与威胁国土安全相关的全源情报和其他信息，识别和评估当前及未来的威胁，找出我们的弱点，及时地发出警报，并立即采取恰当的预防和保护措施。

海警可在许多重要方面承担国土安全部的责任，海警的多任务特点和能力完全满足我们的海上边界、通道和港口的安全所需，他们可以把企图危害我们的人堵在外面，也可近距离监视是什么人、什么物品进出了我们国家。海警是海上主要的联邦应急响应组织，在最大限度地降低危害和攻击影响，以及遇袭后的恢复工作方面具有丰富的经验和技术。海警有能力和智慧将联邦各机构的紧急事件响应计划整合成统一的、全面的政府计划。海警部队能够监控核、生、化、放射性和高当量爆炸物，而其专业突击队更能对付各种类型的恐怖袭击，包括大规模杀伤性武器攻击。作为国土安全部唯一的情报界成员，海警承担着重要的任务。利用与州及当地政府机构和私人团体的长期关系，海警可以与他们打成一片，这有利于实现一体化的威胁分析和全面的综合评估，有利于确定优先保护顺序和支援保护的步骤。

（三）美国海警在国土安全方面的任务

美国海警，具有担负军事、海上和多重任务等特点，拥有全面的法定权力，又是情报界的成员，指挥控制组织结构完善，在执行或协调复杂行动中具有丰富的经验，在政府中充当重要的综合角色，这一点已在1999年发布的《美国海警在跨部门特遣部队中的任务和使命》① 中得到确认。对于国土安全来说，海警的地位是：①当应急响应需要民事权力②时，其作为海上国土安全的领导联邦机构；③ ②在《2002海上交通安全法案》涉及美国港口方面的条款中，被指定为联邦海上安全协调机构；③是联邦响应计划中处理灾难或紧急事

---

① 源自：*A Coast Guard for the Twenty First Century*, Interagency Task Force on U. S. Coast Guard Roles and Missions, Washington, D. C., December 1999.

② 美国海警依据《美国法典》第14编第2节（14 U. S. C. § § 2）和第89节（14 U. S. C. § § 89）在美国管辖的水域和公海执行或协助执行联邦法律。对于其他任务，依据《行政令第12807号》《总统决定指令第9号》和《美国法典》第8编第1221—1225节（8 U. S. C. § § 1221-1225）开展非法移民拦截行动；依据《美国法典》第46编《海上缉毒法》第1901—1904节（46 U. S. C. App. § § 1901-1904）开展缉毒行动；依据《美国法典》第50编第191—194节（50 U. S. C. § § 191-194）［由《联邦法规》第33编第6节（33 C. F. R. Part 6）实施］和《美国法典》第33编第1221节等（33 U. S. C. § § 1221）开展船舶、港口、滨海设施保护和治安行动；依据《美国法典》第16编第1801节（16 U. S. C. § § 1801）等开展海洋生物资源执法；依据《美国法典》第33编第1251节（33 U. S. C. § § 1251）等开展海洋污染执法。

③ 汤姆·瑞哲（Tom Ridge）州长于2002年7月15日向众议院选举委员会提交的有关国土安全的书面陈述中首次提出："海岸警卫队是海上国土安全的领导联邦机构。"

件的联邦应急管理局的支援机构；④是处理特殊事件的领导联邦机构的支援机构，已在《美国政府跨机构国内反恐行动概念计划》以及替代该计划的联邦事故处理计划[①]中予以规定；⑤在军事行动中作为受援指挥机构或支援指挥机构。

恐怖行动，要么是犯罪行为，要么是战争行为。其行为与国家没有明显的关联时，可看成是犯罪行为，可用美国国内法律来解决；若是对国家构成明显威胁的是敌对国家或武装组织或集团，则把恐怖行动看成是战争行为，就需要美国武装力量采取常规防御手段来解决。准确地判断一个威胁或行动是犯罪行为还是战争行为可能比较难。由于海警同时拥有武装部队和执法机构的双重身份，所以无论威胁被定义为是犯罪行为还是战争行为，海警都非常适合应对并能满足海上国土安全的需要。此外，目前的国家政策强调采取偶发事件驱动行动或事件驱动行动并预先防范。在常规运作条件下应对恐怖威胁的资源使用问题上，也需要有一个健全的战略。[②] 战略和响应或后果处理一样，其重点也应放在发现、阻止、保护和威慑上。图 1 - 1 描述了在事件驱动和基于预防的国土安全行动中海警所承担的角色。

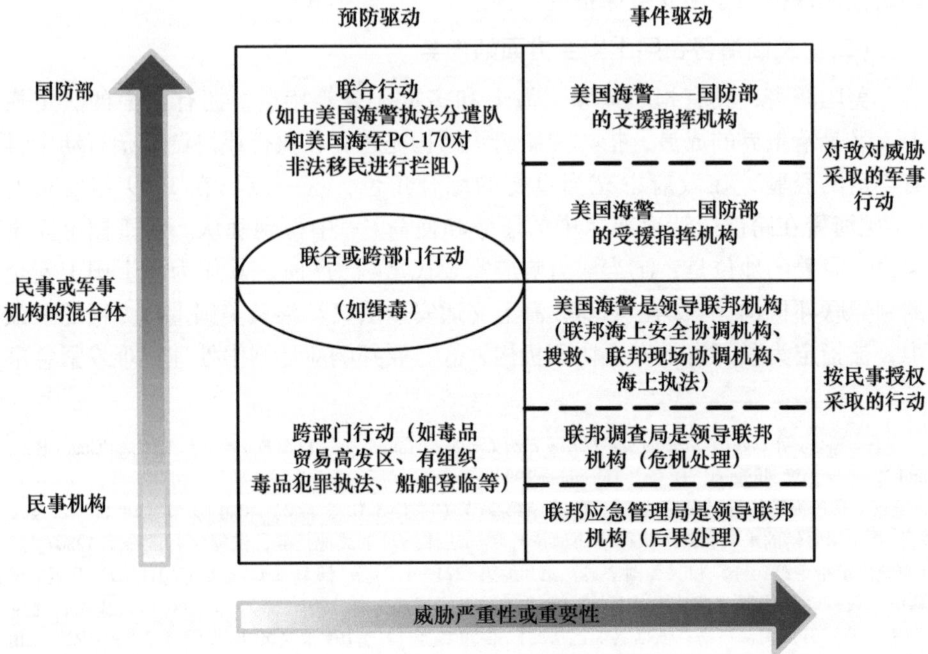

图 1 - 1　美国海警在国土安全行动中承担的角色

① 源自：*National Strategy for Homeland Security*，p. 42.

② 在本文中，战略是为达成国家目标而对国家力量——美国海警及与之合作的其他国家工具（政治、外交、经济、军事和情报）的部署使用，是使用国家特殊力量寻求提升对国家目标的保护。

完成这些不同的国土安全任务都需要与其他实体进行密切协调，包括国土安全办公室、国土安全部、其他联邦政府机构和部门、美国海军战斗人员与指挥员，尤其是美国北方司令部和非政府机构组织。对这些不同的任务和相应条令、训练、战术、有效任务执行的程序、指挥控制以及在抗击威胁和应急事件响应中作战部队任务的实时转换，《国土安全海上战略》① 都进行了明确规定。

四、制定战略的指导原则

按照《国土安全国家战略》，“今天的恐怖分子可以在任何地点、任何时间、使用任何有效武器发起攻击。保护美国本土安全是一项极为复杂的巨大挑战，此外，美国政府再没有更重要的任务”②。为了保护我们的国家，我们已经开始了对抗恐怖主义的长期斗争。正如总统所说：“如果我们不采取行动，包括使用世界上最具破坏性武器在内的恐怖袭击就有可能在美国发生。这是我们国家从来没有遇到过的巨大挑战。”

维护海上国土安全是海警的最高任务之一。③ 按照这一要求和其他国家政策文件的规定，海上战略的制定遵循以下七条原则：

（1）海警是维护海上国土安全的领导联邦机构；

（2）对于海上国土安全，国防部是海警的支援机构；

（3）对于海上国土防御，执行传统军事任务时，国防部是领导联邦机构，海警是受援指挥机构或支援指挥机构；

（4）确保国土安全需要所有政府机构共同分担责任；

（5）所有机构将以前所未有的方式共享信息；

（6）海上安全行动要满足应对实际威胁的需要并在法律规则内实施；

（7）海上战略的实施要以海警的多任务能力为基础，获取新资源并通过与公共、私人利益相关者合作/协调来达成。

这些原则将在下文中作详细阐述。

（一）海警是维护海上国土安全的领导联邦机构

海警一直是一支部队、一个执法机构和管理机构，是美国情报界的成员。

---

① 以下简称“美国海警海上战略”或“海上战略”。——译者注

② 源自：*National Strategy for Homeland Security*，p. 2.

③ “美国政府对海警的期望很高，而我们必须确保这支部队拥有必要的资源去完成各种任务。我们已经在‘9·11’事件之后看到了海警的表现和贡献，其行动也证明了海警对国土安全的重要性。而且，海警同样要担负国防、海上治安、海上机动、自然资源保护的职责，并将继续履行国土安全部赋予的相关职能。”源自：*National Strategy for Homeland Security*，p. 23.

正因为这种多职能特点，海警有责任在美国海上领土范围内且在民事授权下组织和协调实施海上安全行动。[①] 与海警行动原则一样，这将明确美军（包括国民警卫队和预备役部队）、民事机构、当地执法机构间的相互关系，并确保坚定、灵活的指挥控制系统与各级别部门实施的行动和战术控制相一致。领导联邦机构这一角色定位，将成为“9·11”事件之后大部分常规海警部队的行动特点。当更高级别政策指令（比如《美国政府跨机构国内反恐行动概念计划》或总统决策指令-39）适用时，海警将支援其他指定的领导联邦机构的行动。

（二）对于海上国土安全，国防部是海警的支援机构[②]

国防部认为，国土安全是一项国家行为，最好通过以下方式来保障：①国内行政机构负责国内安全；②加强最下层行政机构的能力；③充分利用国防部保卫国家的能力，以便与国内安全环境相匹配。在《美国法典》第10编授权之下的法律和政策条款下，国防部所属的美国海军通常在海上国土安全行动中支援海警的行动。[③]

有三种国土安全情况，国防部可以在国内展开行动。在前两种情况下，国防部提供特别支援。在第三种情况下，国防部作为领导联邦机构在美国本土之内或本土之外采取传统军事行动或战斗行动。与国土安全相比，第三种情况被认为是国土防御。[④] 这三种情况分别是：

第一种情况是限制任务范围或其他政府机构从一开始就负责指定任务的临时情况。例如2002年盐湖城冬季奥运会“国家安全特别事件（见《总统决策指令-62》）”中的安检行动，其间国防部支援当地政府的行动。其他例子还有

---

① 源自：第107届美国国会通过的《2002海上交通安全法》第70101节（22107th Congress, Maritime Transportation Security Act of 2002, Sec 70101）。

② 根据：首先是美国国防部部长唐纳德·H. 拉姆斯菲尔德于2002年7月11日在众议院国土安全特别委员会上的证词。另外参见由国防大学和马里兰大学发起、国防大学于2002年9月19日在华盛顿主办的2002年“国土安全：军民层面”联合作战研讨会第二小组的“武装部队的角色演变”讨论会上，彼得·沃戈（国防部部长办公室国土安全特别助理兼国防部国土安全特别工作队主任）发表题为“国土安全”的简报。有关详细信息，参见国土安全联合条令《联合出版物3-26》（Joint Publication 3-26）。

③ 《美国法典》第10编第375节：“国防部部长应制定必要的法规，以确保本卷之下的任何活动（包括提供任何装备或设施或人员的指定任务或细节）不包括或允许国防部的陆军、海军、空军、海军陆战队直接参与搜查、扣押、逮捕或其他类似活动，除非法律另外授权这些成员参与此类活动。”源自：《国防部指令5525.5》。有关详细信息，参见国土安全联合条令《联合出版物3-26》（Joint Publication 3-26）。

④ 国土防御是指保护美国领土、国内民众和重要设施免遭从国外发起的军事攻击。国土安全和国土防御的含义不同，因为美国北方司令部是一个军事机构，其行动范围在美国国内要受《地方武装法》的规制，该法案禁止在执法行动中有军事力量的直接介入。因此，其任务仅限于军事方面的国土防御和对领导联邦机构的民事支援行动。有关详细信息，参见美国北方司令部主页（www.northcom.mil）国土安全联合条令《联合出版物3-26》（Joint Publication 3-26）。

帮助训练第一响应者或对执法机构进行支援等。

第二种情况是需要事后管理的灾难性紧急情况。例如，对攻击后果的响应或协助响应，可能会要求国防部迅速采取行动，提供其他政府机构根本不具备的援助能力（如后勤补给、机动等），就像现在国防部在飓风、森林火灾、洪灾、龙卷风等灾害发生后所做的那样。

第三种情况是需要国防部以其具有的特殊能力去执行传统的军事任务或作战行动的特殊情况，比如空中战斗巡逻、海上防御作战、爆炸物处理等。在这种情况下，国防部将率先保护美国领土上的民众。

（三）对于海上国土防御，执行传统军事任务时，国防部是领导联邦机构，海警是受援指挥机构或支援指挥机构

在特殊情况下，需要国防部执行如空中巡逻或海上防御作战等传统军事任务时，海警在行动中将成为受援指挥机构或支援指挥机构。作为一支武装力量，海警将执行国防部的命令并完成战斗指挥官或职能指挥官所分配的任务。

2002 年 10 月 1 日，布什总统建立国土防御作战司令部，即美国北方司令部。北方司令部将协调美军支援民事当局，对付外部威胁，保护美国民众和领土的安全。此外，北方司令部还将与加拿大、墨西哥协调和合作，负责特别安全事务，并在出现自然灾害和其他灾难时帮助国防部协调对联邦、州和当地政府机构的军事支援。该部的地理责任区包括美国（包括阿拉斯加，但不包括夏威夷）、加拿大、墨西哥以及到达美国的陆、海、空通道。北方司令部的正式任务是：

1. 采取行动，威慑、预防和挫败针对美国领土和利益的威胁和入侵；

2. 在总统或国防部部长的指示下，向民政当局提供包括后果管理行动在内的军事援助。①

需要特别指出的是，国土安全和国土防御任务要求海警与其他军种、国防部司令部在地理空间和功能上进行无缝整合。

（四）确保国土安全需要所有政府机构共同分担责任

这些责任，必须由其他联邦机构、国际合作伙伴、州和地方机构、私营部门、非政府组织和美国民众共同承担。美国社会的开放性和传统治理体制，不允许将海上国土安全的全部责任集中甚至扩大到一个联邦机构中。由此，海警对于海上国土安全的处理方式也应基于团结一致②这一原则，共同承担责任、保持伙伴关系和相互支持。此外，忠诚、有觉悟的民众以及私营行业警觉、积

① 源自：美国北方司令部主页（www. northcom. mil）。

② 源自：*Coast Guard Publication* 1，p. 74.

极地参与和合作也是必不可少的。如同《国土安全国家战略》所述，“现在的挑战是如何加强内部联系和共同分担，这不是重复而是对体系的强化，只有这样才能满足基本要求”①。

（五）所有机构将以前所未有的方式共享信息

根据《国家安全战略》，“情报，无论我们怎样使用，都是防范恐怖分子和敌对国家威胁的第一道防线”。《国家安全战略》要求情报界进行转型，由原先集中收集苏联集团的海量信息转向收集更为复杂、更为难以捉摸的系列目标的挑战信息。“情报必须与我们的国防和执法系统相对接，并与我们的盟友和朋友交互协同。我们必须加强情报预警和分析，为国家和国土安全提供综合威胁评估。由于受到外国政府和团体授意的威胁可能在美国国内产生，所以我们还必须确保情报和执法之间的信息能够正确融合。”②

为实现信息透明，所有海上国土安全利益相关者和参与者必须在法律允许的最大范围内，最大限度地免费、即时访问漏洞评估、实时的指示和警告、可操作的情报和行动数据信息。用于执法、移民、情报、国防和公共卫生监测的数据库将以企业架构联结，跨机构情报融合中心将改善信息共享的能力。情报收集的实现也要靠直接和间接的观察、侦察和监视来完成，尤其是通过情报界和国防部军事部门。情报收集需要依靠美国海域所有可以利用的资源，如船只的观察报告、自动识别系统的输出、证件检查和背景记录检查、“专业”港口信息收集单位的报告、开源记录，以及来自其他机构和情报界的产品等。这些信息是建立海域感知能力的基础，而海域感知能力反过来又为工作的优化提供了保证。

作为保持海域感知能力的重要组成部分，海警将继续鼓励公众和其他利益相关者报告所有可能与海上国土安全相关的事件和观察结果。这需要在私营部门和公共部门之间建立信任，保证信息共享在适当的隐私和披露政策下不会导致被滥用。信息共享（体系）也将纳入更多的参加美国反恐战争的外国政府和国际组织。

（六）海上安全行动要满足应对实际威胁的需要并在法律规则内实施

尽管威胁很大，但除非在极端特殊情况下，否则海警的应对措施必须最大限度地减少对合法贸易和旅行的干扰，并且不能限制美国宪法及相关法规所定义的传统公民自由。海警克制原则的适用，与明确对手和战区的传统军

---

① 源自：*National Strategy for Homeland Security*, p. 5.

② 同①，第30页。

事场景不同。[①] 反恐战争不像对付可识别敌人的单纯军事行动，其对手更像是由国家支持的代理人、非国家行为者和独立行动者构成的组织分散的混合体。

海上国土安全行动要采用基于效果的行动概念进行规划。[②] 这类行动侧重于计划、实施和评估所产生的效果，而不仅是攻击目标或简单地处理目标。基于效果的行动方法首先从高级系统的角度出发，明确寻求了解、追踪、预测特定行动的直接和间接影响，因为行动效果会通过敌人的政治、军事和经济基础设施传播。这适用于知彼、知己，或要素关联、或以其他方式相互依存的任何其他环境中。[③] 基于效果的行动有选择地使用美国及其盟国伙伴的一系列国家力量，达成共同削弱对手力量和意志的预期效果，因而在对他国造成伤害的同时不会过度损害他国的利益和目标，所以这是通过有效实施综合战略、成功实现预期效果的重要方法。

（七）海上战略的实施要以海警的多任务能力为基础，获取新资源并通过与公共（联邦—州—地方）和私人利益相关者合作/协调来达成

海警的许多传统行动，例如应急准备与响应以及海上执法，已经与海上国土安全任务保持一致。由于海警被赋予更多的海上国土安全职责，所以它要得到与其职责相适应的新资源。如同《国土安全国家战略》所言，"总统致力于建立一支强大而高效的海警，并将继续支持对海警老化船队以及海域感知、指挥控制系统和近岸设施的投资"[④]。此外，海警将采用绩效标准评估其海上安全行动的有效性。这些绩效标准将使海警能够估测进展、作出资源配置决策，并由此调整优先顺序。海警与州、地方和联邦政府以及其他私人利益相关者的久经考验的工作关系将得到扩展，并在国土安全和应急响应行动中得到充分利用。

尽管海警在预防和威慑方面做出了最大努力，但同样要重视应急准备和响应，以求最大限度地减少损害并从未来可能发生的任何恐怖袭击中恢复过来。

---

① 源自：*Coast Guard Publication* 1，p. 83.

② "基于效果的行动（Effects-Based Operations，EBO）"，是在系统框架内构想和规划的作战行动，该框架考虑了可能不同程度地通过军事、外交、心理和经济手段达成的所有直接、间接和级联的效应。源自：Paul K. Davis，*Effects-Based Operations*（*EBO*）：*A Grand Challenge for the Analytical Community*，RAND，Santa Monica，CA，2001，p. 7.

③ 基于效果的行动是补充而不是取代基于目标的方法（如从战略到任务），并且非常适合不强调基于消耗的方法的任务型命令和战略选项。基于效果的行动适用于从人道主义救援、维和行动、执法行动或常规战争的全部军事任务范围，并且可以灵活使用致命或非致命、动能或潜在动能武力。由于基于效果的行动不是特种平台，因此它是信息作战（如防御或进攻、反信息战）的关键能力。

④ 源自：*National Strategy for Homeland Security*，p. 67 and p. 23.

海警不仅面临针对国家化学和能源设施的恐怖袭击的可能性，而且还面临可能针对民众使用军用核、生、化、放射性和高当量爆炸物武器的威胁。为应对这一新威胁，需要提高准备和响应能力，这也包括增加经过特种培训且装备齐全、以减轻恐怖事件影响的人员。海警准备应对恐怖主义的努力，也将增强应对其他较小事件的能力。

五、美国海警国土安全海上战略

（一）战略目标

国家政策主导着所有战略，因此需要定义理想的最终状态作为总体指导，本战略也是如此。对《国家安全战略》和《国土安全国家战略》中包含的国家最终状态和指导的分析，是导出、设定下一级国家最终状态的前提，也是得出支持战略中行动或方法的目的、重点和依据的前提。《国家安全战略》为所有权力工具的使用制定了广泛的目标和方向。按照《国家安全战略》和《国土安全国家战略》，海警在其指导原则的范围内制定一个具有从属关系、支持达成国家目标的海上战略。按照这些国家级的政策文件，并以海上国土安全领导联邦机构的身份，海警的战略目标按顺序依次是：

（1）防止恐怖分子利用美国海域以及实施恐怖袭击；

（2）减少美国海域内遭受恐怖主义威胁的薄弱环节；

（3）保护美国人口中心、关键基础设施①、海上边界、港口、沿海通道及其结合部；

（4）保护美国海上运输系统（MTS）②，同时维持在美国海域实施合法追击的自由；

（5）无论作为领导联邦机构还是支援机构，都要最大限度地减少美国海域内可能发生的攻击损失并从攻击中尽快恢复。

以上这些战略目标之间的关系如图 1－2 所示。海上战略直接支持美国的《国家安全战略》和《国土安全国家战略》，并遵循它们的指导方向。它反映

① 关键基础设施（Critical Infrastructure）指的是“对国家安全、治理、公共卫生安全、经济及国民士气至关重要的资产、系统和功能”。源自：*National Strategy for Homeland Security*，p. Ⅸ.

② 美国海上运输系统（Marine Transportation System，MTS）由航道、港口及其多级联运的船舶、车辆、系统用户及联邦海上导航系统组成。具体地说，包括：25000 英里的适航通道；300 余个港口；192 个地点的 238 个船闸；北美五大湖；圣劳伦斯航路；3700 余个海运码头；众多休闲娱乐码头。通过 1400 个多级联运系统，连接全部 48 个邻近州和加拿大、墨西哥的 174 000 余英里铁路，45000 余英里州际公路（由 115000 余英里的其他道路作为支撑）以及 460000 余英里的管线。

了美国海域①的独特性，包括共享使用海洋和航道的复杂关系、长期以来国际上对航行权利的重视，以及陆、海、空和水下边界的过渡结合关系。此外，海上战略还包括：

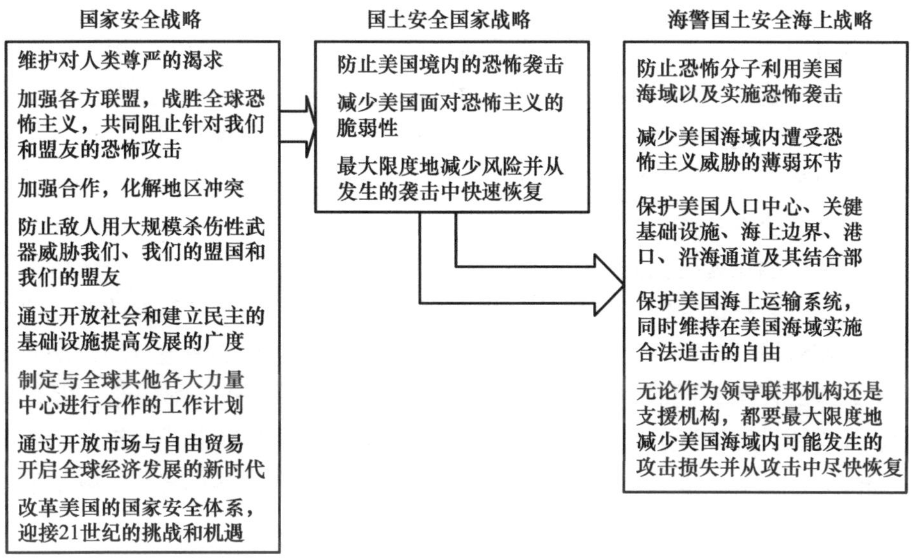

图 1-2 战略目标层次关系

（1）海警最高原则概念②的具体应用；

（2）1999 年提交国会的《海上运输系统报告》中推荐的安全策略；③

（3）2001 年 9 月恐怖袭击以来，海警的行动计划和实战经验；

（4）与联合作战部队、跨机构、州、地方、私营部门利益相关者以及国际合作伙伴的广泛合作。

随着《国土安全国家战略》和《联邦应急管理计划》的部署和完善，本海上战略将根据实战经验不断修订和调整。这些海警的战略目标，将在以下段落中进行详细讨论。

---

① 美国海域（Maritime Domain）是指美国的全部港口、内河航道、海港、适航水域、北美五大湖、领海、毗邻区、关税水域、近海、沿海地区、美国专属经济区、美国国家利益相关海区，以及通往美国的海上通道、美国的海上通道和美国周边的公海。

② 源自：*Coast Guard Publication* 1，*U. S. Coast Guard*：*America's Maritime Guardian*，U. S. Coast Guard，Washington，D. C.，January 2002.

③ 源自：*An Assessment of the U. S. Marine Transportation System*：*A Report to Congress*，U. S. Department of Transportation，Washington，D. C.，September 1999.

1. 防止恐怖分子利用美国海域以及实施恐怖袭击

美国管辖的海域面积巨大，涉及约350万平方英里的海域和98000英里长的海岸线。无论影响好坏，这些海域和海上通道都通向美国。在这些海域，商业航运承载了对美国经济安全至关重要的海外贸易量的95%以上。同时，这些海域也为跨国、非对称和非军事威胁提供了进入美国的通道。该海上战略的首要目标，就是阻止恐怖分子利用美国海域对美国的人员生命和财产发动袭击。这就需要提高海上安全行动的门限级别——尤其是发现和威慑方面——特别是针对恐怖主义。该门限级别必须是长期的、可持续的、应用灵活的，并且可以根据威胁程度逐步升级到更高级别的防护。从本质上讲，海警将实施分层防御，尽可能在远离我们海岸的地方阻止恐怖主义威胁，并在跨任务区范围内部署多任务装备执行侦察、监视、跟踪和拦截等任务。在牵涉利益的全部地理空间保持海域感知能力，达成全面的信息共享和针对目标的情报行动，是支持以上态势的保障。同时，无论是公、私合作还是国际协作，都应建立保护船舶、港口和设施的海上安全制度，以利于对确定威胁采取预防应对措施。要防止恐怖分子在美国海上领土实施恐怖攻击，尽可能尽早、尽远将恐怖威胁消除在美国国门之外是关键所在。

2. 减少美国海域内遭受恐怖主义威胁的薄弱环节

在靠近本土的地方，海警将对主要海上交通线、沿海海岸线、美国海上通道和相关基础设施进行危急程度、威胁和易损性评估。通过实时、全面的海域感知能力的进一步完善，这些持续评估的结果将用于针对不同威胁等级对有限资源进行优化配置。更严格的报告要求，更彻底的海洋监视和对高价值船舶及货物的跟踪，以及多个民事、军事和执法机构之间的跨部门强力协调，都将减轻美国海域内的恐怖主义威胁。

3. 保护美国人口中心、关键基础设施、海上边界、港口、沿海通道及其结合部

重要的沿海设施、舰队，或其他军事设施、核电厂、炼油厂、油罐、管道、化工厂，以及连接美国港口、航道、海岸线的重要桥梁，对于美国经济和国家安全至关重要，对于国内乘客和货物在全国范围内的无障碍流动至关重要。保护沿海人口中心及与之相关的工业、商业、民生基础设施，需要基于全面、共享的海域感知能力，并以前所未有的努力实现多部门协调。由于港口地区是海、陆、空交通，进出港货物，转运设施和商业活动的聚集地区，所以面对恐怖分子的渗透和恐怖主义活动，这些地区的薄弱环节明显增多。由此，将优先考虑美国海上边界的港口、通道和边境安全问题。为保证绝对控制高价值船只的行踪，将强制性要求进出美国港口的船只使用国家船舶机动报告系统。

因为小型船只也可能构成严重威胁，因此需要重新审查目前豁免小型船只的报告要求。无论如何，针对船舶和货物的先进传感器和监视系统将成为海上安全实施计划的组成部分，这些信息将直接输入以网络为中心的指挥和控制系统，并实现与国防部、其他联邦机构以及地方机构的无缝连接和互操作。为了调查可疑的海上活动并应对迅速发展的威胁，从其他武装部队和执法机构中抽调出来的空中、海上、陆上部队，必须能够快速部署到更高优先级任务所指定的关键危险地域。此外，海警还需要具备从其他任务中快速重新部署的能力。海警以单一平台同时执行多项任务的长期能力，非常适合履行额外的国土安全任务。

4. 保护美国海上运输系统，同时维持在美国海域实施合法追击的自由

美国的海上运输系统由航道、港口及其多级联运的船舶、车辆、系统用户以及联邦海上导航系统组成。该系统的目标，是以最经济、最有效的方式安全、可靠、环保地运送人员、货物和军事资产。每年，海上运输系统要运送超过20亿吨货物、30亿吨油料、1.34亿名渡轮乘客和700多万名游轮乘客。每年有7500艘外国船只、20万名外籍船员进入美国港口，将大约600万个卡车大小的集装箱卸载到美国码头。此外，这些港口中有许多是必须长期保证可用的重要的军事战略海运港口。经过美国港口和国际航道的海上贸易量的不断增长，对于美国经济至关重要，因此保护位于美国境内的海上运输系统是国土安全的重点。海警已经重新定义了港口负责人在保护当地基础设施方面的作用，并与港口安全委员会、海上安全与治安分队一起应对这一挑战。① 由于港口及相关航道是海上运输系统的主要节点，所以强有力的港口安全措施将成为保护海上运输系统并保持其重要经济作用的关键。

5. 无论作为领导联邦机构还是支援机构，都要最大限度地减少美国海域内可能发生的攻击损失并从攻击中尽快恢复

尽管在预防和威慑方面做出了最大努力，但海警还是要做好准备，尽量减少损失，并从未来可能发生的任何恐怖袭击中恢复过来。根据《国土安全国家战略》，海警将使其所有响应计划纳入全方面、应对各种危害的《联邦应急管理计划》中，并与联邦、州、地方和非政府公共安全组织合作建立一个广泛的国家事件管理系统。海警要确保其部队做好准备，以便在核、生、化、放射性和高当量爆炸物武器使用地安全地开展工作，以及在响应共同救灾和恐怖事件应对协议时，具备与来自其他军事、民事和执法机构的第一响应人员进行沟通的能力。

---

① 源自美国第107届国会通过的《2002海上运输安全法案》第70103条（Maritime Transportation Security Act of 2002，Sec 70103）。

（二）最高任务陈述

海警要实现的国土安全任务目标是：保证美国海域和海上运输系统安全，阻止恐怖分子将其用作攻击美国领土、民众和关键基础设施的意图。此外，海警将做好准备，并在发生袭击时开展应急响应行动。并且，在得到命令时，海警将作为武装部队担任受援指挥机构或支援指挥机构开展国土防御行动。

（三）海上战略要素组成

美国海警国土安全海上战略由以下六个要素组成，这是实现海警战略目标的具体方法（图1－3）：

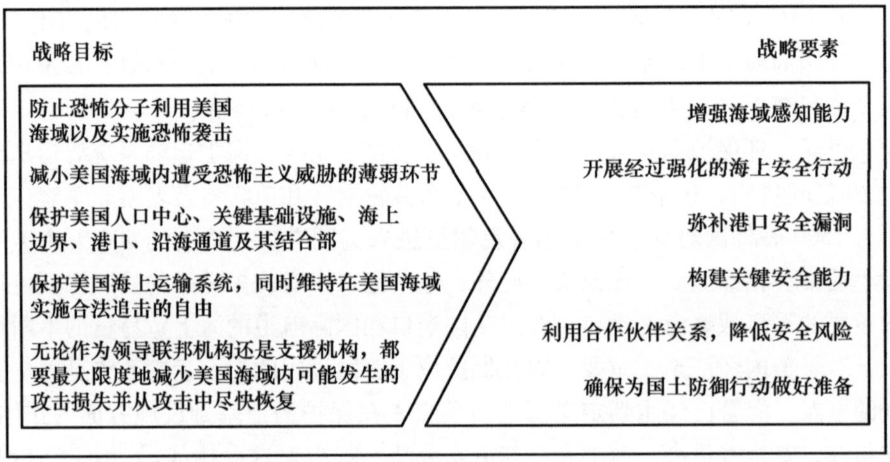

图1－3　海上战略——组成与目标

（1）增强海域感知能力；
（2）开展经过强化的海上安全行动；
（3）弥补港口安全漏洞；
（4）构建关键安全能力；
（5）利用合作伙伴关系，降低安全风险；
（6）确保为国土防御行动做好准备。

针对这些战略要素组成，在以下段落中作详细阐述。

1. 增强海域感知能力——建立并利用海域感知能力，为海上安全行动创建综合知识库

实际上，同时在整个美国海域巡逻、检查、认证和核验所有旅客和货物是不可能的，所以海警要开发综合、实时的、可预见到海域事件、环境及发展趋势的系统。海警将通过空前的信息共享和有针对性的目标情报来做到这一点，

这将使海警行动的重点完全集中到美国海域的威胁上。这就是海域感知能力，它是有限资源条件下完成更广泛任务的力量倍增器。① 构建海域感知能力，需要有一个过程，也需要基础设施。在最基本的条件下，该过程包括：

（1）收集海上数据、信息和情报；

（2）整理、关联、分析和解释原始资料；

（3）提供有效的评估、可操作的情报和相关知识；

（4）向适当的联邦、州、地方、私人和国际利益相关者分发可操作的情报。

强大的海域感知能力将为国家领导人、行动指挥官及海上利益相关者提供行动和决策所需要的信息、情报和知识。国家安全决策者需要海域感知能力来制定自上而下的战略，并为国家安全分配资源。行动指挥官需要利用海域感知能力来计划和开展行动，同时保持态势感知并制定基于风险的决策。海上利益相关者需要利用海域感知能力协调他们的计划和行动，确保国际、国家、州、地方各级机构努力在国土安全的保护伞下实现商业、环境及其他涉海目标。

2. 开展经过强化的海上安全行动——建立并维持一个全新的海上治安战备机制，包括对特定区域进行控制和遏制的分层海上安全行动，提高应急准备水平，有针对性地应对恐怖主义威胁

“9·11”事件要求专门针对恐怖主义的行动设定一个应急响应启动门限，而无须降低其他重要任务的响应启动门限，如搜救、海上安全、海上机动、执法、国家防御和保护自然资源等。海警将安全与治安视为一枚硬币的两个面，将在充分发挥自身固有的多任务特性的同时，建立一个新的海上安全行动标准。这个新的响应门限必须具有足够持久、可持续和灵活的特点，既能适应广泛地域内区域和地方的要求，又可以连续扩大到更高水平的保护级别。由此，在与预算相适应的基础上，海警将根据威胁级别和风险，酌情调整人员、船只、港口、设施和货物保护的资源、程序和安全水平。一旦达到响应门限，海警就启动保护，确保参与行动的部队和机构在必要时完全具备执行应急响应任务的能力。

海警将实施包括全方位海上安全行动和措施在内的分层防御机制，范围将从海外开始，延伸到美国海岸、港口和内陆航道，其中包括适航的内河河流和

---

① 美国总统强烈支持海警的“海域感知”概念。他写道：“海警正在与其他港口实体合作，为在美国港口内或过境美国港口并过境美国沿海水域的所有海上作业船只开发一套跟踪机制。该海域感知计划的核心是对进入美国传统海上边界的所有船只、货物、人员进行准确的信息、情报搜集、侦察和监视。”源自：*Securing the Homeland Strengthening the Nation*, The White House, Washington, D. C., January 20, 2002.

湖泊。这一针对美国海域关键部分的纵深防御机制，将使海警能够应对全部地理范围内的外部和内部威胁：从源头、海洋及美国海上通道，到美国领土及内水。该分层防御机制也将使海警能够在尽可能早的时间里、在离美国边境尽可能远的距离上消除恐怖威胁[①]，同时也能消除在我们境内发现的威胁。为执行全面的侦察、监视、跟踪和拦截任务，海警将在适当的时间和地点跨任务区配置多任务能力装备。其他基础设施与系统的结合部，如众多机构间的指挥控制接口，将得到充分保护，以防止它们被恐怖分子利用。作为最大限度地降低事件后果风险的必要步骤，也是第一步，海警将对海岸线、美国海上通道和通往美国的海上交通线进行关键性、威胁程度和脆弱性评估。

尽管海警在预防和威慑方面尽了最大努力，但仍将做好准备，确保尽量减少损失并从未来可能发生的任何恐怖袭击中恢复过来。海警将计划、装备、培训和演练其响应部队，提升其在没有任何紧急事件预警下的动员能力。根据《国土安全国家战略》，海警要将其响应计划整合到一个全面的、应对各种危害的《联邦应急管理计划》中。[②] 为应对恐怖事件和自然灾害，海警将与其他联邦、州、地方和非政府公共安全组织以及利益相关者合作，共同建立一个使用通用术语、拥有统一的指挥架构、可拓展应对各种规模突发事件的全面的国家事件管理系统。在发生任何重大恐怖袭击之后，应急响应工作将很可能涉及从政府到全国各地的数百个办事处。海警响应人员将使用设备、系统和程序，使他们能够与第一响应者有效沟通、高效运作。海警还将确保其部队做好在使用核、生、化、放射性和高当量爆炸物武器的地区安全开展工作的准备。

为确保所有机构间的团结一致，将在作战行动和战术指挥层面建立跨机构协调中心、情报融合中心和通用程序。这对于确保美国北方司令部和其他国家控制实体的有效协调尤为重要。这些跨机构协调中心将合理区分来自不同机构的装备，优先排序和确定任务，同时消除冲突影响。

3. 弥补港口安全漏洞——强化港口安全态势，降低战略经济和军事港口的脆弱性

鉴于在美国港口的客运班轮、集装箱船、散装货船和油轮等大型商业船舶多数悬挂外国国旗，具有明显的脆弱性，因此港口治安是海上战略的一个关键组成部分。作为最大限度地降低事件严重后果风险的必要步骤，也是第一步，海警将对港口设施实施关键性、威胁程度和脆弱性评估。以此为依据，根据港

① 《国家安全战略》高度重视“在威胁到达我们的边界之前就识别和摧毁它”。源自：*National Security Strategy*, p. 6.

② 源自：*National Strategy for Homeland Security*, p. 42.

口经济和国家防御职能，确定各港口的安全态势，配备相应级别的海上治安部队，确保人员、船只和关键基础设施[①]得到充分保护。港口负责人将利用其重要的法定权力，与港口安全委员会合作，主导和协调安全计划以支持这项工作。

为确保高价值船舶能主动受控机动，无论船旗如何，进出美国港口的指定船只都必须遵守国家船舶机动报告系统的指令。鉴于小型船只仍可能构成恐怖主义威胁，将重新审查当前豁免小型船只机动报告的要求。技术先进的监视和传感器系统将成为海上治安实施计划的一个组成部分。

4. 构建关键安全能力——开发所需能力，提高核心能力，重组海警海上安全行动资本

为进行更为广泛的侦察和监视，应对威胁和紧急事件，为第一响应者提供最大限度的支持，海警需要具备自我提升的能力。

为获得全面、高效、一致的响应能力，海警将升级其现有的指挥控制系统，使其能更好地服务于海上国土安全任务。为实现双向通信和行动情报共享，海警海上治安部队已经与各部门、机构和司令部实现了互联互通。尽管如此，服务于海上国土安全的海上指挥控制系统必须能更为明确、更加灵活和顺畅地发挥作用，为指挥官指挥控制所属部队或配属部队提供实时指导和合理指挥决策所需要的综合信息。为保障分层预警和防御恐怖袭击，该系统必须能利用从情报收集到阻断拦截在内的全部国家、民事、商业和国际资源。并且，该系统必须能够在海上、联合、跨机构、选定的联合司令部以及州、地方机构和私营部门之间提供适当的链接和互操作能力。

海警将调整对其“深水”部队[②]的投资；通过海上安全与治安分队[③]

---

① 在“沿海资产与关键基础设施保护”一节指出，海警“将为关键的高风险船舶、沿海设施、海上和其他目标（如核电站、炼油厂等）提供增强的防御”。源自：*Securing the Homeland Strengthening the Nation*, The White House, January 20, 2002, p. 18.

② “综合深水系统”（Integrated Deepwater System）是一项旨在对美国海警现有舰船和飞机进行投资、更新和能力提升，提供飞机、缉私船、传感器、通信和后勤能力最佳配置的一项多年期计划。深水任务是指在近岸或远海执行的任务，包括扩展的现场存在、远距离运输、前沿部署等，已超出了岸基小艇的操纵能力范畴。深水部队对国土安全的贡献是，以分层防御形式使用主力缉私船、巡逻艇和海洋巡逻飞机，在威胁到达美国海岸之前探测、拦截公海上的潜在威胁。

③ 海上安全与治安分队（Maritime Safety and Security Team）是美国海警的一支机动部队，2001 年 9 月 11 日恐怖袭击后因应海上国土安全任务而建立。这支 100 人的队伍的前身是美国海警的港口安全分队和执法分遣队，为保证国土安全可进行快速部署。与其他美国海警部队一样，该部队也具有完成搜救、海上执法和维护海上安全的多任务能力。该部队将部署支援奥运会等国家特殊事件的安全保障工作以及恶劣天气条件下的恢复行动、军用物资装载保护、安全区构建、战略港口重要航道设施防御和防范非法活动等。

(MSST)、海上警长[①]提高海上治安能力；扩大并更好地装备国家突击队(NSF)[②]；获得额外的港口安全监视系统和其他相关能力[③]，并酌情扩大国家事件管理指挥系统的使用范围。[④] 海警针对缉私船、近海巡逻艇、飞机和指挥控制节点的多年期资本重组计划，将奠定国土安全任务的重要基础。由此形成的以网络为中心的指挥控制基础设施，将促进与国防部尤其是美国北方司令部以及其他联邦、州政府机构之间的无缝隙链接和互操作。

此外，为满足海上国土安全任务要求，海警要加强征兵和训练工作。尽管海警的训练一直强调满足履行多方位任务所需的广度和灵活性，但将来的训练将侧重于必须反映海上国土安全任务高度优先级所需的特殊状态、战术和技能。除了以基本航海技术、搜救和环境保护为重点，还要将演习设定扩展到监视与巡逻、跟踪与尾随、拦截、反登临、武器操练和接敌战术攻击。因此，随着海警从和平时期的步调过渡到满足海上国土安全要求的反恐节奏，其训练和演习科目将相应进行调整。

5. 利用合作伙伴关系，降低安全风险——组建并保持公-私部门合作关系，同时加强国际合作

除了加强与联邦、州及地方政府、非政府组织、行业部门和美国国民之间业已存在的安全合作关系，海警还要加强国际合作，以形成全球海上恐怖主义防御体系。反过来，这一日益扩大的国内和国际关系拓展，将逐步增强情报共享和促进对海上安全行动的积极参与以及多边协议的商定，以确保港口治安、执行反恐程序并有利于现实世界联合行动对抗共同威胁。通过国际海事组织开展工作，对于建立国际海事安全制度和补充该海上战略的其他措施至关重要。派往国外的港口治安联络官将协助和协调海警国际合作伙伴的工作。

---

① 海上警长（Sea Marshal）是美国海警的一个职位，可在船只进入美国港口之前进行拦截和登临，主要是防止船只被恐怖分子用作攻击港口的工具。登船以后，海上警长可召见船长，解释其意图，核对货物单据及船员名单。海上警长主要值守在包括桥梁等在内的有船只航行的重要地区，保持对可疑行动的严密监视。装载危险品的船只、来自被美国认定与恐怖分子有关联或不友好国家的船只将给予最高级别的关注，进出港口的其他船只仅进行随机检查。

② 国家突击队（National Strike Force）是由三支机动分队组成的美国海警特战分队之一，主要用于对原油泄漏和威胁性物质排放的快速响应。该分队配备特殊装备，可支援联邦现场协调员和海警海上事件指挥官，减低原油泄漏和威胁性物质排放所带来的环境损害。由于该分队也具有核、生、化、放射性和高当量爆炸物（CBRNE）的处理能力（曾经在美国首都发生的生物恐怖袭击的后果消除行动中出动），所以该分队在美国海上领土的安全准备与恢复行动中能够发挥重要作用。

③ “2004 财政年度预算将继续支持海警在升级老旧舰队方面的投资，以及在海域感知、指挥控制系统和岸基设施领域进行有针对性的性能提升。”源自：Recapitalize the U. S. Coast Guard，*National Strategy for Homeland Security*，p. 23.

④ 源自：Create a National Incident Management System，*National Strategy for Homeland Security*，p. 42.

6. 确保为国土防御行动做好准备——准备、装备并训练部队，执行国土安全和国土防御行动，并在两种任务之间平稳转换

面对恐怖威胁，《国家安全战略》呼吁对维护美国国家安全的所有主要机构进行转型改革，因为时代变了，需求也跟着变了。既然美国面对的威胁和敌人已经发生了改变，那么美国的武装力量也应因此而发生改变。在阻止对美国、我们的盟友和我们的朋友的侵略或任何形式的胁迫上，他们必须制定更宽泛的军事选项。①

作为美国的一支武装力量（《美国法典》第14编第1节），海警在保卫国土的任何时候都将作为受援指挥机构或支援指挥机构执行传统军事行动。在这种情况下，海警将根据国防部部长发布的命令执行美国战斗人员或职能指挥官所分配的任务。为实现这一转变，海警必须拥有合适的具备互操作能力的装备、训练有素的部队以及作战条令。海警部队在海外作战区域执行国防任务的额外要求，凸显了国土安全和国土防御行动之间平稳转换的必要性，就像在波斯湾的情况一样。

（四）战略要素的近期计划倡议

海上战略为海警描绘了一幅确保国土免受恐怖主义威胁的蓝图。国土安全是一项规模宏大且极为复杂的挑战，这不是一朝一夕就能轻易解决的。实现我们的国土安全目标，需要艰苦、长期的努力以及足够的时间和金钱投入。我们的工作已经起步，而且还将长期进行下去。海警制定了一个精心构思的计划，以确保这些努力以尽可能少的财力和社会成本产生最大的安全效益。海警已经在制定一系列全面的计划措施来实现海上战略。

这些举措充分考虑了目前海警的能力、实力和适用于国土安全的系统，同时也清晰地反映了与其责任、权力和核心能力相一致的基本管理原则。这些举措是：①以目前海警的实力和系统为依托，合理编组，良好运作；②改善海警其他资源；③必要时发展新的能力、实力和系统。此外，在多数情况下，这些举措不仅有利于国土安全，而且还有利于其他要求。例如，能更好地管控恐怖主义威胁的应急管理系统，还能应对所有灾害威胁（火灾、水灾、飓风、化学品泄漏等），海上治安传感器还能用于搜救和海上执法。每个战略要素都包含多项举措，具体描述如表1－1所示。

---

① 源自：Create a National Incident Management System，*National Strategy for Homeland Security*，p. 29.

表 1-1 近期计划倡议

战略要素	近期计划
增强海域感知能力	（1）利用跨机构信息共享，在每个警区建立海上情报融合中心； （2）与海军共同主持联合海上监视工作组； （3）在每个网络系统和组群中安装保密因特网协议路由器； （4）在所有指挥中心安装全球指挥控制系统； （5）通过“救援 21”计划、港口与航道安全系统、“深水”计划和先进港口监控系统扩展传感器功能
开展经过强化的海上安全行动	（1）任命海上安全与治安分队并提高登临小组的能力； （2）评估所有 HH-60/65 型直升机的装备； （3）制定健全的演练计划，以检验扩展的分层防御效果； （4）采购新型小艇； （5）增购 WPB-87 型近岸巡逻艇； （6）部署具有先进指挥控制和传感器系统的 HC-130J 型飞机，增强海上监视能力
弥补港口安全漏洞	（1）持续使用港口安全风险评估工具对港口、船舶和设施进行港口安全评估； （2）对风险最大的港口进行一系列详细的脆弱性评估； （3）计划和实施港口级的反恐演习； （4）制定生物恐怖主义应对政策； （5）建立所有主要利益相关者参加的港口安全委员会
构建关键安全能力	（1）扩充、建立、训练海上安全与治安分队； （2）扩大包括行动情报、海上执法学校和先进的快艇中心在内的安全培训基础设施； （3）通过“深水”计划升级 C^4ISR① 能力，实现 37 艘现役主力缉私船、全部巡逻艇、部分 HC-130 型飞机、全部 HH-60J 和 HH-65 型直升机、12 个指挥中心的现代化，增加新型海上巡逻飞机和无人机； （4）开发劳动力技能，充分利用增强的技术能力
利用合作伙伴关系，降低安全风险	（1）进行港口脆弱性评估； （2）从现有的第一响应组织中建立并培训专业的危险材料响应分队或其他关键能力； （3）努力在国际层面提高货物的安全性，提高海员文档的安全性和有效性
确保为国土防御行动做好准备	（1）实施“深水”计划，提高行动能力和与国防部的协调性； （2）准备作为美国北方司令部的受援机构或支援机构开展行动； （3）准备、装备和训练部队，使之能执行国土安全和国土防御任务，并能在两者之间顺利过渡； （4）为确认有风险的现场人员采购应对核、生、化、放射性和高当量爆炸物的个人防护装备； （5）制定训练计划，确保海警队员安全、有效地执行国土安全和国土防御任务

① C^4ISR，即指挥，控制，通信，计算机，情报，监视和侦察。——译者注

（五）战略实施概述

基于构成海域感知的信息、知识和可操作的情报，海警部队将在适当的情况下得到其他军种和跨部门力量的支持，在美国海域的港口和航道开展海上安全行动以应对内部威胁，在公海应对外部威胁。针对外部威胁的海上安全行动取决于大范围的监视、沿海海上控制、海上拦截和攻击或破坏行动；针对内部威胁的海上安全行动侧重于港口安全和预防措施、港口防御以及船只机动与控制行动。海警部队将准备好有效地威慑、探测和防御传统武器和非对称攻击，当然也包括核、生、化、放射性和高当量爆炸物以及常规高爆炸药。

与世界各地的外国政府、国际组织和商业机构密切合作，海警和跨机构海上治安部队就能在潜在危险或秘密货物进入开往美国领土的船只之前将其识别出来。他们从装载地点开始就对船只、人员和货物进行监控，一直到中间停靠港和目的地港，确保对海上航行路线的全程控制，并在必要时迫使船只转向、接受搜查检验。海警要积极行使所有权力，利用其与国际组织、联邦、州和当地各级政府的广泛联系和伙伴关系，以及与行业部门、非政府组织、商业机构和民众的密切接触，在尽可能早的时间里消除对美国的威胁。最后，在发生袭击事件时，海警部队将准备领导或以其他方式支援美国海域内的国家和地方应急响应分队。图1－4和图1－5是在美国海域的部分地区开展海上安全行动的示例。

（六）海上战略的关键组成部分

1. 美国海警国土安全海上战略

（1）战略目标

①防止恐怖分子利用美国海域以及实施恐怖袭击；

②减少美国海域内遭受恐怖主义威胁的薄弱环节；

③保护美国人口中心、关键基础设施、海上边界、港口、沿海通道及其结合部；

④保护美国海上运输系统，同时维持在美国海域实施合法追击的自由；

⑤无论作为领导联邦机构还是支援机构，都要最大限度地减少美国海域内可能发生的攻击损失并从攻击中尽快恢复。

（2）最高任务陈述

保证美国的海域和海上运输系统安全，阻止恐怖分子将其用作攻击美国领土、民众和关键基础设施的意图。此外，海警将做好准备，并在发生袭击时开展应急响应行动。并且，在得到命令时，海警将作为武装部队担任受援指挥机构或支援指挥机构开展国土防御行动。

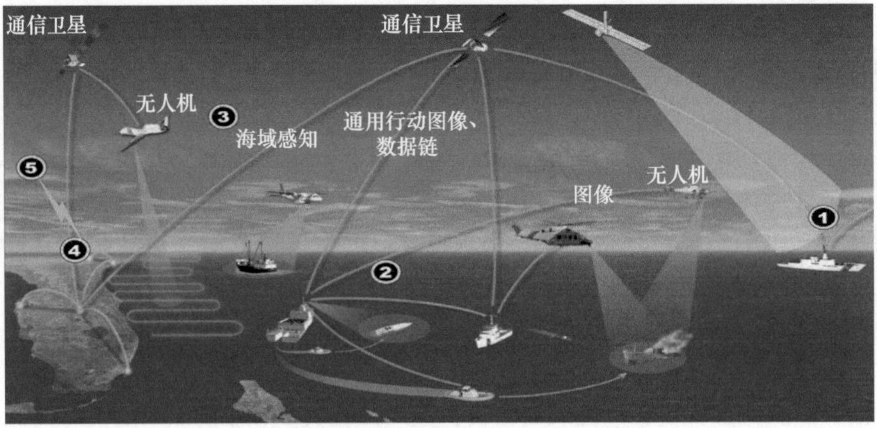

图 1-4　分层海上安全行动——沿海及大洋

说明：

①大洋中的海上安全行动

主力缉私船接收海域感知和卫星监视定位数据，对快速目标和高价值船只进行拦截。另外，还可以执行缉毒、拦截非法移民、公海流网渔业执法和国家防御任务。

② 美国专属经济区海上安全行动

主力缉私船同时执行两项任务：打击恐怖分子船只和追击逃跑的毒品贩运船只。缉私船释放拦截艇拦截毒品贩运船只，无人机为其提供战术情报；另一艘缉私船用其追击艇和武装直升机应对恐怖主义威胁。

③ 美国海上通道安全行动

无人机和海上巡逻飞机执行广域侦察监视任务，对快速目标和高价值船只进行调查、探测、分类、识别和录像。飞越检查目标船是否加入了国家船舶机动报告系统，并将实时数据发送到指挥中心，融合形成通用行动图像。另外，这些数据也可支援其他任务（缉毒、渔业执法、国际冰情巡逻）。

④ 沿海、港湾、港口安全行动

海上安全与治安分队、港口安全分队和海上警长严阵以待，积极应对高价值船只的到来。港口安全委员会统一协调综合安全计划。

⑤ 岸基指挥控制与情报融合

地区指挥节点规划和开展多部门海上安全行动，生成并分发海上感知情报，对任务优先级进行排序，调配资源。

⑥ 多部门情报与信息交换

全源输入、支持海域感知情报生成，并与其他部门共享。

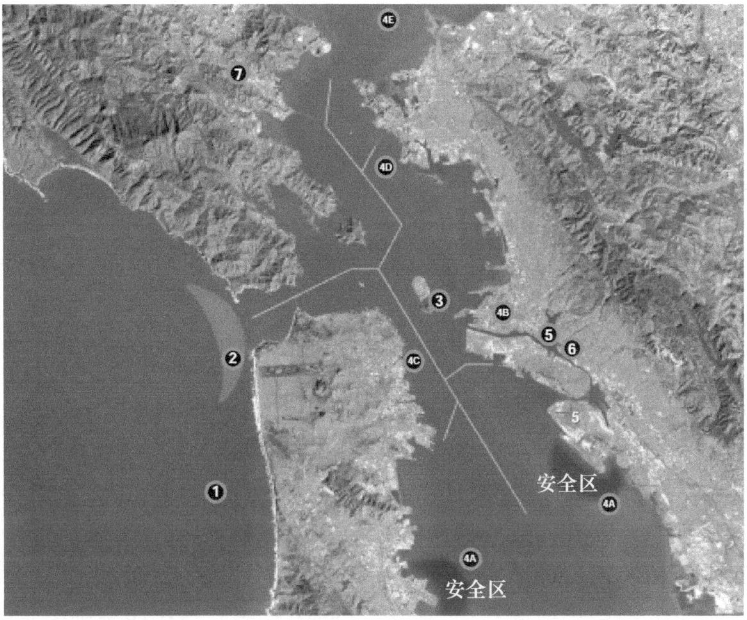

图 1－5 分层海上安全行动——沿海港口

说明：

① 美国海上通道

无人机和海上巡逻飞机执行大范围沿海侦察监视任务，对快速目标和高价值船只进行调查、探测、分类、识别和录像。飞越检查目标船是否加入了国家船舶机动报告系统，并将实时数据发送到指挥中心，融合形成通用行动图像。另外，这些数据也可支援其他任务。

② 美国海港入口

主力缉私船负责海港入口巡逻，并为海上警长迎接到来的高价值目标船提供平台。

③ 港口指挥控制中心

港口指挥控制中心规划和实施多部门港口安全行动。生成并分发海上感知情报，对任务优先级进行排序，调配资源。操控船舶交通服务，控制港内所有船舶的机动。与州、地方当局和当地港口安全委员会协调工作。

④ 海警部队港口和沿海海上安全行动

海上安全与治安分队、港口安全分队和海上安全行动部队严阵以待，威慑、防御并应对任何恐怖袭击。

4A 在关键基础设施机场周围维持安全区（Security Zone）治安。

4B 保护国家防御出口和商业集装箱的关键设施。

4C 保护游轮及相关的客运码头。

4D 保护拥有潜在重要危险品的关键能源卸载设施。

4E 保护如弹药装载设施等在内的重要国防设施。

⑤ 海警岸基指挥控制与情报融合

地区指挥控制节点规划和开展多部门海上安全行动；为下级的统一行动提供行动指导；生成并分发海上感知情报，对任务优先级进行排序，调配资源。

⑥ 多部门情报与信息交换

全源输入、支持海域感知情报生成，并与其他部门共享。

⑦ 海警对危险物质或核、生、化、放射性和高当量爆炸物的第一响应能力

海警突击队是应对危险物质泄露以及核、生、化、放射性和高当量爆炸物攻击的港口第一响应者。

（3）战略要素组成

①增强海域感知能力；

②开展经过强化的海上安全行动；

③弥补港口安全漏洞；

④构建关键安全能力；

⑤利用合作伙伴关系，降低安全风险；

⑥确保为国土防御行动做好准备。

2. 战略研究的指导原则

（1）海警是海上国土安全的领导联邦机构；

（2）对于海上国土安全，国防部是海警的支援机构；

（3）对于海上国土防御，执行传统军事任务时，国防部是领导联邦机构，海警是受援指挥机构或支援指挥机构；

（4）确保国土安全需要所有政府机构共同分担责任；

（5）所有机构将以前所未有的方式共享信息；

（6）海上安全行动要满足应对实际威胁的需要并在法律规则内实施；

（7）海上战略的实施要以海警的多任务能力为基础，获取新资源并与公共和私人利益相关者合作/协调。

第二篇 《美国海警司令 2015—2019 战略意图》[①]

美国海警司令的发布函

今天的美国海警正面临着严峻的历史性挑战。需要遂行日益增多的日常任务和经常性行动，同时需要时刻准备应对更为频繁发生的重大事件，还必须面对一系列前所未有的、严重威胁着国家安全和繁荣发展的现代风险。中美洲的暴力事件达到历史最严重水平，北极新的可通航水域中的活动不断增加，网络空间广阔而复杂，由强劲的国内生产推动的能源贸易形势瞬息万变。我们所面临的极大风险，需要海警有效整合资源，采取战略行动。

《2015—2019 战略意图》概述了海警为应对上述风险而规划的最高优先级战略重点。这些战略重点与国家战略和政策以及国土安全部的指导方针，包括《国土安全部四年一度国土安全报告》制定的战备重点相一致。在履行维护国家海域安全、海权保卫和海洋管理职责过程中，海警必须正确认识我们所处的战略环境，适应全域战略挑战，为时刻准备应对 21 世纪的现实挑战而实现并保持一种弹性服务能力。

本《战略意图》除提到所面临的复杂性威胁和挑战外，还认识到资金和财政支持情况严峻，需要提升工作效率。政府部门整体预算减少的现实情况需要我们创新资源配置，强调投入必有回报，从而满足 21 世纪的任务需求。同时，在人力资源资本管理方面进行创新，强调加强众多复杂技能组合的专业化建设。海警将不断寻求效率和成本控制措施，从而使在海上安全、安保和管理上投入的每一分钱发挥其最大价值。2012—2015 年期间，海警的可自由支配预算减少了 3 亿美元，包括裁减员额 1500 余人。在海警任务增多的情况下，预算和人员的减少对识别、应对和打击海事领域的威胁无疑是严重挑战。随着新威胁的出现，必须将资产聚焦于国家最高优先级事项。

---

① 本篇译自：*U. S. Coast Guard Commandant's Strategic Intent* 2015-2019. U. S. Coast Guard Headquarters, Washington, D. C. , December 2015.

本文件为职能战略和区域战略文件，如《美国海警西半球战略》《美国海警北极战略》以及即将发布的《美国海警网络战略》中的战略重点提供总体指导。本文件并不打算涵盖海警的所有工作，而是制定一个四年战略规划，以确保为实现这些战略确定长期目标。本《战略意图》提出了关键性举措，从而将国家战略落实为具体的方案实施计划，为灵活应对新世纪海上挑战时刻准备着。

随时候命！

美国海警司令

保罗·祖孔夫特（Paul F. Zukunft）上将

2013 年 5 月

美国的海岸警卫队

一直以来，美国海警作为美国的一支军事力量，是美国武装力量的组成部分，是联邦的执法机构和监管机构，是海上快速反应力量和人道主义服务力量，是美国国家情报系统的成员单位。美国海警是世界排名第一位的执行多样化任务的海上力量，负责维护国家海域安全、保卫海权和承担海洋管理职责。海警在国土安全部领导下履行职责，战斗在国家的海防前线，而国家的经济繁荣和安全与海洋利益息息相关。为维护国家的海内外权益，海警利用其广大的权限范围，广泛的跨部门及军事和工商业领域合作网络，独特的行动和部署能力，以及国际合作关系，执行日常维护稳定任务和应对重大突发事件。

一、内容摘要

海事领域从未如此复杂，我们的行动环境面临的威胁和挑战从未如此严峻。在应对持续存在的新兴风险过程中，海警仍然是维护国家安全和繁荣发展的不可或缺的力量。我们拥有的战斗力、力量规模、合作关系和执法权，将我们的目标定位为应对国家面临的瞬息万变、纷繁复杂的各类威胁。

现代社会的快速发展滋生新的安全威胁，同时，财政和预算严重不足的现实，都需要运用新的战略方法来应对最严重的风险挑战。海警既要保持日常维护稳定能力和做好应急处突准备，还要适应不断变化的战略环境。在我们加强部队建设迎接21世纪挑战的同时，不断变化的形势任务需要我们不断调整行动和保障计划。

（一）战略格局

全球化趋势和地缘战略威胁正在迅速地改变我们的世界。跨国有组织犯罪（TOC）网络，海洋行业的技术进步，网络风险，气候变化，移民从贫困和暴力发生地区迁出的模式变化，以及主权被弱化的民族国家等，都对我们的行动环境构成巨大威胁。因此，海警必须提前评估和规划未来需求，同时履行我们的维稳使命任务，确保为应急处突行动做好准备。这就需要对影响国家安全和繁荣发展的变化因素进行持续性评估。

（二）战略挑战与海警应对之策

美国海洋利益的形成源于多重因素，其中五个战略重点领域代表了未来四年海警最紧迫的行动需求。虽然海警必须遂行经常性任务，并且在未来几十年内不可避免地要处置大量高发、频发、多发的突发性事件，但这五个重点领域为我们部队建设、信息资源建设和行动决策提供了统一的战略指针。我们必须根据国家和部级层面的战略，与美国国防部的“亚太再平衡”战略密切配合。重点战略领域是基于我们对战略环境的理解而采取的风险预警对策。这五个战略挑战是：

（1）跨国有组织犯罪（TOC）网络快速兴起与融合；

（2）南部海上边境安全形势严峻；

（3）海上贸易活动剧增；

（4）海上运输系统面临的网络风险日益增多；

（5）极地气候变化不容乐观。

（三）建设21世纪海警队伍

为应对这些错综复杂、日益严峻的战略挑战，海警必须遵照指导原则，集全体之合力努力奋斗，服务国家，服务民众，追求卓越。本文件重点介绍了直接支持《司令官指令2014》中重点事项的具体举措。

（1）为了向国家提供最好的服务，海警将确保完善现有战略资产，发挥关键合作伙伴作用，并保持足够的兵力规模与质量、技术水准和战术能力，以加强行使职权、履行使命的能力。

（2）我们这支军事力量拥有优秀的人才队伍和敬业奉献的干部队伍，海警将消除官兵中的性侵犯现象来履行服务民众的职责，培育相互尊重和包容的军队文化。

（3）在坚持我们追求卓越的过程中，海警将简化业务流程，优化员工队伍，实现财务管理系统的现代化，并构建更加灵活的战略规划体系。

二、战略格局

在未来的四年中，海警必须面对我们行动环境中的复杂挑战。除了平时遂行日常任务面临的挑战，全球化趋势和地缘战略威胁将前所未有地对部队建设和履职尽责提出更高的要求。

全球化使得整个世界能够相互联系，任何国家的安全和繁荣发展都依赖于有效的国际关系。今天的经济严重依赖于全球贸易，而全球贸易又依赖于安全、灵活和高效的运输系统。超过90%的全球贸易通过海运进行，使美国海上运输系统的安全和环境管理成为国家安全和经济发展的必要条件。技术进步提高了海上贸易的效率，使更多地利用海洋自然资源成为可能，人类开发利用有限资源的效率越来越高，这对我们联合调控人口增长带来的竞争性需求的能力提出挑战。气候变化对海洋环境的影响会加剧这种竞争性需求，这在北极地区已经表现得很明显。

技术创新使世界更加互联互通，同时为几乎所有消费者、企业、组织和政府带来了新的弱项和风险。网络威胁对我们国家的关键基础设施以及政府网络系统构成严重威胁。技术和通信设备的新发展也使贩毒和涉及其他非法活动的跨国有组织犯罪网络加强了计划性和组织协调性。犯罪活动借助网络实现流动性和匿名性。跨国有组织犯罪网络的兴起和融合也破坏了许多政府的稳定，助长了暴力和腐败，阻碍了经济增长和发展。

我们国家的人口结构正在发生变化，海警的人力资本要求也在不断变化。新的行动区域、领域和技术需要专业化知识和认知适应性，以了解日益多样化的任务空间。此外，在预算紧张的条件下，应对战略风险和保持战备将变得越来越困难。对有限自由裁量资金的争夺将使财政环境更加不确定。由于行动预算资金与前几年持平，并没有随通货膨胀或任务需求增加而做出相应调整，海警将继续面临预算紧缩和购买力下降的压力。随着国防部等国家安全合作伙伴重新配置其防务资源，以满足西半球以外日益增加的安全需求，海警的行动能力将受到更大制约。

国家和各部的战略和指导明确指出了海警未来几年将面对最大风险领域。对这些任务的全面审查和评估为海警在若干新兴风险领域的应对提供了方向，这些风险领域威胁着国家安全和繁荣发展。最近发布的海警战略文件详细介绍了这些风险，文件包括《美国海警西半球战略》《美国海警北极战略》以及即将发布的《美国海警网络战略》。根据以上战略，我们会调整近期主要行动的力量分配。以下重点领域将有助于确定当前和未来实施计划的优先顺序。

三、战略挑战和海警应对之策

（一）挑战——跨国有组织犯罪网络快速兴起与融合

正如《打击跨国有组织犯罪国家战略》所述，跨国有组织犯罪网络现已发展成为犯罪、恐怖、叛乱活动综合体，其非法活动涉及贩毒、恐怖主义、偷渡、贩卖人口、走私军火、海盗活动、环境犯罪、知识产权犯罪和网络犯罪。

在海警的主要行动环境中，跨国有组织犯罪网络受贩毒的巨大利润驱使，使用暴力手段削弱地方政府，阻碍合法的经济活动和阻滞经济发展，恐吓平民。最新联合国全球凶杀调查发现，中美洲、加勒比海地区及南美加勒比海沿岸的 8 个国家在凶杀犯罪率方面排名全球前十位。波多黎各和美属维尔京群岛的暴力事件也处于高发状态。

海警对策：正如《美国海警西半球战略》所述，我们以进攻态势打击跨国有组织犯罪网络，主动与国内外合作伙伴合作实施侦察探测、锁定目标，给非法网络以致命打击。这需要在跨国有组织犯罪网络活跃的高威胁区域保持持久的近海兵力部署，促进情报工作与打击行动的集成和同步。我们在打击跨国有组织犯罪网络方面的工作集中在三个方面：①了解非法网络，培育我们自己的网络文化；②甄别跨国有组织犯罪网络；③锁定和切断跨国有组织犯罪网络并进行起诉。

随着我们不断提升和利用包括政府和整个西半球的各种合作伙伴关系，团结协作仍是工作重点之一。海警将根据中美洲地区国家战略开展执法合作。同样，在与地区政府的双边和多边协议的支持下，我们将与在西半球开展行动的其他海上力量进行合作，保持强有力的合作伙伴关系。近期打击跨国有组织犯罪网络的另一个关键因素是，我们有能力利用情报和项目在加勒比海地区和太平洋东部的高风险地区持续部署兵力，保持力量存在。因为在这些地区，跨国有组织犯罪网络走私者的非法货运量最大、最密集，打击效果更为明显。成功的阻击为侦察活动和刑事起诉创造了有利时机，会带来更多的情报和后续缉获效益。海警拥有广泛的海上权限和执行跨海上任务的能力，是美国与跨国有组织犯罪网络进行的大规模战斗的一个多功能和关键资源。

（二）挑战——南方海上边境安全形势严峻

目前，美国南部边境及其周围海域的风险将继续成为国家安全领域最严峻的边境威胁。我们的南部海上边境包括经济上至关重要的出口海港以及海港间的广大海域；600 万平方英里的海洋和海岸线，包括南加利福尼亚州、墨西哥湾和加勒比海延伸至中美洲的海域和南美洲北部海域。对我们南部海上边境的威胁包括市场驱动的非法人员和货物流动，如毒品走私和偷渡，以及非市场驱动的非法流动，如非法移民和恐怖主义势力的渗透。历史上的区域政治经济的不稳定增加了对我们南部海上边境的威胁，跨国有组织犯罪的相关暴力活动不断增加，加之跨国有组织犯罪活动集中，滋生了大量的非法移民，如 2014 年的无陪伴儿童移民。正如国土安全部的《南部边境及毗连区域战役计划》（以下简称《战役计划》）所指出的那样，保护我们的南部边境和航道安全是国土安全部的优先目标。作为负责海上执法的联邦机构，海警将确保在美国南部海上边境和航道安全方面发挥关键作用。

海警对策：海警将在领导和执行总体《战役计划》中发挥关键作用。实现整个国土安全部的团结统一对于取得成功至关重要。《战役计划》强调了一些战略举措，包括成立三支国土安全部联合特遣部队（JTF）。海警大西洋警区司令被任命为东部联合特遣部队的第一任司令，海警的高级军官也被任命为西部联合特遣部队和联合特遣调查部队的副司令。我们的南部边境安保计划强调资源的高效配置，通过保障基于风险决策活动的通用情报态势图提高感知能力，制定改进工作的有效措施，并进行有针对性的部署以在远离美国边境的地方便阻断威胁。

（三）挑战——海上贸易活动剧增

国家的繁荣发展离不开安全、高效的海上运输系统。当前海上交通拥堵加剧，船舶体量增大，港口运营复杂化，外大陆架勘探和资源开采增加，海洋技术越来越先进，越来越多地使用海上运输系统运输能源、资源和危险材料，人员和财产安全面临越来越多的风险。巴拿马运河的扩建可能会推动海运路线的重大变化，为我们的海域安全、海上安保和海洋管理带来新的挑战。此外，美国与古巴关系的变化可能会改变和增加商业活动和海事活动。

国内能源生产的最新趋势表明，技术和动态市场对海上运输系统管理的挑战快速增加。美国能源行业最近经历了自 20 世纪 70 年代国内石油和天然气产量达到峰值以来的首次大幅增长，主要得益于技术进步，该技术能够更有效地开采以前难以开采的石油和天然气。2013 年 10 月，美国的石油产量超过了美国的石油进口量，这是二十年来的第一次。2014 年，美国成为全球最大的液体碳氢化合物（原油、凝析油和液化天然气）和天然气生产国。近海和内陆的国内石油和天然气产量最近达到了创纪录的水平，尽管有短期的市场干扰，但预计未来几十年将处于增长趋势。为支持石油和天然气、精炼产品和化学品以及相关制成品的生产和运输，相应增加了海上运输系统需求，对海警确保美国海域安全、安保和环境管理的能力提出挑战。

海警对策：海警将继续促进安全、可靠、高效和灵活的海上运输系统建设。海上运输系统的风险管理和危险预防对于实现我们的安全和安保目标至关重要。在日益复杂的海洋环境中，我们将继续强调有效的事件管理在应对和消除对商业活动、环境或人类生命造成重大威胁活动中的作用。海警必须全面评估和满足近海、沿海、五大湖和内陆地区能源部门不断变化的需求。这些需求包括船舶设计和建造，海上基础设施建设，通过海上运输系统运输能源产品以及新建码头的建设和运营。海警将致力于改善监管体系，提高技术能力，发展实力规模。海警还将改进应急响应机制，加强战备活动，确保在水路管理中保持警惕，并探索改进国家应对政策。

（四）挑战——海上运输系统面临的网络风险日益增多

在未来几年，保护海警的网络空间和海上关键基础设施将具有极其重要的战略意义。网络技术的发展推动了全球化经济的空前增长，也带来了越来越多的风险挑战，威胁着我们的国家安全和繁荣发展。政府和关键基础设施系统面临来自对手的新兴网络威胁，这些对手拥有大量资源并使用复杂的工具。这些威胁对海警系统和网络，以及美国的关键海事基础设施和海上运输系统构成了重大挑战。海警将利用各种海事安全和安保机构，包括《海上运输安全法》规定的机构，在帮助海事基础设施利益相关者保护他们的网络空间方面发挥重大作用。

海警对策：海警必须发展更广泛的网络能力，并通过综合性网络战略建设进行针对性的信息支持。本战略将更加明确地界定海警的职能任务，以及指导战略如《国家安全网络空间战略》和《国家基础设施保护计划》背景下的未来举措。我们的战略将提供一个清晰的框架，确保有效的海警网络防御，保护公共部门和私营部门的海上网络基础设施，增强战斗力，确保战略重点安全。《美国海警网络战略》将于 2015 年发布，并将引导我们未来四年的网络战略工作方向。

（五）挑战——适应极地气候变化不容乐观

气候变化的后果是多领域的。特别是在北极地区，海警近期最大的风险因素是由于冰层覆盖面积减少使海上活动增加。白令海峡上的交通流量日益增多。现在，船只通过以前无法通行的航线进行货物运输，有时单次可节省数十万美元成本。乘坐游轮的旅游活动也在增加，都将对海警的反应能力提出更高要求。北极地区的自然资源极其丰富，增加了其地缘战略意义。偏远地区和极地孤岛之间距离遥远，给管理带来了极大挑战。北极地区海上活动的增加对海警提出更高要求，我们遂行任务的能力取决于日益老化的国家破冰舰队的建设，以确保进入北极和南极地区。

海警对策：按照《美国海警北极战略》，我们将努力改善态势感知能力，实现部队管理现代化，拓展极地地区合作伙伴关系。在未来四年里，海警将倡导更可靠的国家解决方案，以帮助满足日益增长的任务要求。在岸基设施最少的地区，海上活动和经济活动的增加将使本来就极为有限的海警资源承受更大压力。国家破冰舰队目前仅有一艘可用于行动的重型破冰船——“极地之星”号。海警还装备一艘中型破冰船——“希利”号，它最适合夏季前往北极执行科考任务，但不适用于高强度破冰作业。

由于美国破冰舰队能力有限，因而面临重大风险。海警要遂行应对游轮、商船或其他船只的海上紧急任务，如果重型破冰船遇到危险，我们都无法自救。届时，我们不得不寄希望于其他国家有善意和能力来伸出援手。此外，我们的破冰船需要定期、长时间进港维护，以确保其在最恶劣的极地环境中的运行能力，这使本就非常有限的兵力规模和战斗力雪上加霜。

海警正在与联邦政府协调制定下一代美国破冰船的建设需求。维持美国在极地地区的兵力存在需要政府各部门一起努力，增加装备采购和运行保障资金的投入。此外，为应对遥远地区行动环境的变化，海警倡导，根据《北极地区国家战略》和《美国海警北极战略》等指导政策，在国家层面寻求解决方案。我们将根据《海军北极路线图》中联合力量和跨部门力量建设要求，通过北极理事会和北极海警论坛等协调机构推进多边方案。

四、建设 21 世纪海警

美国能源生产的上一次重大变革，已经过去了几十年。中美洲的跨国有组织犯罪（TOC）使西半球目睹了在 20 世纪发生血腥内战以来便未曾发生过的最严重的暴力事件。一百年前，海警开始加强空中能力建设，现在迎来一百年后第一个全新行动领域：网络空间领域。从前无法通行的部分北冰洋广阔海域，正在逐步扩大通航范围，从而形成了近代以来又一个全新的作战领域。这些挑战中的任何一个，都会使我们在遂行日常的勤务任务之余付出巨大努力。加之综合预算吃紧，所有这些前所未有的挑战将使现有作战能力承受巨大压力，同时对海警的专有行动能力和独特职权提出挑战。

为确保海警能够满足快速发展的作战环境的需求，我们将继续调整资本额，有针对性地改良资产，扩大合作伙伴关系，保障人才培养，改进业务流程。《司令官指令 2014》提出“服务国家，服务民众，追求卓越”的指导原则，根据以上原则，我们将致力于完成部门内各种战略计划，以确保海警随时准备迎接 21 世纪的挑战。

（一）服务国家

服务国家原则要求我们通过维护和建设遂行任务所依赖的军事力量、战斗能力和合作关系来保卫美国国家安全和繁荣发展。我们将投资更新资产，取代老旧的海上平台和岸上基础设施，与各类利益相关者合作，建设一支规模适度和训练有素的部队。

1. 能力建设

能力建设：远海巡逻缉私船
远海巡逻缉私船是海警的头号采购投资重点。作为海警中等自持力缉私船的替代品，配备起降甲板的远海巡逻缉私船将结合国家安全缉私船的高自持力和高速近程快反缉私船的灵活性，为海警提供主要的水面作战实力。

海警将投资那些对迎接新领域挑战和满足日益增长的作战需求至关重要的资源。在预算范围内对舰艇、船只和飞机进行资产再配置仍然是确保未来部队战斗力的必要条件。我们的快艇有很大一部分已服役四十多年，有的则超过了五十年。为满足任务需求，这些老旧资产必将退役，我们将继续进行采购。我们主要采购远海巡逻缉私船（OPC），以满足我们的国家安全要求，适应在海洋环境恶劣的外海行动。

远海巡逻缉私船是满足海上作战长期需求的最经济的选择。此外，重型破冰行动装备和基础设施、在内河航行船只的援助、指挥、控制、通信、计算机、情报、监视、侦察和信息技术建设，用于搜救的直升机，空中侦察等，在近期至中期内都受到平台可用性和服役寿命的挑战。我们将努力通过及时、预算范围内的资产再配置来保持战斗能力。同时，我们将适当投资新技术、新工具，例如网络安全系统和无人机系统，以保持在传统和新兴领域的战术优势。我们将与国土安全部和国防部的合作伙伴共同努力，提升相互操作能力，确保不重复建设。

为确保对战斗力的投资获得最高回报，海警将继续改善内部及与合作伙伴之间的情报、行动的集成和同步。在日趋复杂的作战环境中，这种集成对最佳配置资源，应对头号威胁至关重要。我们将收集和传播情报，为指挥员和其他决策者提供海事和网络空间存在威胁的信息。我们将不断利用情报来驱动行动，同时也为战略性的、基于风险的决策过程提供信息，从而实现更好的行动效果和获得更强的作战能力。

2. 团结协作

团结协作：国际协议
海警与西半球沿海国家签署 40 多个国际协议，致力于促进执法、抢险救援、应对污染等联合行动的开展。

海警将团结协作，在一切战略工作中与所有合作伙伴建立互利关系。我们将充分利用我们的权限和能力，同时提高行政效率。我们将继续通过整合与其他部门成员的行动和保障能力，主导国土安全部的相关行动计划。此外，海警的领导层将继续通过参加代表管理行动小组促进部门企业的管理协作，并通过联合需求委员会确定投资的跨行业机会和普遍性要求。我们将参与国土安全部范围内的工作以确保效率。海警在执行国土安全部《南部边境及毗连区域战役计划》方面发挥领导作用，并将任命一名高级行政人员担任东部联合特遣部队司令，承担跨部门保护南部海上边境及毗连地带的责任。作为禁运委员会主席，海警司令将继续在协调和整合国家力量打击贩毒犯罪中起领导作用。此外，在国防部下属各相应地区作战司令部的指挥下，海警高级军官将继续领导南部和西部联合特遣部队，协调跨部门侦察、监测和拦截非法贩运的工作。

我们将在执行共同任务时与联邦、州和地方合作伙伴建立稳固的跨部门关系，增强情报对作战任务的保障作用。正如《21 世纪海上力量合作战略》所述，我们将继续与海军和海军陆战队密切合作，提高资产的互操作性，确保国家海上安全。我们将通过参加国际海事组织和北极理事会等组织举办的国际论坛倡导国家利益，利用合作关系，同时通过双边和多边协议扩大与国际伙伴的共同利益，在国界线以外施加影响力。我们注意到海上商业活动日益复杂、充满活力，将强化对跨部门合作伙伴和海运业股东的拓展服务。

海警还将充分利用国内与海外的合作伙伴关系。我们将视情况向各大使馆派驻国防武官和海警联络官，继续对国防部和国务院提供支持。在《安全部门援助战略》中，海警将加强国际海事合作伙伴确保自身水域安全的能力，从而提高全球海洋环境的安全性，防止出现威胁和危害而最终影响到我们自己。我们将继续最大限度地安排我们的国际港口治安联络官，评估国际船舶和港口设施安全代码制度的执行情况以及国外港口的其他反恐安保措施，从而降低港口、船舶和整个海上运输系统的风险。

3. 应对任务需求扩大和重大事件响应行动能力建设

能力建设：重大事件应急响应行动
长久以来，海警对领导应对海难和突发事件具备权限、能力和经验。海警的行动能力及其与联邦、州、地方和私营部门的响应系统之间协同合作的行动力，使它成为确保国家海域安全不可或缺的力量。

海警还必须建立一支规模适当、训练有素的人才队伍来执行任务。关键是，我们要确保培养一支过硬的人才队伍以满足任务对新技术和复杂技能的要求，包括足够数量、经验丰富的海事检查员以服务海上贸易，以及一批业务熟

练和具有奉献精神的网络工作人员。此外，我们将努力加强整体兵力规模建设，以确保既能满足平时任务需要，又能有足够力量处置重大事件。海警将做好准备应对未来风险，在应对重大事件的同时，遂行全国范围的安保行动和完成好平时任务。

（二）服务民众

我们坚定承诺对民众负责，为民众服务。我们不仅服务普通美国民众，还要服务那些与我们并肩战斗的人，也就是我们的现役军人、预备役人员、文职人员和辅助人员。我们的使命需要团队合作、相互信任和无私奉献。“荣誉、尊重、献身使命”的重要价值观对我们提出了明确要求，相互信任就孕育在这样的环境中。违反这些价值观的行为，如性侵犯和歧视，会背离和侵蚀战友之间的信任，而彼此信任对我们履行使命至关重要。海警将在部队内部培育相互尊重的文化，营造一个思想多元、公平公正、崇尚尊严的组织环境。相互尊重的文化始于领导者，我们的领导者需要强有力的手段、政策制度和资源支持来引领和指导他人。海警将强调领导力、多样性和积极的指挥氛围，有规划地保持使命的卓越性。

1. 杜绝性侵犯

性侵犯这一令人无法容忍的罪行，会侵蚀部队凝聚力，摧毁部队士气，危及部队战斗力。我们强调建设相互尊重的部队文化，要求领导者营造性侵犯无处藏身的部队环境，杜绝诸如相互排挤、恃强凌弱、不正当交往、打击报复和性骚扰等易引发性侵犯的行为。

海警性侵犯预防委员会（SAPC）发布了《性侵犯与应对战略计划2013—2017》，该计划就改善风气、预防性侵犯、加大援助服务和加强问责的目标、举措和阶段等进行了进一步明确。我们将根据长期以来对我们的组织文化的客观分析和兰德公司对军队工作场所所做的研究，更新我们的行动计划。此外，我们将继续加强性侵犯报告制度，并为受害者及时协调相关资源，对所有报告展开彻底调查，分析案件查处进度，公布案件查处过程，确保案件处理公开透明。

杜绝性侵犯就要认真处理所有对不正当行为的指控，同情受害者。同时，对那些被控犯罪的人公平相待，给予其无罪推定。海警队员必须敢于对不良行为说“不”，敢于在性侵犯发生时保护战友。一旦发生了性侵犯案件，我们就会进行彻查，适时审讯被告，一旦认定其有罪，将追究案犯相关责任。海警所有人员都应当在相互信任、相互尊重的环境中有尊严地生活和工作。

2. 多元化和包容性

招募、培养和建设一支反映美国社会多元结构的官兵队伍是确保行动顺利开展的必然选择。海警的服务对象构成了一个广泛的海洋行业社会，代表了世界各地众多国家、行业和相关各方利益。多元化的官兵队伍将增进我们对所服务社会的整体性理解，从而提升我们的战斗力，增强履职能力。海警遂行任务的环境涉及范围广，应对危机具有特殊性和不可预测性。部队担负人道主义灾难或环境灾害救援任务，要得到民众的信任和支持，必须具备认知多样性，方能创造性地解决问题。当今世界的发展使行动日趋复杂化，遂行任务的部队就要善于从美国民众那里汲取知识和智慧，获取技能和经验，增强遂行任务的灵活性。

海警学院 2018 级是史上多样性最强的集体，33% 为少数族裔，36% 是女性。士兵队伍中少数族裔和女性人数在过去十年中稳步攀升。我们必须通过制定正确的方案来保留这支多元化的人才队伍。我们要把海警打造成为美国各个人群心目中的首选工作单位。

海警将继续致力于提升指挥和工作氛围建设，使成员可以自由地提出见解。管理者保持足够的清醒，确保所有人享有平等机会，不论种族、肤色、宗教信仰、性别、国籍或其他个人属性。我们将更新和实施《海警多元化和包容性战略计划》，加强多元化人才队伍和包容性工作环境建设。更新后的计划将授权副司令官担任首席多元包容官，负责官兵多元化规划管理工作。该计划将通过指导开发标准化的多元化领导力培训，并将其纳入正规培训（例如指挥学校和指挥官课程），从而扩大受过教育的多元化领导者在整个海警的影响范围和程度。在整个计划的实施过程中，我们将更新和监控我们的多样性评分卡，提高我们衡量措施成功与否的能力。问责制审查将成为正式流程，每半年向领导委员会提交一次问责审查报告。

3. 领导力——部队文化与履行使命

部队领导力
海警的领导者们以出色的临机决断能力而著称。领导力是行动成功和高效人事管理的关键。海警的部队、船艇和小组级负责人主管大多数初级人员的大部分培训、评估和指导工作。我们将通过中级军官任职培训课程、士官学校、高级军官学校及高级军官的“拱顶石”课程和“顶峰石”课程等各级培训不断提高各级人员的领导力水平。

海警面向大多数初级军官开展领导力教育。初级军官指挥舰艇和飞机，而初级士兵则担负后勤保障和操船作业任务。领导力使我们应对风险、在未来作战环境中捕捉战机的能力得到最大化发挥。我们将建设一支以互相尊重、高标准严要求和果断行动著称的部队。我们将培养那些坚持重要价值观的领导者，成为品格高尚、为人正直、尽职尽责，充满责任感的领导。

为了真正完成好日常性任务和应对突发事件，必须在海警的现役和文职领导中，培育“荣誉、尊重、献身使命”的重要价值观。领导者必须坚守为服务美国民众做出的承诺，同时负责管理好所属人员。海警的领导者将秉承价值观，坚持推进专业化工作环境的建设。明确部队制度规范，保证制度规范得到落实，并加强执行力度。通过组织评价领导力与完成任务之间的关系，提高相关认识。领导者必须对自己的目标有清晰认识，并激励下属确定他们各自的目标。各级领导也必须明白，犯错误往往是学习机会，出错是学习过程的一部分。然而，重要价值观是一条不容违反的红线。

海事领域越来越复杂，而且愈发危险。我们的领导者经常要在敌对情况下从事危险工作，要取得成功，必须坚毅果断，并对外部威胁了如指掌。制定的计划在实施阶段往往遭遇重大变化而必须进行调整，所以领导者应具备灵活性和抗压能力，依靠其人才多元、技能多样、能力多面的团队，在多变环境中取得成功。领导力是开展各项工作都必须具备的能力，同时也是部队以最高标准圆满完成任务的保证。

（三）追求卓越

追求卓越促使我们追求最高的执行标准并获得投资回报。面对战略环境要求和战略环境下的作战重点领域需求，需要一支灵活机动、业务熟练和行动高效的海警队伍，这样才能确保以专业化响应手段达成作战要求。海警加强对行动效率、业务熟练度和流程科学性的监督和关注，确保适应快速变化的行动需求和环境。新的和未来的行动需求要求整个组织对业务流程进行创新性的设计。

能否有效履职尽责，依赖于我们最强大的力量——海警的全体人员。海警必须建设一支优秀的人才队伍来应对未来的挑战。这支队伍必须具备精湛的业务能力、多样化人员构成和超强的适应能力，以应对快速的技术变革、平时任务和突发事件应急任务的复杂多变以及动态发展的伙伴关系。海警人力资源系统必须加强人员招募、教育培训、奖励激励，以满足部队对日益专业化的现役人员和文职人员技能的要求。

1. 着眼未来打造铁军

海警将制定力量结构规划，以应对飓风、大规模移民、污染和重大搜救行动等常态的和应急处突行动。海警要为应对重大突发事件制定人才配备计划，为各层级配备的人才提供相应资源。我们将制定应对未来风险的力量结构规划，确保加强应急处突和遂行常态化任务的能力。落实这一力量规划需要多年努力。

力量结构规划适用于资产组合、操作这些资产的人员以及支持这些资产所需的基础设施。在历史项目背景下审视新技术应用，从而建设行动高效，多能一体的海警队伍，以应对战略挑战，化解新的威胁。人力资源工作必须灵活高效，实行标准化管理，以利于在行动密集期进行动员和整合。为了满足动态化任务需求，我们必须设计一种确保团队业务熟练、保障有力、响应迅速的人力资源结构。

2. 优化人力资源

人力资本：着眼员工的福祉和职业发展
海警致力于评估和实施针对21世纪人才的创新人力资本管理解决方案。为此，我们将努力：根据任务类型和期限，为人员提供地域稳定机会；选拔和任命干部要最大限度地提高在教育培训和能力建设方面的投资回报；提高业务熟练程度，确保专业知识的可持续升级。

我们将建立一个综合的人力资源管理系统，以选拔、培养、建设一支素质过硬、结构多元和业务熟练的人才队伍。要经过精心设计，基于现有系统统筹好人力资源规划和个人职业规划，平衡好个人需求和部队人才需求。海警还必须基于部队的重要价值观和相互尊重的部队文化，为现役军人和文职人员及其家属制定有效的福利制度。包括教育培训、责任感教育以及职业发展，这些都是有效的21世纪人力资源建设的必要条件。

为了实现我们的目标，海警将提出具体的部队人力需求，以应对21世纪人力资源建设的挑战。我们将进行一次战略审查，以评估和掌握人员需求，从而形成一个完整的对接任务、需求驱动、数据互通的规划过程。由此形成的人力资源系统将确保根据海警的所有任务需求，实现能力和经验的稳定、可预测流动。

3. 财务和采购管理现代化

财务现代化：财务管理系统改进计划
现行财务管理系统的技术已经过时。海警将采用托管财务管理和采购服务，以取代现在的核心账务系统。新系统将为海警高层领导及时提供财务信息和绩效措施，以改善战术和战略决策。

海警将致力于财务流程和财务系统的现代化建设。我们的财务管理必须花好每一分钱，为提高战斗力和战备水平做好保障。根据国土安全部连续两次的综合财务审计法制化要求，财务管理系统必须具有足够的灵活性，以应对联邦会计标准的变化。海警将使用联邦通用服务供应商取代现有财务和采购系统，并改进财务管理、资产管理和采购业务流程。重新调整的业务流程和手续将减轻实战部队的行政负担，实现规模经济，并通过完善内部控制和资源责任制确保审计规范化。通过全面问责制和加强财务和采购管理，预算制定和执行过程

将在符合战略和政策的同时更好地管理公共资源。

4. 更加完善的战略规划体系

海警将编制一套灵活、审慎、透明和可重复应用的战略管理和规划体系。根据《四年国土安全报告》、国家和部级战略、外部审查以及内部战略和评估，建立和规范强有力的战略审核制度。通过颁布《司令官指示》确立指导部队管理和行动的原则和重点。通过评估战略环境和确定重点领域，《司令官战略意图》将进一步确立战略重点，明确整个部队的建设方向。根据《国土安全部战略计划》《海警战略计划》，决定未来几年的部队战斗力发展目标和部队发展战略。各副司令负责体系的具体落实。

五、未来展望

当前，海警面临着前所未有的挑战。不断变化的行动环境需要战略解决方案，需要一支应对日益复杂的海上风险的军事力量。为此，海警必须明确所处战略环境，适应全域战略挑战，提供和维持一种为应对 21 世纪的现实挑战做好准备的弹性服务。

全新而复杂的任务要求我们提高所有工作的成效。为有效遂行当前和未来的任务，我们要战略性利用自身的职权、能力和协作关系带来的优势。为了给国家创造最大的价值，我们必须优先应对最大的风险和服务于最紧迫的国家战略目标，时刻保持警惕。

我们将建立发展合作关系，提高应对重大事件的能力，来履行我们服务国家，维护国家安全、繁荣的责任。

我们将培育积极向上的部队文化，杜绝性侵犯，塑造多元化和包容性的部队环境，培养忠诚、高尚、正直的领导者，履行我们服务民众的职责。

我们将通过优化部队结构、实现系统和程序现代化、制定灵活的战略规划体系，确保追求卓越。

海警的任务是维护国家海域安全，保卫海权和进行海洋管理。两个多世纪以来，海警在应对作战环境的威胁和挑战中不断发展壮大，为国家广大海洋利益服务。未来几年，我们将继续适应现实需要，确保部队时刻准备迎接 21 世纪的挑战。

第三篇 《美国海警北极战略》①

美国海警司令的发布函

美国海警对于国家的价值，在于我们有能力保护海上人员、避免美国遭受来自海上的威胁以及保护海洋本身。作为军事、执法、监管和人道主义机构，独特的法律授权、能力、职业素养和伙伴关系是我们体现价值的核心。我们具有在最具挑战性、最极端环境条件下遂行全球海上多样化任务的能力。

未来，随着北极成为新的海事前沿，我们的行动区域将得到极大拓展。去年9月，我们注意到北极海上浮冰面积已达到了有记录以来的历史最低值，以前海冰覆盖的大部分区域已经变成了开阔水域。人类的海洋开发活动已经延伸到偏远的阿拉斯加并在持续扩大和发展，这包括计划在楚科奇海和波弗特海地区的海洋钻探，国际油轮穿越白令海峡和白令海航行于北海航线，以及小型游轮进入北极纵深等。北极海冰的不断收缩，促使人们的商业和私人探险活动不断增多，对海警确保美国北极海域安全、治安和管理的需求也空前增加。

我们必须有战略性的思考和行动。

我非常荣幸地介绍《美国海警北极战略》，并以此指引我们未来10年在这一地区的工作方向。该战略是基于自1867年海警税收缉私船“林肯”号首次到达美国新的领土阿拉斯加至今近150年以来在北极地区的行动经验。

《美国海警北极战略》表明了我们追求的三个关键目标：增强感知、现代化治理和扩大伙伴关系。

除以上三个目标外，我们还将持续继承我们部队作为北极地区领导者的历史遗产，与联邦政府、各州、当地和邻国伙伴密切合作，以确保北极地区的海洋治理。

随时候命！严密监视！

美国海警司令

罗伯特·帕普（Robert. J. Papp）上将

---

① 本篇译自：*U. S. Coast Guard Arctic Strategy*. U. S. Coast Guard Headquarters, Washington, D. C. , May 2013.

北极地区

北极地区是指北极圈以北的所有美国和外国领土，以及波丘派恩河、育空河、卡斯科奎姆河组成的边界以北和以西的所有美国领土；北极圈以北和与之毗连的所有连续海域和海峡。包括北冰洋、白令海、楚科奇海、波弗特海、格陵兰海、挪威海、巴伦支海、喀拉海、拉普捷夫海、林肯海、旺德尔海、东西伯利亚海，白令海峡、戴维斯海峡、弗拉姆海峡和丹麦海峡，加拿大群岛和巴芬湾，以及阿留申群岛。

表 3-1 北极地区的航运、气候变化以及原油和自然资源

船舶运输		
2008 年到 2012 年，穿越白令海峡的海上运输增长了 118%	2013 年进入该地区的探险旅客将超过 100 万人	2012 年货物转运总量达 100 万吨
气候变化		
2012 年 3—9 月，北冰洋冰层融化 457 万平方英里	在过去 60 年中，阿拉斯加变暖速度是美国其他地方的 2 倍	当前的北极冰盖比 1979 年缩小了近 40%
原油和自然资源 北极圈周边及其大陆架海域是世界第二大资源储藏区，其存储量仅次于墨西哥湾		
拥有 900 亿桶、约占全世界 13% 的未探明原油储量	阿拉斯加的工作岗位中有 35% 与能源部门有关	如锌、镍等矿产资源价值达 1 万亿美元
2005 年以来，楚科奇海和波弗特海的海外商业投资达 37 亿美元	未探明的天然气和液化天然气储量约占全世界的 30%	

一、导语

随着北极冰盖的减少和海洋活动的日益频繁，海警必须做好管理和实现国家目标的长期准备。美国是一个北极国家，美国海警大力支持在这一区域中经验丰富和有实力的伙伴，北极战略的宗旨就是要确保北极地区的安全、治安和对环境负责的海上活动。制定本战略的目的，就是为满足相关目标的要求并支持国家政策。本战略以 10 年为期设定规划框架，综合考虑影响长期成功的多方面因素，全面阐明了达成战略目标的目的、方法和举措。

气候变化和经济利益是北极地区海洋活动日渐频繁的驱动力。气候变化使水温和气温持续升高，进而导致永久性冰盖面积缩减到季节性较低水平，科学家预测这种趋势还会持续。国家行动和工业活动将会继续开发和使用大量资源，这些资源包括未探明原油储量的13%、未探明天然气储量的30%以及超过万亿美元的矿产，如金、锌、钯、镍、铂、铅、稀土矿物质和天然钻石等。

除石油、天然气和矿产外，超过50%的美国渔业产能来自阿拉斯加附近的专属经济区，而且通过北极地区的货运商船也在不断增多。仅在2012年，就有超过100万吨货物通过北极航线从大西洋运往太平洋，这条航线比传统航线减少了数千英里。北极旅游活动同样增长迅速，但由于北极地区陆路和空运基础设施的限制，进行冒险和生态旅游等高风险活动，都以客轮方式运送。抗议活动和其他一些示威活动的利益诉求也在不断扩大，包括环境、原有的生活方式和气候变化等问题。北极地区海洋活动的性质逐渐从探险和科学研究向资源开采、商业航运和更广泛的其他利益追求转变。

这份战略是由美国总统主导，以国家安全战略①、国家军事战略和海洋战略、北极地区国家战略②、北极地区政策 NSPD-66/HSPD-25③、国土安全和领海感知能力战略、国家海洋政策④、第13580号行政令，以及四年防务、外交和国土安全审查等为指导，同时结合了海警在北极地区150余年的行动经验，包括与这一地区贫困国家的合作经验。

这份文件传达出北极地区的主要动态改变，目的是为关心此地区利益的人员提供参考。通过广泛的讨论和专家审查，这份战略的目标主要是增强对海洋活动的感知、实现现代化治理和扩大伙伴关系。

---

① 国家安全战略（National Security Strategy）：1986年《Goldwater-Nichols国防重组法案》指示，每届政府都要制定国家安全战略，以便对战略环境和政府意图“达成共识”。奥巴马总统于2010年5月发布了新的国家安全战略，主张增加与俄罗斯、中国和印度的接触，并将核不扩散和气候变化确定为战略重点。其中还认为，“美国是一个北极国家，在北极拥有广泛而根本的利益，为此在北极地区应致力于满足国家安全需要、保护环境、负责任地管理资源、对原住民社区承担责任、支持科学研究、加强国际合作”。

② 北极地区国家战略（National Strategy for the Arctic Region）：该战略于2013年5月10日由时任美国总统签署。它确定了美国政府的战略重点，即促进美国安全利益、增进负责任的北极管理和加强国际合作。

③ 国家安全总统指令第66号/国土安全总统指令第25号（NSPD-66/HSPD-25）：NSPD-66/HSPD-25确立了美国关于北极地区的政策，是北极行动的具体指导。这些关于北极地区的多项政策包括：满足国家和国土安全需要、保护北极环境、强化八个北极国家之间的机构联系、让北极社区参与影响他们的决策、促进科学研究等。

④ 国家海洋政策（National Ocean Policy）：这是第一个促进并重视美国海洋、沿海和北美五大湖水域环境健康的综合政策。该政策以跨机构海洋政策工作组的最终建议为基础，在2010年7月19日第13547号行政令“海洋、海岸和五大湖管理”中具体实施。美国国家海洋委员会是一个内阁级小组，每半年召开一次会议，负责监督政策的落实。对不断变化的北极所带来的机遇和挑战作出响应，是九项重点工作目标之一。

这份文件是美国海警北极地区行动的战区战略，并不是一个执行计划，它主要致力于通过运用海警独特的能力、法律授权和伙伴关系来达成在该地区的组织目标。

二、内容摘要

美国是一个在北极地区具有重要利益的北极国家。美国海警作为维护美国国土安全的一个海上部门，在美国北极水域中拥有独特的法定职责。本战略列出了未来10年我们在北极地区达成战略目标的目的、方法和举措，海警对确保美国北极水域安全、治安和环境负责型海洋活动负有重大责任。我们所有的工作必须在与国土安全部有关部门的密切合作下完成，这涉及经济发展、边境管理和防灾改善等领域。

美国海警现在的缉私船、小艇、飞机以及岸基基础设施必须能够满足近期的大量任务要求。已经证明，海警使用的机动指挥控制平台，如大型缉私船和远海破冰浮标布设船，以及租赁或可部署的季节性航空和通信设备、设施等，对于保持在该地区的前沿优势具有重要作用，如海上搜救、保护海洋边界、搜集重要情报、应对潜在灾害和保护海洋环境等。

北极环境正在发生重大改变。卫星观测结果显示，在北极的夏季，多年冰正在减少、开放性水域在持续增加，2012年9月出现了海冰历史最低值。因此，沿海居民经历了一场环境大改变，这使得他们的家园经历了更多的风暴潮、冻土递减和海岸侵蚀。由于受到冬季大量冰层覆盖影响，所以整个北极地区的冬季旅游仍然受到严格限制，但是，近来夏季和早秋季节海冰范围的缩小，让季节性海洋航行变得更加便利。资源勘探、探险旅游和跨北极航运是该地区目前主要的海洋活动。

北极地区约拥有世界上13%的未探明石油储量和30%的未探明天然气储量，阿拉斯加超过35%的工作岗位都与能源部门有着密切联系，并且阿拉斯加的陆地原油产量正在不断减少。海冰的减少和陆上石油产量的降低共同刺激着人们走向远海开发。这些海洋活动都带来了风险，只有通过适当的海洋管理才能减缓。

此外，北极地区的旅游活动正在快速增长。由于海岸基础设施尚未开发，大量增加的游客都使用客轮这种交通工具，这也加剧了北极水域附近和远海的海洋活动。

这份文件概述了美国海警未来10年在北极地区的三个战略目标：增强感知、现代化治理和扩大伙伴关系。

增强感知。海警的行动需要准确和持续感知海域活动。目前，由于侦察、监视和情报系统能力有限，所以我们对北极地区的海洋感知还受到限制。持续感知，能使我们识别威胁、保持与前沿伙伴的信息共享并增强风险管控能力。改善感知，需要加强我们与国土安全部的合作，同时还要与国务院、国防部、美国国家科学基金会等国内部门以及其他利益攸关者加强整合、创新并引进新技术。情报界和非官方合作伙伴也是至关重要的利益攸关者。

现代化管理。“管理”一词与制度、权力构成和能力相关，是监督各项海洋活动、保护国家利益所必不可少的。认知和监管方面的局限性，对海洋主权的维护构成挑战，这包括对自然资源的保护和海洋边界的控制。海警将依据其法定授权，与国内和国际社会一道，共同努力改善北极的管理状况。如此，海警将审视自身的制度和权力构成，以此为未来在整个北极地区开展行动做好准备。

扩大伙伴关系。北极战略的成功需要公众和私营部门的共同努力，这种共同努力必须包括国内的管理制度；北极理事会①、国际海事组织（IMO）②、因纽特人极地委员会③等国际合作框架；国内和国际合作伙伴；以及致力于提供培训和志愿服务的当地北极共同体。北极战略的成功，离不开支撑国家利益的政府机构间的密切合作，这包括国土安全部内部部门，也包括国务院、国内其他机构以及其他准备支持美国成为2015年北极理事会主席国的联邦合作伙伴。

除了这三个战略目标，还有许多其他因素关系到海警的长期成功，这些因素包括构筑对北极的国家认知、创造在北极的国家机遇，完善海洋制度，通过国家运营理念改善公-私关系，寻求必要的法律权力，确定未来的需求和资源以形成有利的形势等。本战略明确了一些能够促使我们国家在北极地区取得成功的战略优先项，包括旨在促进科学技术进步的能力和需求等。特别指出的

---

① 北极理事会（Arctic Council）：北极理事会是一个致力于解决北极国家和该地区原住民面临的非安全问题的高级别国际论坛。该理事会专注于可持续发展和环境保护，有八个成员国，分别是加拿大、丹麦（格陵兰）、芬兰、冰岛、挪威、俄罗斯、瑞典和美国。近年来，理事会开展了北极地区气候变化、油气开发、北极航运等方面的研究。理事会主席国每两年轮换一次。

② 国际海事组织（International Maritime Organization，IMO）：1948年在日内瓦国际会议上通过正式建立国际海事组织的公约，10年后IMO公约生效，1959年该组织正式成立并首次召开会议。国际海事组织总部位于伦敦，是联合国的一个专门机构，拥有170个成员国、3个准成员国以及数个原住民团体和观察员。该组织专注于海上安全、环境问题、法律事务、技术合作、海上治安和全球航运效率，主要目标是为航运制定一个全面的监管框架。2009年，该组织同意制定《极地规则》（Polar Code），为过往极地水域的船只提供构造、操作和环保方面的指导，以促进极地地区的航运安全。

③ 因纽特人极地委员会（Inuit Circumpolar Council，ICC）：该委员会是一个跨国非政府组织和原住民组织，代表居住在阿拉斯加、加拿大、格陵兰岛和西伯利亚的大约16万名因纽特人。1977年6月，该组织在阿拉斯加的巴罗召开首次会议，代表为来自加拿大、阿拉斯加和格陵兰岛的原住民。1980年，通过了因纽特人极地委员会章程。该组织的目标是加强北极居民之间的联系，在国际层面促进人员、文化、政治和环境政策的发展。

是，本战略还提出了要充分利用国土安全部的全部能力，以便保护我们的边界、防止恐怖分子袭击、适应环境条件的改变，使共同体更加稳固、使未来政策更加明确。

对海警而言，在北极行动并非新的冒险。然而，适应环境条件的改变，仍需要海警高瞻远瞩、集中精力把握优先事项。基于确保长期成功的增强感知、现代化管理和扩大伙伴关系，本战略将确保我们在北极实现安全、治安和对环境负责的海上活动。

三、当前现状

该部分主要向读者介绍北极的地理环境、资源潜力和目前治理情况，为之后文件中陈述的海警战略目标做出铺垫。

（一）地理环境及资源情况

1. 北极的法定范围

根据《美国法典》第 15 编第 4111 节的规定，北极地区是北极圈以北的所有美国和外国领土，以及波丘派恩河、育空河、库斯科维姆河组成的边界以北和以西的所有美国领土；北极圈以北和与之毗连的所有连续海域和海峡。包括北冰洋、白令海、楚科奇海、波弗特海、格陵兰海、挪威海、巴伦支海、喀拉海、拉普捷夫海、林肯海、旺德尔海、东西伯利亚海，白令海峡、戴维斯海峡、弗拉姆海峡和丹麦海峡，加拿大群岛和巴芬湾，以及阿留申群岛。

2. 北极的地形

北极圈是指出现极昼、极夜现象区域的最南边的界限[①]，即在夏至的时候会出现持续白昼。太阳热效应的季节性变化是塑造北极地区气候的一个因素，其特点是寒冷的气温、风暴式天气和较温带地区大不相同的海洋性气候条件。在美国最北段的巴罗地区，冬季的最低温度低至零下 40 华氏度[②]，夏季最高温度超过 60 华氏度。在深秋、冬季和初春的黑暗中，海冰区域扩大至最大限度并覆盖白令海的大部分地区。然后，在春末、夏季和初秋期间退缩到最低限度，这通常在 9 月下旬可以观察到。白令海峡从 12 月中旬到翌年的 6 月中旬均被海冰覆盖，而在夏季的几个月时间里时常伴有雾和北风。[③]

---

① Nathaniel Bowditch, *The American Practical Navigator* (2002).

② 1 华氏度约为 17.2 摄氏度（℃）。——译者注

③ State of Alaska, Department of Commerce, community summary for Diomede, 2002. http://www.commerce.state.ak.us/dca/commdb/CIS.cfm.

在整个夏季不融化的海冰称为多年冰，而季节性生成和融化的冰称为当年冰。冰山是冰川崩塌到海中形成的冰，通常不会在美国北极水域出现。最近的北极环境趋势显示海冰数量创历史新低。此外，最近的卫星观测表明，多年冰的体积已经明显减小。

环境的变化导致季节性开放水域的形成，增加了人们进入北极的渠道和海洋活动。阿拉斯加的一些沿海村庄正在经历气候变化的影响，例如近年来"固结冰"（即沿着海岸快速形成并维持的海冰）的撤退，使阿拉斯加西北部基瓦利纳村和其他沿岸村庄遭受风暴潮和海岸侵蚀。

3. 资源

北极地区的商业活动拓展主要集中在两个领域：石油和天然气的开采以及矿物的开采。根据2008年美国地质调查局（USGS）的一份报告，"广阔的北极大陆架可能构成地球上最大的未探明的石油矿区"。美国地质调查局估计，世界上13%的未探明石油储量（900亿桶）和30%的未探明天然气存储量（1700万亿立方英尺①天然气和440亿桶液化天然气）位于北极。②

上述估计是对已经探明的2400亿桶石油储量的补充②，并且这些估计储量的84%预计位于海上。据该报告评估，1/3的石油分布在阿拉斯加的环北极地区和阿拉斯加外大陆架。该区域的资源储量仅次于墨西哥湾。③ 据美国地质调查局估计，俄罗斯北极地区的石油和天然气资源还要多得多，其中包括超过1000万亿立方英尺的未探明天然气。④

自2005年以来，楚科奇海和波弗特海的海上租赁商业投资超过37亿美元，充分说明了该地区的巨大经济价值。⑤ 开始于2012年的勘探钻井作业，在未来几年可能继续进行。

硬矿物质开采在俄罗斯北极地区是一项成熟产业，目前正在美国北极地区兴起。事实上，美国北极地区尤其是阿拉斯加西北部是世界上最大的锌矿和铅矿产区之一。挪威政府认为北极在全球矿产产量的占比是：镍占11%、钴占11%、钨占9%、锌占8%、钯占40%、铂占15%、宝石级钻石占26%、工业

① 1立方英尺约为0.028立方米。——译者注

② USGS Fact Sheet 2008 – 3049：*Circum-Arctic Resource Appraisal*：*Estimates of Undiscovered Oil and Gas North of the Arctic Circle*. http：//pubs. usgs. gov/fs/2008/3049/.

③ Department of Interior，*Estimated Undiscovered*，*Economically Recoverable Resources*. http：//www. doi. gov/whatwedo/energy/ocs/upload/UERRmap-2012-2017-80-NoYear-Note. pdf.

④ D. L. Gautier，U. S. Geologic Survey，presented at US Coast Guard Academy Leadership for the Arctic Conference，12 Apr. 2012. http：//www. uscga. edu/WorkArea/DownloadAsset. aspx？ id =2717.

⑤ Bureau of Ocean Energy Management. www. boem. gov/BOEM-Newsroom/Offshore-Stats-and-Facts/Alaska-Region/Alaska-Historical-Leasing-Information. aspx.

级钻石占 24%、磷灰石占 11%。①

4. 航运与海上交通系统

北极地区的商业航运主要分成三类：目的地运输、跨北极运输和探险旅游。目的地运输是指以商业活动为目标而进出北极的航运，占通过白令海峡的大部分运输。例如，支持美国北极水域季节性石油钻探作业的船舶、为偏远的阿拉斯加村庄提供柴油和其他商品的拖船和驳船，以及将矿石从北极矿区运往北美和亚洲市场的船只。

跨北极运输是指利用北极作为北极以外两个目的地之间的航线。连接欧洲和东亚的两条跨北极航线分别是横跨北美大陆的西北航道和横跨欧亚大陆的北海航线。北海航线的运输每年都在增长，主要为了满足亚洲对能源和矿产资源的需求。由于恶劣的天气条件、难以预测的海冰状况和有限的导航基础设施，预计在未来 10 年内，这两条航线都不会有大规模的交通运输。但是，随着俄罗斯持续发展和推广北海航线，因此作为商业运输的一个可行选择，随着时间的推移，这里的海上活动有望增加。

作为连接北冰洋和太平洋的唯一通道，白令海峡在未来具有重要的战略意义。在北极地区不断扩大的商业投资，使白令海峡的运输量持续增加，在 2008—2012 年，通过白令海峡的航运量增加了 118%。交通量的增加，以及极地天气、冰雪条件和有限的安全航行区域，是使白令海峡越来越容易出现海上人员伤亡的重要因素，也是未来交通管理服务的优先事项。对此，海警正在进行白令海峡港口进出航线研究，研究的潜在成果可能包括关于分道通航计划的建议、指定应避开的区域或其他安全航行和保护海洋环境所需的规定。实施此类建议将需要与俄罗斯和其他适合的利益攸关方进行协商，以便准备一份提案供国际海事组织审议。

尽管阿拉斯加北部水域不像阿拉斯加东南部、挪威或者格陵兰岛水域那样受欢迎，但游轮业会安排通过西北航道进入美国北极地区的探险之旅。虽然旅游业尚未对美国北极地区的当地经济做出重要贡献，但未来几十年可能会增长。

5. 遥远的距离和有限的基础设施

遥远的距离、极端的天气以及匮乏的基础设施都给后勤补给带来了很大困难，这些因素也加剧了日常行动或响应北极重大突发事件的挑战。巴罗（Barrow）是阿拉斯加北坡的主要人口中心，只能乘飞机或者通过有限的海路方式

① L. Lindholt in the Statistic Norway publication SA 84, *The Economy of the North*, Sept. 2006. http://www.ssb.no/english/subjects/00/00/30/sa_economy_north/sa84_en/.

才能到达。阿留申群岛的荷兰港（Dutch Harbor）是距离北极最近的美国深水港，距巴罗约1100海里①。距离巴罗最近的海警航空站位于阿拉斯加科迪亚克（Kodiak）以南约945海里处。阿拉斯加西部和北部海岸的商用空勤和海上基础设施有限。诺姆（Nome）有一个小型现代港口，码头长175英尺②、水深21英尺。白令海峡以北有一个码头和装载设施，主要用来支持驳船的采矿作业，深吃水船必须在海上抛锚。诺姆、巴罗和死马湾/普拉德霍湾（Deadhorse/Prudhoe）有几个商用机场。恶劣的作业环境、基础设施地理分布的不均衡、道路的缺乏以及与海警主要支援枢纽相距遥远，都使北极任务困难重重。

北极行动需要可靠的指挥、控制、通信、计算机和信息（C^4IT）技术能力。但是，北极地区以无线电信号传播不良、地磁干扰以及卫星覆盖和信号带宽有限而闻名。北极地区的一些社区尽管有手机网络，但在覆盖范围、容量和可靠性等方面存在限制。

（二）任务与治理

1. 国际方面

1994年修订的1982年《联合国海洋法公约》③，为在海洋、海床和底土上活动以及保护海洋环境及其自然和文化资源制定了全面的法律框架。美国不是《联合国海洋法公约》的缔约国，但是美国接受并按照《联合国海洋法公约》有关海洋传统利用（例如航行和飞越）的有关规定行事，这反映了习惯国际法和惯例。因此，2008年，美国和其他四个北极沿海国家［即加拿大、俄罗斯、挪威、丹麦（格陵兰）］共同通过了《伊卢利萨特宣言》。④《伊卢利萨特宣言》中有一部分指出，“联合国海洋法规定了有关划定大陆架外部界限、保护包括海冰覆盖区在内的海洋环境……海洋科学研究和其他海洋利用方面的重要权利和义务”。此外，签署国仍然认同这一法律框架，认为没有必要制定

① 1海里约为1.85千米。——译者注

② 1英尺约为0.3米。——译者注

③ 1982年《联合国海洋法公约》（Convention on the Law of the Sea）：该《公约》是联合国从1973年至1982年经数年谈判达成的国际协议，1982年经第三次联合国海洋法会议通过。该《公约》界定了各国使用海洋和沿海地区的权利和义务，确立了商业用户、环境和海洋自然资源管理的指导路线。美国虽然不是该《公约》的缔约方，但接受关于深海海底采矿（第XI部分）以外的所有条款作为习惯国际法。

④《伊卢利萨特宣言》（Ilulissat Declaration）：2008年5月28日，在格陵兰岛伊卢利萨特举行的北冰洋会议上，美国、加拿大、丹麦（格陵兰）、挪威和俄罗斯五个环北极国家签署了《伊卢利萨特宣言》。会议讨论了北极地区的治理、气候变化、海洋环境保护、海上航运安全和应急责任分工等问题。该《宣言》中的主要议题之一是：对于北冰洋治理的问题，1982年《联合国海洋法公约》提供了足够的国际指导，不需要任何新的综合性国际法律制度。各方还同意“有序解决任何可能重叠的声索问题。”

新的综合性国际法律制度来管理北冰洋。①

1996 年的《渥太华宣言》②，将北极理事会确立为一个高级别、基于共识的政府间北极合作论坛。北极理事会虽然不是一个管理机构，但为国际北极争议问题的处理提供了主要的制度框架。理事会成员主要有以下北极国家：加拿大、丹麦（格陵兰）、芬兰、冰岛、挪威、俄罗斯、瑞典和美国。此外，六个永久性参与者是代表大多数居住在北极圈以内的原住民群体的非政府组织，包括阿留申国际协会、北极阿萨巴斯坎委员会、哥威逊人国际委员会、因纽特极地委员会、萨米人委员会和俄罗斯北方原住民协会。非北极国家、政府间和议会间组织以及非政府组织可向北极理事会申请观察员地位。

国际海事组织是联合国负责航运安全和安保以及防止船舶海洋污染的专门机构，所有北极国家都是国际海事组织的成员。2009 年，国际海事组织同意制定强制性的《极地规则》，为通过极地水域的船舶提供构造、操作和环保方面的指导，以确保安全。③ 在此期间，国际海事组织义务为极地地区的航运活动提供关于《极地规则》的指导协助。

安全事项属于联合国安全理事会负责的范畴。北极地区发生直接冲突的风险很小，北大西洋公约组织（简称“北约”），国防事务常设联合委员会（美国—加拿大）、欧盟以及其他多边和双边论坛都专注于促进国家权益的特定问题。2010 年 9 月，挪威和俄罗斯通过外交途径成功解决了长期存在的巴伦支海西部海域的边界争端。当前的国际治理制度为讨论和解决该地区的多边问题提供了一致的程序和框架。

2. 国内方面

国家安全总统指令第 66 号/国土安全总统指令第 25 号（NSPD-66/HSPD-25）为美国北极政策提供了指导并为实践运用指明了方向。④ 该政策明确了美国政府的优先事项，包括：北极地区的国家安全和国土安全利益、国际治理、扩展的大陆架和边界问题、国际科学合作、北极地区的海上运输、经济问题（包括能源）、环境保护、自然资源保护以及原住民社区的参与。

---

① *The Ilulissat Declaration*, Arctic Ocean Conference, Ilulissat, Greenland, 27-29 May 2008.

② 《渥太华宣言》(Ottawa Declaration)：《渥太华宣言》是 1996 年 9 月 19 日在加拿大渥太华签署的一项国际协议。该协议确定北极理事会是一个有北极原住民社区和居民参与，关注可持续发展和环境保护等问题，促进北极国家之间合作、协调和互动的国际论坛。《渥太华宣言》遵循 1991 年前任北极理事会的决定，当时八个北极国家签署了《北极环境保护战略》(AEPS)。

③ IMO, *Protecting the Polar Regions from Shipping*, *Protecting Ships on Polar Waters.* http://www.imo.org/MEDIACENTRE/HOTTOPI CS/POLAR/Pages/default.aspx.

④ White House, National Security Presidential Directive 66/Homeland Security Presidential Directive 25 (NPS-66/HSPD-25), *Arctic Region Policy*, Jan. 9, 2009 http://www.fas.org/irp/off docs/nspd/nsp-66.htm.

2010 年 5 月发布的《国家安全战略》同样指明了美国的北极利益，在其部分内容中指出："美国是一个在北极地区拥有广泛和根本利益的北极国家，我们在北极区域寻求满足我们的国家安全需要、保护环境、负责任地管理资源、关照原住民社区、支撑科学研究，并在广泛的问题上加强国际合作。"①

"改变北极的条件"是总统国家海洋政策中的九个优先目标之一②，美国北极地区也是美国海洋政策考虑区域性海洋规划的九个地区之一。此外，这些政策方法主张提高北极海域的态势感知能力，增强对环境条件和资源的科学把握，并满足促进政府间和国际合作共同利益的需要。

根据 2012 年 7 月 20 日颁布的第 13580 号行政令，成立了阿拉斯加国内能源开发和许可跨机构协调工作组。③ 该工作组促进了阿拉斯加可再生能源和常规能源的有序和环保开发。该工作组由内政部领导，负责拥有相关许可权力的机构间的协调工作。

2013 年 5 月 10 日，总统签署了《北极地区国家战略》。④ 该文件明确了美国政府促进维护美国安全利益、推进负责任北极管理和加强国际合作的战略优先事项。

3. 各州、地方、部族和领地

美国北极地区包括阿拉斯加州内的重要陆地区域及其邻接水域。事实上，北极西北自治市镇、阿拉斯加北坡自治市镇和白令海峡地区占地约 41 000 平方英里，包括十余个村庄和城镇。阿拉斯加州是联邦政府在北极问题上的主要倡导者，北部水域特别工作组等一些立法委员会致力于推进该地区的优先事项。阿拉斯加州政府机构，例如渔猎部，在北极资源管理方面发挥着重要作用。阿拉斯加的地方治理主要以自治行政区为中心，这与其他州的县级结构相类似。比较大的居民点，如巴罗和霍普角都被纳入城市中。

原住民社区有许多不同的组织，这些组织多是以种族、地理、生计和其他因素组织起来的。作为部族的创收机制，1971 年的《阿拉斯加原住民索赔解

---

① *National Security Strategy*, May 2010, The White House, Washington, D. C. , pg. 50.

② National Ocean Council, *National Ocean Policy Implementation Plan*. Apr. 2013. http://www. whitehouse. gov//site/default/files/national_ ocean_ policy_ ip_ appendix. pdf.

③ 阿拉斯加国内能源开发和许可跨机构协调工作组（Interagency Working Group on Coordination of Domestic Energy Development and Permitting in Alaska）：2011 年 7 月 12 日，奥巴马总统签署了第 13580 号行政令，命令建立一个跨部门工作组，协调、监督阿拉斯加陆上和海上能源资源及相关基础设施的安全和开发工作。此后，工作组在内务部的主持下定期召开会议，在保护人员、环境和原住居民的同时，不断提高阿拉斯加陆上和外大陆架油气资源开发的效率并增加其所承担的责任。

④ White House, *National Strategy for the Arctic Region*, May 10, 2013. http://www. whitehouse. gov/sites/default/files/docs/nat_ arctic_ strategy. pdf.

决法案》设立了被授予土地和资源权力的13个地区公司和200多个村庄公司。非营利社会服务问题，则由建立的12个原住民协会来解决。此外，原住民政治联合会、协会和委员会，例如阿拉斯加部族间委员会等，主要解决原住民社区的优先事项。

4. 其他利益相关者、参与者和利益团体

对驯鹿、驼鹿、海豹、海象和鲸类的自给狩猎是原住民社区的主要食物来源，原住民的狩猎活动和商业活动以不断沟通和协调的方式共存。[①] 包括阿拉斯加因纽特捕鲸委员会、阿拉斯加海象委员会和阿拉斯加因纽特人极地委员会等在内的非政府组织，推动和发展了当地传统、生计和保护模式。

四、地缘战略环境

北极是一个高度复杂的地区，其内部联系、利益和治理体系将随着海洋活动的拓展而持续演变。海洋活动持续拓展的主要驱动力包括获得未探明资源的新途径、不断增长的探险旅游兴趣以及更经济的货物运输航线等。这些因素，在海冰数量减少、永久冻土层消退和无冰海区扩大等动态气候变化影响下变得愈加显著。此外，要求获得北极理事会观察员地位的国家和其他组织越来越多，表明该地区的主权权益相关方在不断增加。[②] 这种权益关切可能来自能源、淡水和其他资源短缺的驱动。国际海事组织最近为船舶制定了强制性《极地法规》，北极理事会正计划出台国际搜救和溢油协议，这充分表明治理体制正进入现代化进程。本节研究北极地区在战略层面是如何发展的，其中并未考虑有政府或机构存在，或有优先事项，而是概述了在考虑实施未来优先事项时必须要注意的因素。

许多非北极国家和非国家组织保持关注和参与北极海洋活动。中国正在提升极地科研能力，并正在研究海冰消失所带来的后果。中国对资源开发以及进出西伯利亚、西欧和美国东部的优势路线感兴趣。此外，其他一些在北极地区有商业和科研利益的非北极国家已向北极理事会申请观察员地位。

像国际自然保护联盟、自然资源保护委员会、奥杜邦协会、海洋保育组织（Oceana）、世界野生动物基金会和皮尤研究中心等环境保护组织一直在促进自然资源和传统文化的保护，如阿拉斯加大学费尔班克斯分校等科学研究机构也一直在维护和赞助广泛的北极倡议和研究。石油和采矿业等商业企业以及阿

① Reiss, Bob. *The Eskimo and The Oil Man: The Battle at the Top of the World for America's Future*, Business Plus, 2012.

② Arctic Council Observers. http://www.arctic-council.org/index.php/en/about-us/partners-links.

拉斯加海洋交易所等商业服务提供商，在北极拥有权益、基础设施和业务。

（一）地缘经济因素

目前，北极地区的大部分活动都是由地缘经济因素驱动的。根据对该地区的预测，以下方面的勘探和开发具有非常重要的刺激作用：

（1）世界未探明石油储量的13%；

（2）世界未探明天然气储量的30%（页岩气开发前）；

（3）价值超过1万亿美元的矿产，如锌和镍；

（4）2013年预计超过100万次的探险旅游；

（5）2012年超过100万吨的货物运输；

（6）阿拉斯加35%的就业机会与能源相关；

（7）阿拉斯加地区陆上石油产量下降。

值得注意的是，海冰的退缩使季节性海上石油勘探成为可能。2012年，一家跨国石油公司开始在美国北极地区进行海上石油勘探活动。预计此类商业性探索活动在未来十年还将扩大。

（二）其他主要趋势

2012年9月，北冰洋冰盖面积达到了卫星时代（1979年至今）以来的历史最低点。具体而言，冰盖的覆盖范围比1979年至2000年9月的平均冰盖范围减少了132万平方英里。2012年3月至9月间，457万平方英里的北极海冰融化了，这个面积要比美国大陆的面积还要大。① 此外，在过去的60年里，阿拉斯加的变暖速度是美国其他地区的两倍多，阿拉斯加州年平均气温升高了3华氏度，冬季气温升高了6华氏度。这种变暖趋势意味着炎热的日子越来越多，极寒的日子越来越少。② 阿拉斯加气候变化的影响已经非常明显，例如早春融雪、海冰减少、大面积冰川退缩、永久冻土解冻、陆地干旱以及大范围的昆虫灾害爆发和野火等。

海冰年龄的减少也是一个重要的环境变化趋势。较老的多年冰要比一年冰更硬、更厚，对船舶也更具危险性。在气候学上属于最大海冰期的3月，较老的冰（例如四年及以上）已从1988年占冰盖的26%减少到2012年的占7%。1988年3月，58%的冰层由一年冰组成（即没有经历过融化季而留存的冰）。

---

① UN Report：*2012 Arctic Ice Melt Larger Than Size of United States.* http：//www.usnews.com/news/articles/2012/11/28/un-report-2012-arctic-ice-meltlarger-than-size-of-united-states.

② *U.S. Global Climate Change Science Program 2008*，Stewart et al. 2012.

2012 年 3 月，一年冰成为冰层的主要成分（占 75%）。[①] 海冰消退和变薄趋势，延长了开放水域季节时间，并使北极更便于航运。

由于海冰的消退，剩余海冰的分布变得十分不稳定，从很多方面影响到了海洋活动。例如，尽管 2012 年是北极海冰覆盖范围最小的一年，但楚科奇海某些钻探地点持续存在的海冰推迟了本季的钻探工作。[②] 未来几年，北极资源的商业开发和北极航线的使用也可能受到海冰时空变化以及与其相关的挑战的限制。

北极地区的资源开发和其他活动的性质随着活动水平而演变。气候变化和技术革新正在重塑许多活动并孕育新的增长点，这些不断增长且有时是相互竞争的利用，却对该地区的安全、治安和环境可持续性发展产生巨大挑战。

北极钻探主要依靠固定式人造平台。随着勘探活动的增加，浮动式海上平台将日益具有吸引力。

海洋生物资源的枯竭将是全球面临的严峻挑战。过度捕捞、无意中消灭非目标物种、不均衡管理以及非法获取资源危及脆弱的生态系统。在白令海峡以北的美国水域进行捕鱼作业的船舶数量已经很少，2009 年 2 月，美国渔业管理计划已经明确禁止在楚科奇海和波弗特海的某些区域进行捕鱼。[③] 由于缺乏加工处理设施，商业捕鱼活动的可行性也受到了限制。

一条从北大西洋到北太平洋、横跨北极的海洋贸易通道的出现代表了海上贸易的一次转型，这类似于 20 世纪初巴拿马运河的开通。与现有航线相比，一条北极“海上高速公路”将使欧洲和亚洲之间的航线距离缩短 5000 海里。虽然通过加拿大西北航道的航线尚未证明在经济上可行，但是通过俄罗斯北海航线的跨北极运输正在增加。2012 年有 46 艘船通过北海航线，而 2010 年和 2011 年分别是 4 艘和 34 艘。此外，2012 年还标志着北海航线首次成为液化天然气的运输线。[④]

船舶运输量的增加，对北极地区事故预防和响应的最高能效提出了挑战。在北极的一艘大型现代游轮上发生重大伤亡事件，将对救援人员构成重大考验，并对任何一个国家的海上大规模救援能力带来压力。如果一艘油轮在北极

---

① UN Report：2012 *Arctic Ice Melt Larger Than Size of United States*. http：//www. usnews. com/news/articles/2012/11/28/un-report-2012-arctic-ice-meltlarger-than-size-of-united-states.

② *Drifting Sea Ice Halts Shell's Arctic Drilling* by Lisa Demer，Anchorage Daily News，10 Sept. 2012. htpp：//www. adn. com/2012/09/10/2619205/shell-haltschukchi-sea-drilling. html.

③ http：//alaskafisheries. noaa. gov/sustainablefisheries/arctic/.

④ “有 46 艘船舶穿越北海航线”。源自：Barents Observer，23 Nov. 2012. http：//barentsobserver. com/en/arctic/2012/11/46-vessels-throughnorthern-sea-route-23-11.

水域发生泄漏，其对海洋环境的潜在影响将是深远的，并且清除原油也是一项艰难任务。此外，通过西北航道的小艇数量也正在增加。2018 年，加拿大海警设立了加拿大北部船舶交通服务区，以监控试图通过该区域的超过 300 总吨的船只。[①] 船舶交通数量的增加，需要相应地提高整个地区的搜救能力。

五、美国海警在北极

（一）我们的任务

美国海警的任务是确保美国水域的安全、治安和管理，这已经逐渐延伸到了北极地区。在北极扩大海上活动，需要我们加强存在、保持前瞻、强化监管执法、提升应急响应能力。由此来看，阿拉斯加的民众、工业和利益团体期望得到与美国其他地区相同的服务水平，这也是我们评估长期需求、规划未来战略的原因。

1. 安全

增加能源勘探和生产，需要额外的管理监督、设施检查、国内商船检查、商船认证和调查。商船、渔业、旅游和中转等活动的增加，也给海上搜救带来压力。作为海上力量，海警必须为北极行动做好准备，确保公众海洋活动安全。如果当事方不能自救，海警必须发挥必需的搜救能力。船舶交通量的增加，需要最新的海图、最好的航道管理和海事基础设施等来降低风险。海警必须与前沿合作伙伴密切协作，以提高行动效能。

2. 治安

北极包含需要美国来提供安全和保护的领土和资源。美国专属经济区从海岸一直延伸至 200 海里，我们对水面、水下及海床丰富的自然资源拥有管辖权。海警必须在这一水域保持存在，以保护这个区域及其资源。美国还需要保护在北极地区的航行权。

3. 管理

海上运输安全，是美国在北极海上利益的基础。为此，海警将努力建立并维护一个能够满足当前和未来利益相关者[②]安全、治安和环境保护所需的海上运输系统。此外，作为国家水域内原油和有害物质事故响应的领导机构，海警要根据《国家原油和有害物质污染应急计划》，领导计划制订和应对环境威胁的工作。由于距离遥远、基础设施有限以及从冰盖水域回收原油的固有困难，

---

① *Vessel Traffic Reporting Northern Canada Vessel Traffic Services Zone* （NORDREG）. http：//www. ccg-gcc. gc. ca/eng/MCTS/Vtr_Arctic_Canada.

② http：//www. dhs. gov/xlibrary/assets/HSPD_ MDAPlan. pdf.

北极的溢油响应行动将是一个巨大挑战。确保资源保有、濒危物种保护和商业经营者的安全，还需协调监督不断增加的渔业活动。

（二）我们的未来

海警致力于确保北极水域的安全、治安和对环境负责的海上活动。这一承诺需要一个综合且连贯的北极战略。本战略侧重于以下三个具体目标：增强感知、现代化治理和扩大伙伴关系。

这份战略假设北极海冰数量减少的趋势在未来 10 年将会持续下去。在这种情况下，以前不能到达的地区将会陆续对运输船只开放，而剩余的永久冰盖、持续的冬季冰冰盖以及来自浮冰和较小冰块的危害将继续对地区居民、工业和军事行动构成挑战。通过努力发现和开发近海石油和天然气储量，能源行业将在北极水域部署更多的石油钻井平台、海上供应船、驳船和油轮。游轮交通运输将在具有独特商业旅游价值的区域增加，这通常是偏远且难以提供援助的地区。

确立北极战略的三个战略重点，利用海警作为军事、多任务和海事机构的优势，运用法定权力、伙伴关系、行动能力的灵活性以及国际社会提供的相关专业知识，共同达成海上行动和区域治理的一体化和连续性。

1. 增强感知

美国政府需要有效地掌握北极地区的海洋活动，以维护海洋主权并尽早地应对威胁。准确感知需要更多地收集和共享海事数据，并在分析和分发准实时信息方面加强合作。海警要与国土安全部、国防部、其他机构合作伙伴、州、部族和当地政府、私营部门、支持组织、研究机构和国际社会合作，改善海事情报和信息共享。这些改善需要适当的基础设施来感应、收集、融合、分析和分发信息。增强感知对于确保做好应对突发事件的准备至关重要，也与《国家海上安全战略》和《海域态势感知国家计划》中规定的战略优先事项一致。只要北极地区存在海上活动，海警就必须保持适当的存在，以监测、管理、应对危险和威胁。在海岸和海上的有效存在，是集中资源感知最高风险和威胁所必需的。

2. 现代化治理

美国的安全、治安和经济福祉依赖于对世界海洋的良好治理。为推进美国在这一区域的利益，海警必须与其他联邦、州、部族和当地政府部门、国际同行、相关行业和其他利益相关者密切合作，促进北极地区的海上安全、治安和环境责任。这些巨大努力，包括积极参与北极理事会和国际海洋组织等国际组织，并继续支持加入 1982 年《联合国海洋法公约》。

3. 扩大伙伴关系

有限的行动资源和不断扩大的海上风险进一步凸显了在该地区加强合作的必要性。海警必须进一步促进国内和国际伙伴关系，尤其要加强协调、提升效率、降低风险。我们与国际、政府机构、州、部族、当地政府和其他合作伙伴之间的互利关系对于任务的成功至关重要。海警还必须与学术界、非政府组织合作伙伴联手，共同推动北极研究并深化北极相关文件的研究基础。

六、战略目标：增强感知

海上风险随着海上活动的增加而增加。这种趋势主要表现在船只碰撞、船只沉没、原油泄漏、非法捕鱼和盗采其他自然资源等所产生的负面影响，以及对美国主权的威胁。这些风险需要海警增强感知和保持有效存在，以履行法定职责。海警保护海上人员、保护国家免受海上威胁以及保护海洋自身的任务同样适用于北极，就像在大西洋和太平洋、墨西哥湾、北美五大湖及加勒比海地区所做的那样。

随着北极地区对海警勤务需求的增加，海域态势感知（MDA）能力必须与《海域态势感知国家计划》保持一致。无论是搜寻可疑船只、污染水域，还是遇险船只或人员，海警都需要保持持续的感知，才能确保在正确的时间向正确的地点投送正确的能力。实现这个目标，需要将复杂的技术、健全的监管制度和稳固的伙伴关系进行充分整合。

《国家海上安全战略》将海域态势感知定义为："对影响美国安全、治安、经济或环境的，与海事领域相关的任何事物的有效理解。"① 作为负责海上安全、治安和管理的主要联邦机构，海警拥有广泛的执法权力，具有军事机构和执法机构双重身份，并且还是国家情报界的成员。海警特别适合在增强北极地区海域感知方面发挥国家层面的领导作用。

（一）确保有效协调和信息共享

没有一个国家、部门或者机构可以独立地获得海上态势感知能力。实现海上态势感知需要多方参与，并拥有能充分利用他们的法定权限、能力和经验的协作网络。为此，海警将：

（1）倡导建立一个跨部门北极融合中心，筹集资源或资金，促进合作与协调，并利用联合、跨部门和国际能力来实现可持续发展和环境保护。

（2）通过扩大和加强国际合作伙伴关系（尤其是与加拿大和俄罗斯的边境合作），优化通信网络、提升海上跟踪技术和其他海洋态势感知能力。同

① http：//www. dhs. gov/xlibrary/assets/HSPD_ MDAPlan. pdf.

时，还要加强与联邦、州、部族、地方和地区政府，以及学术界、工业界和其他非政府组织的合作。

（3）推进合作伙伴之间的信息共享

①共享相关和适当的信息以提高透明度和海域感知能力。这些信息必须有助于减少威胁和非法活动，同时在安全和商业便利之间取得平衡。

②利用国际信息共享机制，例如通过北美冰情服务处[①]（与国际冰情巡逻队、美国国家冰情中心和加拿大冰情服务处是合作伙伴关系）来改善环境管理和确保航行安全。

③为海上通用行动图像（COP）（信息共享、态势感知和协作规划的主要方法）提供信息和情报，以确保向合作伙伴和利益相关者广泛分发。

（4）整合合作伙伴的数据和分析意见，优化决策周期。

（5）整合系统和数据库，将服务需求集成到其他机构的处理流程中。

（6）在情报界的合作伙伴中倡导进而改善对北极的数据收集工作。

（7）与情报界和其他北极伙伴密切合作，为行动和工作目标制定数据需求，收集有关北极海洋条件、气候、海洋活动和威胁的信息。

（8）开发并确保访问准确、持久、实时的船舶跟踪信息，以增强海域态势感知。

（二）加强海事信息情报的收集、融合和分析

美国政府致力于在威胁危及国家和盟友利益之前就对其进行识别和拦截。这一优先事项，依赖于对环境、生态及安全挑战进行探测和应对的能力。海域态势感知可以让海警识别和评估潜在威胁，以改善功能和行动决策，为此必须有效收集、融合和分析大量不同的信息。自动化或自主监控可以将有限的资源集中于应对最大的风险和威胁上。

针对不同数据源和环境的数据，实现可发现、可访问、可理解、能融合和可利用这一战略目标，及时开发海域态势感知体系架构是非常重要的。对此，海警将：

（1）改进情报收集、融合、分析和分发的流程及能力。

（2）完善现有情报收集计划，以支持该地区的行动任务、培训和规划。

（3）通过整合多源信息，更有效地分析大量数据，以及与合作伙伴协调

① 北美冰情服务处（North American Ice Service，ICC）：北美冰情服务处是美国国家冰情中心、国际冰情巡逻队和加拿大冰情服务处的国际合作伙伴。该服务处的使命是利用这些机构的优势，监测、提供高质量、及时、准确的海冰分析资料，满足美国和加拿大政府的海上利益需求，以支持安全和高效的海上作业、天气和环境建模、国家和环境安全、研究了解天气和国际条约义务。

探索特殊的信息模式和趋势，扩展北极知识库。

(4) 支持在关键咽喉要道、现有海上钻井基础设施和海警设备上部署便携式监测传感器组件，以提高对船舶的感知并增强通信能力。

(5) 评估运输需要，以确定高纬度地区船舶跟踪技术的有效性，并寻求北极地区作业船舶对这种技术的国际需求。

(6) 协助政府资助的科学探索活动，以便更好地了解不断变化的北极环境、相关影响和突发海事威胁。

(7) 鼓励加强科学监测和研究本地、区域和全球性环境优先事项。

(8) 充分利用跨部门合作伙伴（如国防部、国家科学基金会、国家海洋和大气管理局及国家地理空间情报局）的数据收集、分析、预测和利用的所有方面，着力解决环境信息和系统缺陷。受数据及其产品限制，很难做出短期或者长期预测，而安全的行动却需要强有力的大气和海洋数据支持。国土安全部-国防部能力评估工作组（CAWG）将继续通过多个小组在开发新能力方面发挥重要作用。美国北方司令部是国防部北极能力的倡导者，是能力评估小组中的国防部代表。

(9) 参与人工情报收集和执法行动，以增强对北极地区海上趋势、威胁和挑战的了解。

(10) 通过提升近程和远程船舶的探测和监视能力来监控海上活动；增加北极港口、沿海和近海区域的人工情报收集；在战略咽喉要道与其他国家合作改进信息处理工具。

(11) 利用经验教训、训练和演习来增强对北极的了解并进一步完善任务重点。

(12) 与跨部门伙伴一起，利用破冰船、机载传感器和地方及原住民的专业知识，修订阿拉斯加水域的海冰地图集。

(13) 将当前和未来的平台与适当的传感器技术和商业产品集成并互联，以增强态势感知能力。

(14) 通过优化北极功能性装备的可用性来加强海洋监视和侦察。

(15) 与国家科学基金会合作，支持国家科学基金会在北极地区提高感知能力的努力。

(三) 实现有效存在

有效的海上存在对于改善认识，确保北极水域安全、治安和对环境负责的海上活动至关重要。存在，使海警能够对遇险船只作出快速响应，拯救生命、阻止袭击并防止污染。存在，还有助于充分执行船舶航线制度，遵守安全、治安、环境法律和条约。此外，前沿存在的海上力量也能提供增强海域感知的高价值监视。有效存在，要求正确的装备和能力在正确的时间出现在正确的地点。综合的海空联合存在，将提供关键、实时的感知信息，并增强对该地区船舶过境和航行的海域感知。

为实现有效存在，海警将确立以下战略优先事项：

（1）监测和评估日益增加的海上活动带来的风险。

（2）确定要求，探寻缉私船、小艇、飞机（包括无人机系统）和岸上基础设施的适应性组合，以实现有效的季节性行动。

（3）监测和评估地理环境的变化，为北极能力和需求开发提供信息。

（4）通过开展行动、训练演习以及扩大应对紧急情况和其他紧迫事件的能力，行使和维护美国的主权，推进美国在北极的利益。

（5）保持与因海上活动增加所带来的风险相对应的弹性存在。

（6）发展适当的能力和实力，具备足够的潜力，以可接受的风险水平、在适应环境条件变化的情况下执行任务。

（7）继续采用基于风险的、分阶段资源配置方法，包括建设支持行动的基础设施和通信系统，以满足最高行动要求。

（8）开展包括“北极盾牌行动”、地区态势感知飞行等在内的行动、训练和日常活动。这类任务可增强感知，培养行动能力，检验装备、设备的适用性。

七、战略目标：现代化治理

有效治理有助于确保任何地区的安全、治安和对环境负责的海上活动。北极的治理体制需要外交协调和参与才能取得实效和成功。

（一）赋予国内和国际治理权

有效的治理能激发海员遵守安全、治安和环保标准。清晰、一致和包容的治理涉及共同的价值观、可支持的标准以及平衡的执法和自由裁量权制度。国际治理建立在国家间合作的基础之上。根据相关法律，海警是赋予和保持国内和国际有效治理的最佳选择。

（1）1982 年通过并经 1994 年的《关于深海海底采矿条款的协定》大幅修改，1982 年《联合国海洋法公约》（以下简称《公约》）为在海上、海底及其底土上的活动以及海洋环境、自然和文化资源保护制定了全面的法律框架。《公约》以关键的航行和飞越自由条款以及近海资源保护等规定促进了美国的广泛利益，加入《公约》和保护美国海洋利益是相辅相成的行动。美国加入《公约》，将加强、提高和促进海警保护海上人员、保护国家免受海上威胁以及保护海洋本身的能力。海警仍将致力于维护这一法律框架并继续支持加入《公约》。

（2）海警将倡导在国土安全部中设立北极政策委员会①，等待资源或者资金，汇集政府、工业界和学术界的最优秀人才，以获取有关北极政策的外部看法。

（3）海警与国土安全部和其他相关机构协调，评估当前的治理制度，并考虑将用于其他地区及职能的模式作为未来的基准。北极多国联合援助小组和北极海警论坛概念将作为本战略颁布后国土安全部领导后续行动的优先评估事项。

（二）保护海洋环境

北极在生态上非常敏感。北极水域人类活动的增加将带来额外的海上污染风险。海警将创建保护和促进环境恢复能力的最佳实践。

（1）为保护北极环境免受海上活动造成的污染，海警将与政府合作伙伴和私营部门合作，共同解决、承担环境准备和响应的法定责任和监管责任。

（2）海警将与北极国家合作，通过研究、训练、演习和国际协议，制定和实施针对海洋污染事件的预防和响应策略。

（3）尽管预防是目标，但海警必须做好应对污染事件的准备，尤其是在责任方不明或未能充分响应的情况下。在《国家原油和有害物质污染应急计划（NPC）》《美国联邦法规》第40卷第300部分（40 CFR Part 300）的支持下，海警将继续担任国家响应小组的副主席、阿拉斯加区域响应小组的联合主席，以及沿海地区联邦现场协调员。在这些角色中，海警将与北极相关利益团体合作，制定污染威胁应对计划，确定面临风险的区域和资源，制定包括国家重大溢油事故（SONS）在内的原油泄漏和有害物质排放响应策略。

（三）保护海洋生物资源

白令海峡仍然是世界上最丰富的生物资源保留地之一，也是美国北极水域唯一的可持续渔业基地。根据非官方的说法，随着海冰的消退和水温的变化，鱼类种群正在向西北迁移。北太平洋渔业管理委员会正在进行一项研究，以收集鱼类种群迁移的更可靠数据。初步信息表明，在地表水以下可能有一个“冷池”，已阻止了鱼类种群进一步北移。然而，如果鱼类种群开始向北迁移，商业捕鱼利益会随之而来，这将导致外国渔船对北冰洋美国专属经济区的入侵增加。

---

① 北极政策委员会（Arctic Policy Board，APB）（拟议）：如果获得批准，北极政策委员会将根据《联邦咨询委员会法案》成立，并通过海警司令就北极地区有关的任何问题向国土安全部部长提出建议。该委员会将在部长和司令的指示下，就北极地区的挑战和机遇等问题作出专题响应，还可与私营部门的个人和团体、州、部族、地方政府等开展调研和实地考察。

（1）根据北太平洋渔业管理委员会[①]的建议，国家海洋渔业局（NMFS）决定暂停在白令海峡以北的美国专属经济区的捕鱼活动，直到完成可持续性商业捕捞的可行性评估。无论评估结果如何，海警将继续在高纬度地区执行保护海洋生物资源的使命，这包括支持适当的监管制度。

（2）区域渔业管理组织（RFMO）[②] 越来越多地被用于管理国际鱼类种群。随着这些组织成为国际渔业管理系统中更为普遍的组成成分，海警将有更多的机会阻止非法捕鱼，并对国际执法制度产生影响。为促进海上执法，海警将寻求与各级政府和国际合作伙伴达成正式协议。与这些伙伴的联系，是激励跨部门高效工作、协同努力的力量倍增器，同时也有利于信息共享和装备集中。

（四）保护美国主权和主权权利

根据国内法和国际法，美国政府在北极地区行使所有合法的主权、主权权利和管辖权。这些主权权利，包括与航行和飞越自由有关的义务。作为一支军事力量，海警将在必要时行使并维护美国主权，确保航行和飞越自由、美国北极水域的安全以及主权边界的完整性。

（1）海警将利用其在国际海事界的地位和专业知识来维护美国在北极水域的主权权利。这项努力需要与国际合作伙伴建立牢固的关系和对话渠道。

（2）北极能源生产将随着全球能源需求的增加而增加。这一趋势将需要新建或者增加基础设施，如管道、石油设施、港口扩建、运输系统整合，以及其他沿岸基础设施建设。为使风险被持续普遍地了解，有必要扩大运输系统部门和其他关键基础设施部门之间的合作伙伴关系。这种信息共享，是有效落实关键基础设施保护计划所必需的。这些公私伙伴关系将为有效保护关键基础设施奠定基础。

---

① 北太平洋渔业管理委员会（North Pacific Fishery Management Council，NPFMC）：该委员会是根据1976年《马格努森渔业保护和管理法案》设立的八个区域委员会之一，负责管理美国水域的商业捕鱼业。该委员会管辖阿拉斯加附近95万平方英里的专属经济区，负责管理阿拉斯加湾、白令海和阿留申群岛的商业捕鱼活动。其任务是制订渔业管理计划，管理大多数底层鱼类、螃蟹、鲑鱼、扇贝等的捕捞。鉴于脆弱的北极环境，委员会正在对该地区进行密切监测。2009年，委员会制订了一个计划，后来被国家海洋渔业局批准，该计划规定不得在白令海峡以北对有鳍鱼、软体动物、甲壳类动物和其他海洋生物进行商业捕捞。商业捕捞的暂停，将一直持续到研究证明北极地区的商业渔业如何能可持续为止。

② 区域渔业管理组织（Regional Fishery Management Organization，RFMO）：区域渔业管理组织是致力于可持续管理特定国际水域和高度洄游物种渔业资源的国际组织。该类组织专注于保护某些鱼类（例如大西洋金枪鱼）或某个地区的所有鱼类种群（例如南极海洋生物资源保护委员会的职责）。如果在北极设立区域渔业管理组织，将对保护该地区脆弱鱼类种群和其他海洋生物资源的国际执法政策产生影响，美国海警将有更多的机会打击非法、未报告和不受管制（IUU）的捕捞行为。

八、战略目标：扩大伙伴关系

（一）建立和扩充美国海警作为合作伙伴的专家资源

随着人们对北极兴趣的不断增长，海警必须做好准备，推进美国在该地区的优先事项。为此，海警将集中内部和外部的所有力量。在内部，海警将审查和调整应对不同区域挑战的框架、技能和资源；在外部，海警将继续推进以构建知识、技能和恢复能力为目标的跨部门合作。

（1）为在这一地区成功执行任务，海警必须修改和调整指挥要素（如指挥控制、专业中心等）。

（2）为促进对该地区挑战和机遇的共同认知，实现共享信息、铸就实力，海警必须成为推动论坛的领导者。

（3）阿拉斯加原住民、工业界和其他利益相关者拥有的未开发的知识和资源，可以帮助填补信息和行动鸿沟，同时最大限度地降低风险。与北极利益相关者的定期信息交流，将以正式和临时的方式在现行法律法规范围内进行。这种对话，将有助于海警建立对北极问题的认识和了解，并为政策制定提供信息和指导。

（4）学术资源对于构建知识体系、提出应对复杂地区挑战的解决方案非常重要。海警将通过国土安全部科学与技术理事会的卓越中心（COE）和其他联邦研究合作伙伴网络，加强与学术界的战略合作，共同促进北极地区教育、科研和政策创新。

（5）海警将根据资源或者资金情况，在美国海警学院中建立北极专业中心。该中心将作为首要机构，与国土安全部科学与技术理事会卓越中心网络以及其他机构合作，推进北极地区安全、治安和对环境负责的海上活动。

（二）利用国内和国际伙伴关系作为力量倍增器

任何一个机构或者国家都不具备单独应对北极地区新挑战所需的主权、能力和控制资源。

（1）为确保该区域免受跨国威胁、促进合法贸易、保护海上环境，需要组建一个强大的合作伙伴关系网络，来提供必要的平台、人员和协议。海警将寻找共同感兴趣的新领域来建立战略伙伴关系，促进创新、提供负担得起的解决方案，并加强该领域的责任分担。落实这些努力必须与私营部门和国际伙伴进行合作，以增强能力、提高行动效率，并建立一个均衡和有能力的未来力量体系。

（2）改进工作方式和基础设施风险评估方法，明确相互依存关系，并将疏困措施纳入相关管理框架。

（三）支持国家北极规划方案

北极问题的跨领域属性需要协作和协调的解决方案。海警将支持政府的所有北极规划和行动。通过整合行动能力、减少冗余，充分利用各级治理的法定授权，海警将提高指挥和行动的统一性。

（1）海警将根据第13175号行政令，与联邦政府认可的部族进行磋商和接触。这种独特而宝贵的关系，是与部族实体共建互信、改善任务环境的基础。

（2）为提高效率、消除冗余，持续改善资源管理，海警将寻求政府所有的解决方案。

（3）海警将领导并参与包括联邦、州、部族和非政府合作伙伴在内的国家级规划和演习，以检验行动准备和适应能力。这种包容性做法，将利于识别角色、职责、权限和资源上的重叠部分。

九、确保长期成功

为确保长期成功，除了明确北极地区的愿景和战略，海警还需要一些额外的概念和必要条件。本节主要概述独立于三个战略目标，但又直接服务于这些目标的主要因素。

（一）适应气候变化及北极地区行动的“国土安全部一体化”建议

国土安全部在适应气候变化方面发挥着重要的领导作用。包括海冰消退、干旱、极端风暴和河流水位下降等极端气候所造成或加剧的风险超越了国界，并以新的和不确定的方式影响着国土安全部的任务。通过跨部门的整合方法，国土安全部将能保护和管理边界、防止恐怖主义、增强治安，并适应气候变化的实际情况。及早适应气候变化，国土安全部就能够及时识别和减少每个任务领域的缺陷。随着未来环境条件变化持续塑造北极地区，海警将利用与美国海关和边境保护局、移民和海关执法局、联邦应急管理局等国土安全部其他部门建立的伙伴关系，共同致力于达成一线的工作目标。通过合作并利用各机构的独特权力和能力，海警、海关和边境保护局、移民和海关执法局以及联邦应急管理局，将有能力、高效地履行不断变化的职责。最后，团结一致、态势感知、整合和同步规划都是协调国土安全事业各个层面所必不可少的。

（二）北极问题是国家优先考量的事项

不断变化的北极环境所带来的挑战和机遇，正推动该区域走向全球并成为国家优先考量的事项。海警在海上安全、治安和环境保护方面的专业知识，对于平衡日益增加的商业活动和海洋环境保护的公平性至关重要。此外，与包括原住民在内的所有利益相关者建立的牢固关系，也使海警成为影响当地社区福祉决策的一个受人尊敬的实体。这些长期的关系，将确保对一系列地区优先事项的治理取得长效。

1. 战略、政策和实施

尽管北极远不止其海洋领域，但是近期最大的经济、环境和其他变化都发生在海上和沿海一线。总统公布的国家海洋政策的九个优先目标之一，是采取适当的行动，对有效的政策管理作出响应。在这方面，《国家海洋政策》与国家安全总统指令（NSPD-66）/国土安全总统指令（HSPD-25）中包含的“北极地区政策”完全一致。实施计划包含了具体、可行的行动，完成行动的时限，以及负责实施的联邦机构和团体。《国家海洋政策》的目标是“改进和整合美国全面海洋管理政策”国家承诺的一个有机组成部分。

2. 经济安全

大量的经济机遇（如石油天然气、航运、渔业、采矿、伐木、探险旅游和可再生资源）是北极人类活动不断增加的主要驱动力。随着这些活动的增加，对海警在该地区执行其所有任务的相应需求也会增加。从战略角度来看，北极的可持续发展对于增强经济安全至关重要。因此，海警必须继续扩大伙伴关系。

3. 风险管理

在远离海警基地和其他基础设施的北极海洋环境中的安全行动，需要谨慎的风险管理。长期成功意味着石油、天然气、航运业以及与经济发展相关联的其他实体，要将风险降至最低，并随时准备对可能发生的事件作出快速、果断的响应。此外，为帮助预防、监督、管理和响应突发事件，海警必须管理好资源。长期成功需要与工业界、学术界、环保团体、部族，以及联邦、州、当地政府和其他利益相关者合作，以获取并运用最佳实践来管理风险。实现这三个战略目标有助于管理和降低与人类活动长期增加有关的相关风险。

（三）国家行动概念

为实现长期成功，海警必须采取行动，形成全政府、全社会共同应对威胁的态势。提高认识、改进治理制度、全面和系统地规划以及有效的行动对于提高该区域任务效率都至关重要。

1. 公私关系

石油天然气行业、航运公司、采矿和渔业企业、探险旅游运营者以及其他在北极寻求收益的单位，在预防和响应污染方面都发挥着关键作用。“污染者买单”原则是所有经营者的激励因素和相应要求，所有经营者要尽一切可能预防和减少对环境的影响。为确定和实施最佳实践，预防和响应该地区的挑战，海警、国土安全部、内政部、环境保护局、国家海洋和大气管理局、交通部、国防部和其他政府专家必须与工业界和其他私营部门密切合作。这项工作可能需要创新的资助计划，以确保联邦政府的参与。

2. 跨部门

为完善许可、提高行动成效并降低风险，联邦机构必须有效地进行合作。为确保北极地区（治理）的长期成功，联邦政府必须持续改进政府内部之间的协调和决策流程。这与国家安全总统指令（NSPD-66）/国土安全总统指令（HSPD-25）、北极地区政策、国家海洋政策以及其他目标是一致的。例如，根据第13580号行政令建立的协调阿拉斯加国内能源开发和许可的跨部门工作组，将继续在全国范围内加强协调。

3. 国际合作/治理

北极行动的挑战是北极理事会、国际海事组织、北约、大陆架划界委员会和其他国际论坛的热议话题。在2008年的《伊卢利萨特宣言》中，与北极接壤的五个国家［美国、加拿大、丹麦（格陵兰）、挪威和俄罗斯］一致认为，在该地区不需要一个新的治理框架来实现他们的长期目标。他们特别指出，1982年的《联合国海洋法公约》已经为国际合作提供了必要的条款。

4. 科学和技术

科学研究和技术进步对美国在北极地区的利益至关重要。进入整个北冰洋，包括深入到冰雪覆盖的高纬度地区，对于美国的科学研究工作极为重要。美国必须具备足够的破冰能力，以支持促进对该地区基本情况和演化规律的研究。对未来环境变化的准确预测，以及为终端用户提供近乎实时的信息，需要从北极地区获取、分析和分发相关数据。美国已经在环境数据收集设施方面进行了投入，这包括与美国机构、学术合作者和北极居民合作伙伴建立的北极环极观测网络的一部分。为长期进入高纬度地区，国家还需要在提高破冰能力方面进行战略投资。为此，海警将与国土安全部科学与技术局、能源部国家实验室、国家科学基金会、国家航天航空局、国家海洋和大气管理局以及其他机构密切合作，增进美国在教育、环境可持续性和科学研究方面的收益。

5. 评估和评价

美国必须继续为科学研究合作制定标准。北极环境独特且不断变化，持续增加的人类活动会为北极环境带来压力，对原住民社区和生态系统带来潜在的严重后果。尽管相关研究越来越多，但北极的许多环境特征问题在学术上仍未得到破解。海冰和冰川正在消退，永久冻土正在融解，海岸正在受到侵蚀，来自北极内外的污染物正在污染该地区。关于气候变化和北极人类活动增加的影响，仍然存在高度的不确定性。鉴于决策需要基于可靠的科学和社会经济信息，北极环境研究、监测和脆弱性评估是目前工作的重中之重。考虑到现有数据和资源的匮乏，海警必须以应对风险为基础，与合作伙伴和利益相关者协调，充分依靠全面的可用信息，为了解和保护北极环境做出努力。

6. 需求和资源

考虑到全球有限的财政资源，决策者必须通过权衡相互竞争的利益来划定最优先事项，分配相应资源，从而现实地应对地区挑战。

（1）目前的差距

从需要更多的破冰船和远程巡逻船，到改善通信、海域态势感知能力和航空装备，许多研究都已经证明了北极国家和海警力量的不足，但目前还没有明显或简单的方法来弥补这个差距。不过，近期美国海警“极地之星”号破冰船的重新启用，将为该地区带来重要的破冰能力。海警将继续监测不断变化的北极活动，并在资金允许的情况下进行再投资，以克服潜在的差距和不足。通信、海图、态势感知、基础设施投资的改进以及训练和演习机会的增加，是未来取得成功的关键推动要素。为有效缩小差距，长期的投入和创新是必不可少的。

（2）分担责任

美国政府及其盟友必须利用各种能力来履行法律和政策责任。美国交通运输部和加拿大交通部达成的关于交通研发的1970年《谅解备忘录》就是一个成功案例。该《谅解备忘录》中规定，加拿大破冰船在加拿大北极群岛以东的北极地区向美国提供支持，例如让补给船能够抵达格陵兰岛的图勒。反过来，美国破冰船将在可用的情况下协助满足加拿大政府在阿拉斯加以北和加拿大以西的北极地区的需求。最近的一个案例是北极理事会成员国于2011年5月签署的《北极航空与海洋搜救合作协议》①，它对各方在北极的国际搜救范围和响应、搜救责任区划分等进行了协调。这种明确责任、分担任务的做法，是确保该区域任务成效的关键。另外一个例子，是北极理事会于2013年5月在瑞典基律纳举行的部长级会议上签署的《北极海洋石油污染预防与应对合作协议》②，该协议的目标是改进北极海上石油泄漏预防和应对的合作程序。

① 《北极航空与海洋搜救合作协议》（Agreement on Cooperation on Aeronautical and Maritime Search and Rescue in the Arctic）：该国际搜救协议是北极理事会成员国于2011年5月12日签署的国际条约。该协议协调了北极地区国际搜救的覆盖范围和响应事项，确定了各方的搜救责任范围。责任的划分和分担，对于北极搜救的成功至关重要。该协议是在北极理事会主持下谈判达成的第一个具有约束力的协议。

② 《北极海洋石油污染预防与应对合作协议》（Agreement on Cooperation on Marine Oil Pollution Preparedness and Response in the Arctic）：2013年5月13日至15日在瑞典举行的北极理事会部长级会议上，成员国签署了合作应对北极地区石油泄漏的协议。该条约旨在改进预防和应对北极地区海上石油泄漏的国际程序。

（3）长期能力需求和资源

短期内，海警必须基于现有资源满足工作需求。同时，为发展必要的能力，本战略确定了可以扩大国家能力的范围。

（4）海警缉私船的破冰能力是有限的

如果海警“希利”号破冰船（WAB20）不可用，那么2012年1月打通冰道并护送一艘商业油轮到达阿拉斯加诺姆港的补给努力就不会成功。因此，水面通行能力对于履行法定职责至关重要。为此，国家必须对能够有效开展全年搜救、环境响应、海图测绘、科学研究和其他北极行动的破冰装备进行规划。海警将推动国家进一步做出努力，以确定和投资适当的系列行动装备，满足机构间的需求。

（5）前置行动部署

在夏季，海警可以将飞机、缉私船、小艇、通信设备、人员和其他资源向前部署到阿拉斯加的巴罗和北极的其他地点。例如，在2012年，作为“北极之盾”行动的一部分，海警部署了有史以来规模最大的北极部队。考虑到在楚科奇海和波弗特海的石油勘探水平和随之而来的风险，海警前置部署了“伯索夫”号国家安全缉私船（WMSL-750），两架直升机、多艘小艇、数十名支援人员、通信设备以及夏季和秋初使用的各种资源。机动装备的运用和季节性存在，辅以现有的岸基基础设施，将成为海警在活动高峰期的首选策略。

十、结论

由于气候变化、永久冰盖减少和对未发现资源的竞争加剧等动态地缘政治因素的影响，北极地区正受到越来越多的全球关注。然而，财政限制要求在推进科学研究、资源开发、环境恢复和治安等优先事项上要有周全的安排，而满足这些领域的管理、协调和能力需求都需要协作和方法创新。

目前，海警通过调整优先事项顺序、重新分配资源和使用临时设施来跟上不断增长的海上活动的步伐，确保北极地区的安全、治安和对环境负责的海上活动。例如，随着探索性钻探在2012年夏季正式开始，海警部署了一艘最新服役的国家安全缉私船和一架船载直升机，来加强行动通信、指挥控制、海域感知和响应行动。此外，还租用了岸基设备，为前沿部署的直升机和其他资源提供适度的基础设施。

海警通过艰难的权衡来履行北极任务职责。因此，这项战略是为未来做好准备所迈出的重要一步。随着该地区人类活动的增加以及机遇和挑战的加剧，海警将需要在支持国家目标的审慎投资指导下，在北极保持更大规模且持久的存在。

本文件确立了海警在北极地区的行动战略，描述了地缘战略背景下的当前现状，勾画了海警的未来愿景，确立了增强感知、现代化治理和扩大伙伴关系的战略目标，并且考虑到了长期成功的原则。下一步的目标是，继续让联邦、州、部族和地方各级公共和私人利益相关者参与进来，制定优化海警法定权力、实力、能力的行动概念和合作伙伴关系，确定未来需求，贯彻落实上述三大战略目标。

海警的传统和特色被定义为适应逆境，这是独特和令人自豪的。然而，对重大灾难的响应总是暴露出准备方面的不足。例如，“埃克森·瓦尔迪兹”号油轮石油泄漏、“9·11”恐怖袭击、2010 年英国石油公司（BP）“深水地平线钻井平台原油泄漏”事件等。另一方面，此类灾难也肯定了海警对于国家的价值。本战略吸取了这些历史教训，并将作为美国北极地区事务的重要推动因素。北极战略，将指导美国海警致力于确保北极地区的安全、治安和对环境负责的海上活动。

十一、附录

附录 A　北极理事会观察员地位（截至 2013 年 5 月）

1. 12 个非北极国家已被接纳为北极理事会的观察员：

法国　中国　德国　意大利

荷兰　印度　波兰　日本

西班牙　韩国　英国　新加坡

2. 9 个政府间和议会间组织获得了观察员地位：

红十字会与红新月会国际联合会（International Federation of Red Cross & Red Crescent Societies，IFRC）

国际自然保护联合会（International Union for the Conservation of Nature and Natural Resources，IUCN）

北欧部长理事会（Nordic Council of Ministers，NCM）

北欧环境金融公司（Nordic Environment Finance Corporation，NEFCO）

北大西洋海洋哺乳动物委员会（North Atlantic Marine Mammal Commission，NAMMCO）

北极地区议员常务委员会（Standing Committee of the Parliamentarians of the Arctic Region，SCPAR）

联合国欧洲经济委员会（United Nations Economic Commission for Europe，UNECE）

联合国开发计划署（United Nations Development Programme，UNDP）

联合国环境规划署（United Nations Environment Programme，UNEP）

3. 11 个非政府组织是北极理事会的观察员：

海洋保护咨询委员会（Advisory Committee on Protection of the Sea，ACOPS）

北极圈环极门户（Arctic Circumpolar Gateway）

世界驯鹿牧民协会（Association of World Reindeer Herders，AWRH）

极地保护联盟（CCU）

国际北极科学委员会（International Arctic Science Committee，IASC）

国际北极社会科学委员会（International Arctic Social Sciences Association，IASSA）

国际环极健康联盟（International Union for Circumpolar Health，IUCH）

原住民事务国际工作组（International Work Group for Indigenous Affairs，IWGIA）

北方论坛（Northern Forum，NF）

北极大学（University of the Arctic，UArctic）

世界自然基金会—全球北极计划（World Wide Fund for Nature-Global Arctic Programme，WWF）

4. 北极理事会的观察员地位开放给：

（1）非北极国家；

（2）全球和区域政府间和议会间组织；

（3）非政府组织。

5. 接纳为观察员的标准：

根据《成立北极理事会宣言》并受北极理事会议事规则的约束，北极理事会的观察员地位对非北极国家，全球和区域政府间和议会间组织，理事会确定的、可以为其工作做出贡献的非政府组织开放。在理事会确定观察员地位申请者的普遍适用性时，理事会将特别考虑观察员的以下情况：

（1）接受并支持《渥太华宣言》中定义的北极理事会的目标；

（2）承认北极国家在北极的主权、主权权利和管辖权；

（3）认识到广泛的法律框架尤其是 1982 年《联合国海洋法公约》适用于北冰洋，该框架为负责任地管理北冰洋提供了坚实基础；

（4）尊重北极原住民和其他北极居民的价值观、利益、文化和传统；

（5）表现出为永久参与者和其他北极原住民的工作做出贡献的政治意愿和经济能力；

（6）展示了与北极理事会工作相关的关于北极的兴趣和专业知识；

（7）表现出支持北极理事会工作的具体兴趣和能力，包括通过与成员国和永久参与者的伙伴关系将北极问题带到全球决策机构。

6. 观察员的任务：

制定北极理事会的所有决议是拥有常任理事国地位的八个北极国家的专属权利和责任。一旦获得观察员地位，就应受邀参加北极理事会的会议。虽然观察员的主要作用是观察北极理事会的工作，但观察员应主要在工作组层面参与北极理事会并做出相应贡献。观察员可以通过北极国家或永久参与者提出项目，但对观察员任何特定项目的资助不得超过来自北极国家的融资，除非北极高级官员另有决定。在邀请观察员参加的理事会附属机构会议上，观察员可以根据主席的决定，在北极国家和永久参与者之后发言、递交书面声明、提交相关文件，并就讨论的议题发表意见。观察员也可以在部长级会议上递交书面声明。

附录 B　美国海警北极历史

自 1867 年阿拉斯加开始成为美国的一部分以来，海警一直在北极地区执行任务。从对鱼类种群和海豹等海洋生物资源的有关执法，到拯救被冰流围困的捕鲸船，再到冷战时防御性基础设施的建立，海警不仅保护了北极水域，而且还保护美国免受来自北极水域的威胁，同时也保护了北极的资源。因此，海警的一些最伟大的英雄和名人，在北极赢得了声誉。对海警来说，北极是遗产、是传承、是血统，更是极为重要的领土。

北极是一个寒冷和险恶的地区。在这种极端气候条件下，犯错就等于死亡，许多人只能服从天意。然而，对于海警来说，这种致命的环境却造就了最激励人心的海警勇士。像贾维斯（Jarvis）、希利（Healy）、伯索夫（Bertholf），他们在这个可怕地区的表现令人钦佩，已经成为杰出行动的代名词。“熊”号（Bear）、“忒提斯”号（Thetis）和“急流”号（Rush）缉私船，就是为美国和该地区原住民运送这些英雄的船只。在 1867 年购买阿拉斯加之后，税收缉私船“林肯”号（Lincoln）运送首批美国官员巡游了这块新的领土。随着这片新领土广阔和偏远的面貌变得更加清晰，美国认识到仅仅采用传统措施已不能履行联邦政府的责任，而最初首要的工作就是满足捕鲸者和原住民的需要，同时防止海豹被过度捕杀。为确保对国际捕鱼船队宣布的边界和法律得到执行，税收缉私船“忒提斯”号成为在白令海巡逻的首批船只之一。看护和关心阿拉斯加民众是海警在该地区的首要任务。1891 年，“熊”号缉私船船长“地狱咆哮者”迈克·希利（Michael Healy）从附近的西伯利亚收购了驯鹿群，帮助原住民从猎人变成了牧民，确保了食物的稳定供应。

1897 年，海警的“陆上远征”是北极勇气和奉献精神的非凡体现。1897 年秋天，载有 265 人的 8 艘捕鲸船被困在巴罗角附近的冰层中，税收缉私船部队应召进行救援。由于这些船只直到 1898 年夏天才可能脱离困境，所以“熊”号缉私船向北航行的任务有两个：一是解救被困的捕鲸船队；二是向捕鲸船队派出陆路远征队，确保他们的冬季生存，直到“熊”号缉私船到达并使他们脱困。这两项任务都取得了成功，因此挽救了数百人的生命。

在冷战高峰时期，海警再次在北极地区发挥了领导作用，这次是为了保卫国家。远程预警（DEW）线，是作为预警雷达观测和探测哨而建立的，用以应对到达北美的敌机威胁。为建造 50 多个远程预警线站点，海军军事海运司令部在两年内运输了 250 余万吨货物、1200 万桶燃料和 7500 名人员。海警与海军和加拿大军队一起，领导了北极地区有史以来规模最大的材料和装备输送任务。此外，海警缉私船“斯托尼斯”号（Storis）、“布兰布尔”号（Bramble）、“斯巴”号（Spar）成为第一批在西北航道航行的美国船只。在为远程预警线夏季施工扫清障碍后，这些缉私船继续通过夏季覆冰的开口向前推进，最终于 1957 年 9 月 6 日与加拿大皇家海军破冰船“拉布拉多”号（HMCS Labrador）会合，一起穿越北美大陆最北端的贝洛特海峡。

最近一次是在 2012 年，海警“希利”号缉私船作为美国唯一一艘适航极地的破冰船，因在 2012 年冬季突破北极冰层为阿拉斯加诺姆市运去了急需的燃料而获得全国赞誉。当时，冬季风暴的提早降临，影响了最后一次汽油和柴油的运输任务。“希利”号先是与俄罗斯油轮“伦达”号（Renda）会合，之后穿过 8 英尺厚的冰层，将燃料运到了诺姆港，从而避免了危机的出现。

附录 C 美国海警作战部队与装备资产

1. 美国海警作战部队——“海上三叉戟”

海警作战部队由“海上三叉戟”组成：即岸基部队、海上巡逻部队和可部署特战部队。

（1）岸基部队

岸基部队由管区（Sector）司令部及其在美国港口、航道和近海地区行动的所属单位组成。管区司令部内设指挥控制分队和参谋人员（具有编制内任务支援和情报职能），以及预防和响应分队。预防分队负责商船海上检查、航道管理和海上事故调查，响应分队负责应急响应和执法活动（例如搜救、污染调查、治安巡逻和海上拦截等）。

（2）海上巡逻部队

海上巡逻部队由海警缉私船、飞机及其乘员组成。这些装备主要部署在近海和远海地区，以巡逻、驻扎和海上行动（例如拦截、登临、执法和搜救等）的形式执行预防和响应任务。缉私船提供全部海域的武力使用、持续存在以及指挥和控制能力，除执行海警行动外，缉私船还体现美国的国家存在、保护美国主权。这些部队还为国防部提供特殊的联合作战能力，包括在作战指挥官指挥之下的战斗能力。缉私船还包括极地破冰船，这是美国在受冰区限制时能够进入极地地区的唯一水面实力。为支援海警和国家需求，海上巡逻部队还开展情报、侦察和监视活动。

(3) 可部署特战部队

可部署特战部队是由具有专业能力、可随时进行全球部署的人员和装备组成的团队。他们按专业和能力进行编组，可执行一系列需要特殊、高端能力的海警任务。

2. 美国海警装备资产

“极地之星”号（Polar Star）和“极地之海”号（Polar Sea）是世界上最强大的两艘非核动力破冰船。在撰写本文时，这两艘船尚无完备的执勤能力。“极地之星”号最近进行了大规模改装，于2012年12月由海警重新启用；“极地之海”号目前处于封存状态。海警“希利”号缉私船是一艘中型破冰船，可在北极地区进行季节性作业。以上破冰船都装备有适合执行冰区任务的小艇和飞行甲板。

海警还拥有可以在北极有限冰期期间行动的其他缉私船。总部位于阿拉斯加州的海警第17分区（District）装备了冰区加强型远洋航标布设船（WLB），这些船可在薄冰区航行，配备了重型起重机用于布放小艇，但没有飞行甲板且自持力有限。海警“亚历克斯·黑利”号（Alex Haley）缉私船也以阿拉斯加为母港，该船可在薄冰条件下航行，有飞行甲板，可长时间值守。海警船队中的其他船只，包括国家安全缉私船和高自持力缉私船在内，都没有冰区加强结构，可于限定期间内在北极圈以北的开放水域航行。

科迪亚克航空站是距离北极最近的海警航空站，该站装备有HC-130H型“大力神”（Hercules）固定翼飞机、MH-60T型“坚鹰”（Jayhawk）直升机和MH-65D型“海豚”（Dolphin）直升机。位于阿拉斯加东南部的锡特卡空军基地也装备有MH-60T型“坚鹰”直升机。海警没有能在北极地区作业的岸基小艇，也没有小艇的岸基支持基础设施。

在撰写本文时，海警正在对其主力缉私船装备进行再投资，新型国家安全缉私船正取代老化的“汉密尔顿”级高自持力缉私船（WHEC）。“汉密尔顿”级船队的状况很差，在海警接收采购计划中的8艘国家安全缉私船之前，这些船只将超出其使用年限。此外，距北极最近且有加油能力的阿拉斯加诺姆港，仅供小型船只停靠。国家安全缉私船和高自持力缉私船通常需要依靠白令海东南端的荷兰港加油。

第四篇 《美国海警西半球战略》[①]

美国海警司令的发布函

美国海警以在广阔的地理空间完成多样化海上任务而著称。对于国家而言，我们海警的价值体现在亘古不变的承诺：保护海洋上的一切，保护美国免遭海上威胁，以及保护海洋。作为部队，海警依据法定授权，与合作伙伴共同增强海域执法、监管和人道主义服务能力。

尽管海警的活动范围遍布全球，但主要行动区域还是在西半球。作为这一动态变化区域的首要保卫者，海警必须面对日益增长的威胁和挑战，确保国家管辖水域的安全、治安和管理。全球范围内的新挑战，不断考验着我们的防卫能力和安全资源，海警必须对一些关键领域予以优先发展。

面对未来的挑战，我们必须认真思考，谨慎应对。跨国有组织犯罪（TOC）网络渐趋整合，以及我们对海上商贸活动的高度依赖，都需要我们拿出创新和可靠的办法。全球化、科技进步以及未来气候变化的冲击，也需要我们加倍努力。为此，我们必须有新的、更为广泛的战略重点。

我很荣幸发布《美国海警西半球战略》，以期它能成为未来十年我们在该地区的工作指导。该战略有以下三个战略重点：网络战斗；边界保护；维护商贸。当然，其中也有一些确保我们长期成功的关键措施。

除了这些战略重点，海警将继续如我们国家所希望的那样，出色地完成各项任务。本战略，将成为我们实现西半球战略愿景的关键框架："保卫国家，繁荣市场，兴旺海洋。"

随时候命！

美国海警司令

保罗·祖孔夫特（Paul F. Zukunft）上将

2014 年 9 月

---

① 本篇译自：*U. S. Coast Guard Western Hemisphere Strategy*. U. S. Coast Guard Headquarters，Washington，D. C.，September 2014.

一、导语

本战略主要针对未来十年危及美国贸易和海洋安全的跨国威胁和海上挑战。因为任务空间在不断改变，因此我们必须为未来做好准备。

海警要保护海洋上的一切，既要应对来自海上危及国家安全的威胁，也要保护好海洋。这些任务目标，可使我们国家管辖水域的安全、治安和管理得到有效保证，而这一保证又得益于“预防—响应”核心行动概念的确立。在践行这一概念的过程中，海警系统运用法律授权、伙伴关系和海上存在手段达成任务目标。虽然“预防—响应”概念适用于全部行动，但在贯彻落实上都必须要有针对性。

在下一个十年中，海警必须面对西半球海上安全、治安和高效运作方面的明显挑战。跨国有组织犯罪网络的适应性增长，以及未来气候变化带来的冲击，都会对海上安全形成新的威胁。此外，全球化和技术进步也会随着自由市场的成熟和扩大，对海洋治理带来挑战。这些挑战越集中，就越发显得强大。如果弃之不管，将对经济增长和地区稳定造成严重损害。西半球海域是应对和处置以上威胁及其他相关挑战的前沿阵地，海警需要以更新的、更为广阔的战略眼光，审视并应对各种潜在威胁，确保我们国家、我们的市场和我们的海洋长治久安。

海洋和港口是支撑经济快速发展、繁荣昌盛的“高速公路”。美国的经济动力依赖海洋自由，因为人员、货物的商业流动和转接，都以港口和航道的高效运作为前提。美国有世界上最为庞大的港口、航道和近岸设施系统，有95 000英里长的海岸线。我们的海上运输系统包含361个港口以及与之配套的26 000英里的商业航道、3700多个海上终端（从小船坞到超大型港口）、与加拿大之间的25 000英里界河，从大西洋到北美五大湖、再到圣·劳伦斯海上航道系统①的人口稠密中心。

① 圣·劳伦斯海上航道（St. Lawrence Seaway）系统是从大西洋到北美五大湖西端的美加两国航道工程。航道建设始于1954年，1959年通航。凡通过该航道的船舶，必须向航道管理局提交该局签发或经被授权的船级社检验后所签发的适航船舶证书。——译者注

图 4-1 美国海警“岛屿”级“萨佩罗岛”号缉私船（WPB-1314）

本战略以总统指令为指导，以《国家安全战略》《国家军事与海上安全战略》《应对跨国有组织犯罪战略》[①]《国土安全与海域感知国家战略》《国家海洋政策》以及《每四年一度国防、外交和国土安全审查》为依据。

这一地区战略，以未来十年西半球可能存在的最大威胁和挑战为重点，提出了一个应对框架。经梳理汇总，海警认为，该地区未来有三个方面的重大问题需要面对：①网络战斗；②边界保护；③维护商贸。

本战略强调离岸船舶和飞机，以及其他要素对满足战略重点要求至关重要。有效存在促进有效管理，进而促进强化主权。本战略中的重点项目，也与边界战略概念相关，这包括管理能力、统合能力，以及有效的国际交往和应急响应的能力。本战略既源于学术研究，也源于美国国务院、司法部和国防部等国内合作伙伴消灭和摧毁犯罪网络的实践斗争经验。

本战略是美国海警在西半球开展行动的一个地区战略，它不是一个实施计划。本战略脱胎于对需求的深谋远虑，用于指导一线的具体实践活动。本战略是通过多年的努力，在该地区实现组织架构目标的第一步，以海警部队的独特

① 《应对跨国有组织犯罪战略》（Strategy to Combat Transnational Organized Crime）：该战略由奥巴马总统于 2011 年 7 月 19 日签署。该战略有一个统一的原则，即：建立、平衡和整合美国力量，打击跨国有组织犯罪和针对国家安全的相关威胁，并敦促外国合作伙伴共同努力。其最终目标是通过在几个关键领域采取优先行动，将跨国有组织犯罪从危及国家安全的级别降低到美国和世界各个战略地区的可管理公共安全问题。首先要确定美国可以采取哪些行动来减轻跨国有组织犯罪对美国和国际的威胁和影响。其他优先级行动包括加强情报和信息共享，保护金融体系和战略市场，加强拦截、调查和起诉，打击贩毒活动及其助长的其他跨国威胁，以及构建国际能力、合作和伙伴关系。

能力、授权以及与海警保持互信和步调一致的合作伙伴，共同构筑一个世界领先的海上安全、海上治安和环境管理组织架构。这一战略是超过两个世纪以来的实践经验的总结，因而对未来数年的规划制定有指导意义。

美国海警在西半球的行动愿景是：保卫国家、繁荣市场、兴旺海洋。

二、内容摘要

在未来十年，海警必须面对西半球的重大挑战。跨国有组织犯罪网络以及未来气候变化的影响，将对海上安全、治安和运行效率构成新的威胁。而且，全球化和科技进步带来的自由市场和商贸繁荣也会对海洋管理形成挑战。为此，海警必须思考在这一动荡地区如何赢得战略胜利的问题。西半球战略是指引我们前进的路线图，是明确阐明未来十年三个战略重点的地区战略。这就是：网络战、边界保护和维护商贸。对这些战略更加口语化的表述即："进攻""防御"和"特勤"。为满足这些战略重点的需要，本战略强调离岸船舶和飞机的存在对于有效管理和维护主权的重要性，以及确保长期成功的其他战略概念。

未来十年，当一些国家在享受经济增长和繁荣时，另外一些国家却在与不断增长的跨国威胁做不懈斗争。要实现加勒比海地区、中美洲和墨西哥的社会有效管理和广泛合作，就必须首先解决暴力、腐败、恐怖主义、自然灾害、毒品交易、人口贩卖、武器走私等带来的不稳定影响。非法网络的成功和获利，就是自由国家和市场的重大损失。据一些预测，跨国有组织犯罪在毒品交易、人口贩卖、非法捕鱼方面导致的全球经济损失可达到7500亿美元。① 另外，非法网络的演变和成熟，显示其手段的多样性和强化以及活动罪恶性的加深。未来十年，包括毒品交易、人口贩卖和恐怖主义活动在内的非法活动形成的网络之间的界限将继续模糊。

全球化将持续强化各国和地区之间的相互依赖。我们国家的发达经济将面临日益增加的全球经济竞争。与美国有自由贸易协定的20个伙伴国家，约有一半以上位于西半球，占美国出口总额的50%以上。美国海上主管部门认为，如果国际贸易的发展趋势继续如此，到2020年以前，对外贸易将占美国国内生产总值的35%；到2030年，将达到60%。② 因此，一个安全、高效的海上运输系统对美国的未来至关重要。

---

① Picard，J.（2013）. *Can We Estimate the Global Scale and Impact of Illicit Trade*? In Miklaucic，M. & Brewer，J.（Eds.），Convergence：*Illicit Networks and National Security in the Age of Globalization*（pp. 37-60）. NDU Press.

② United States Department of Transportation，*Maritime Administration.*（November 2007）. http：//www. marad. dot. gov/documents/Vision_ of_ the_ 21st_ Century_ 10-29. pdf.

（一）网络战斗

“进攻”的方法主要是与国内和国际合作伙伴一起，以先发制人的方式去识别、确定并挫败非法的网络活动。这些威胁我们的网络正在快速增长，并持续将其活动扩展到海上领域。进一步改善、整合、同步情报和行动是网络作战成功的关键，同时还要在近海持续保持探测、拦截跨国有组织犯罪网络的活动。我们在网络作战方向将聚焦以下三个方面：理解和培育网络文化；准确识别网络；确定并监控网络。支撑此重点任务的专业概念将包括：强化的网络智能，成熟的伙伴/有影响力的伙伴，以及构建一个能够更好应对跨国有组织犯罪活动的海警网络。

（二）边界保护

“防御”的方法主要是保持近海拦截能力以及探测威胁、保护我们国家的综合能力的有效性。防御计划以提高感知能力、对威胁排序以及建立分层防御、支持对远离美国利益和边界的威胁进行干预为重点。卓有成效地确保我们边境的安全，还需要有效的风险管理，这包括在高风险的国土安全和国防预案中，提出关于操作人员可接受风险的更明确的政策。

（三）维护商贸

“特勤”① 指竭尽全力地保护我们的海上高价值设施和资源。海警要持续确保海上运输系统的安全、治安和适应能力。对我们所有任务空间的风险管理和威胁排序，是完成安全和治安任务目标的基础。这一努力方向突出强调的是海上搜救的核心能力，同时也能确保我们海洋资源的安全和有效利用。最后，本战略还强调了有效的应急管理在危及重要商业活动、环境和人命安全事件的响应和恢复行动中所起的作用。

（四）确保长期成功

在确保长期成功方面，以下几点非常重要：

1. 团结国防部各单位及其他相关部门

海警要团结国防部各单位及其他相关部门，包括美国海关与边境保护局（CBP）、移民与海关执法局（ICE）、交通安全管理局（TSA）和联邦应急管理局（FEMA），实现西半球一线行动效率的最大化。通过与国防部各单位及其他相关部门的共同合作，借助于他们的独特授权和能力，海警将更高效地履

① “特勤”（Special Teams）一词源自美式橄榄球比赛中的“特勤组”，专门负责在双方攻防转换时的开球、弃踢、踢任意球，以及达阵后射门以获取附加分等。此处类比美国海警在执行各种任务期间的战术行动。

行职责。在国土安全事业上，各单位、各部门协调一致地制定态势感知和综合治理计划是非常重要的。

2. 近海存在

为实施网络战斗、边界保护和维护商贸这三个重点战略，海警将保持高效、适配、网络化的近海存在。对于近海能力，覆盖西半球所有高风险地区的连续行动和持续存在是关键，同时，也包括网络化感知的高敏感、高可靠性情报。在近海地区的存在，也有益于对重要海上威胁情报的收集和研判分析。

3. 行动与情报的整合

由海上和网络对手及威胁的相关可靠信息所形成的情报，是对指挥员和其他决策者的预警。认识到可靠情报的这一重要价值，海警将在西半球行动中对信息共享和情报综合予以重点关注。

4. 部队规划建设①

为应对诸如飓风、原油泄漏、大规模移民等重大事件的发生，多数复杂行动的决策都涉及海警人员和资源的长期部署。海警将筹划人员和资源的合理配置，并为同时出现的风险做好能力和应对准备：①全国性的重大响应行动；②地区性的大规模行动；③本地最高级别的响应行动。

5. 移民和公民管理体系

美国管辖水域的安全、治安和环境管理，需要合理、高效的移民和公民管理体系。作为海上执法的领导联邦管理机构，海警应优先确保我们的边境安全，防止试图通过海路非法进入美国的事件发生。这一努力，以构建一个高效的、用于强化海上边界措施的移民管理体系为前提。

6. 综合而完整的网络计划

海警将制定一个更加前卫和综合的网络战略。该战略将明确界定海警计划的作用和责任，未来在领导方面的主动性，以及国家战略在网络空间安全和国家基础设施保护计划（NIPP）方面关于合作伙伴的指导框架。该战略将努力确保实现海警网络防御的有效性，保护公共和私营部门的海上网络基础设施，并强化可达成战略重点行动有效性的计划和能力。

以上战略重点将在下述内容中做更深入的阐述。

---

① 部队规划建设（Force Planning Construct）："部队规划建设"一词涉及海警完成现在及未来任务所需要的全部能力，即人员、装备、后勤、训练、信息和基础设施。部队规划还要求对全部能力予以明确，即：如果需要，部队应能同时执行多少行动，以及需要执行什么类型的行动。其中，部队规模和编制体制是战略的关键部分，它提供了一种评估当前和未来兵力是否充足的方法。这是根据国家需求、可能面临的威胁和挑战评估结果、部队能力要求，以及对基于国防和国家利益基本匹配的总体资源水平的观察和分析而得出的。

三、当前现状

该部分内容将使读者了解西半球的背景情况以及影响本地区经济、治理和安全的整体趋势，以个别国家可能影响西半球整体局势的具体实践为例，为后面有关海警战略重点的详细陈述做个铺垫。

（一）西半球的定义

针对本战略的目标和与之相关的实施计划，将西半球定义为国际日期变更线①和本初子午线②之间的地理区域。它不包括北半球和南半球的极地地区，仅聚焦于美洲地区。

（二）西半球的全球化

国家和市场之间的联系正变得越来越紧密，这主要源于水域上的连接。全球化趋势的加剧、国际经济体系的浮现和全球贸易的增长，都加深了各国对于和平和安全需要全球合作的认识。

被解释为“全球范围内整合和发展”的全球化，已经导致全球互联经济的呈现。全球贸易是全球化的基本组成要素，横跨国家边界的资本、货物和服务交换，使一些国家的国内生产总值有所增加。技术进步、工业发展、跨国合作和自由贸易协定促进了海上贸易在数量和质量上的增长，使数以亿计的人口摆脱了贫困，也促进了世界的繁荣与和平。

图4－2 美国和墨西哥的边境口岸

① 由1884年国际经度会议规定，国际日期变更线位于太平洋中的180°经线上，作为地球上“今天”和“昨天”的分界线。——译者注

② 通过英国伦敦格林尼治天文台原址的那条经线，即0°经线，也叫本初子午线。——译者注

全球商贸起始于跨越国界的船舶货物运输。尽管货物运输可以通过陆路和空中交通实现，但大宗货物还是要通过海路，海上运输已经成为集装箱货物运输最为经济的方式。实际上，自从全球市场涌现以来，约90%的货物运输是由船舶通过海运来实现的。[①] 国际水域海上交通量的上升，强化了国家间在确保海上运输系统安全、治安和可靠方面加强合作的意愿。许多国家（尤其在西半球)，在必需品生产和服务领域既相互依赖又相互竞争，国际合作伙伴因此必须共同努力，以确保海上资源和海上交通设施得到保护。这些伙伴国家和协议国家，不仅要确保海上人命的安全和海上贸易的持续，还要使西半球国家保持与亚洲、欧洲和其他地区的区域贸易伙伴的竞争优势。

（三）治理与发展

在西半球，经济、贸易和安全将国家互联在一起。在有关国家推动民主选举进程的同时，也存在操纵选举导致的腐败、党派和集团统治下的强权、一些政府运作的不透明以及在获取国内民众信任上的无能。[②] 如此情形，说明政府的透明度和责任感是缺乏的或者说是不存在的，这会加剧国内的紧张局势。

西半球，既是最富有国家的家园，也是最贫困国家的家园。在相当一部分西半球国家的经济呈现强劲增长势头的同时，在加勒比海地区、中美洲和南美洲还有超过30%的人口生活在贫困线以下，而且这些国家的收入分配在全世界都是极不平等的。[②]此外，因为种族、性别、宗教不同导致的公民权利的不平等问题也很严重。一国国内的腐败、社会不平等或经济资源短缺形成的挑战，也会对周边国家的政治、经济形势产生不良影响。

（四）全球挑战

过去，有组织犯罪和暴力犯罪等威胁在一些国家都呈现本地化特征。但是，现在全球化已使其成为全球威胁。西半球国家的内部互联和对友邻国家安全、贸易的更趋依赖，意味着全球经济、犯罪网络、其他地区的影响、气候变化，都会产生超出本地区范围的重大影响。

（五）全球经济

在西半球的许多国家里，全球经济的形成和全球贸易的增长，都带来了积

---

① International Maritime Organization. （March 6, 2012）. *International Shipping Facts and Figures-Information Resources on Trade, Safety, Security, Environment*. http://www.imo.org/KnowledgeCentre/ShipsAndShippingFactsAndFigures/TheRoleandImportanceofInternationalShipping/Documents/International%20Shipping%20-%20Facts%20and%20Figures.pdf.

② Department of Defense. （2012）. *Western Hemisphere Defense Policy Statement*. http://www.defense.gov/news/WHDPS-English.pdf.

极的经济发展。哥伦比亚自从与美国签订自由贸易协定后，正在吸引外资并促进商业活动。哥伦比亚打击跨国有组织犯罪的努力，已经引起了国际社会的关注。[①] 但是，全球化引起的全球威胁的增加，已经危及域内各国的预防性安全资源。另外，某个地区动荡的金融形势，都可对海外投资形成抑制，使依赖外国投资的脆弱经济形势更加恶化。虽然西半球有一些世界上最强大的经济体，但这些市场上的消极事件也以经济动荡的方式更高频次地影响着世界上的其他地区。许多经济学家认为，2007—2009 年出现的全球经济危机，是自大萧条以来最严重的金融危机，是互联国家和市场间互相传染的一个典型案例。尽管危机起始于美国，金融机构最初也仅影响到数个国际控股公司，但银行业的问题影响到房地产和零售业，进而使全球经济陷入长时间的衰退。

全球化的经济使各国比以往任何时候都更加互相依赖。伴随着合法贸易和安全的全球供应链的发展壮大，诸如谋取好处、颠覆破坏、压榨剥削、非法转嫁风险等不法活动也会越来越多。许多跨国经济活动，同时也伴随着跨国犯罪活动的发生，尤其是在外币兑换和货物船运方面。今天，船舶在非法运输中扮演着更具吸引力的角色，这主要是因为船大、运货多、快速便捷、几乎可以到达世界上的任何地方。此外，网络犯罪使犯罪分子能够攻击跨国公司和合法商业利益，窃取知识产权和专有技术，削弱全球经济的竞争性和发展。一个全球化的经济，也能对霸权国家影响小国的固有能力产生影响。全球贸易和影响力竞争的加剧，对霸权国家影响其邻国的能力形成挑战，尤其是在任何国家都可以向全世界寻求金融和政治援助的时候。

（六）跨国有组织犯罪

今天的犯罪网络试图利用那些因经济资源匮乏而不具备必需的安全能力防范非法活动的国家。这些网络利用薄弱的经济体系，攫取资源并渗透进有利可图的市场当中。他们在孱弱无力的管理领域发展壮大，以习以为常的贿赂手段逃避经营监管。这些犯罪活动，已经超越主权边界而成为西半球所有国家关注的共同威胁。

跨国有组织犯罪被定义为：多个国家的个体或组织意图实施非法商业投机的跨越国家边界协同行动的犯罪活动。获取投机利益的手段，通常涉及贿赂、暴力和恐怖。在西半球，跨国有组织犯罪行为通常是贩运毒品和武器、贩卖人口、恐怖主义、网络犯罪和环境犯罪。目前的研究分析估计，全球黑市交易总

---

① The White House. （2011）. *Strategy to Combat Transnational Organized Crime*. http：//www.whitehouse.gov/administration/eop/nsc/transnational-crime.

额接近2万亿美元。[①]

在适应性商业体系内，涉及跨国有组织犯罪的犯罪组织所经营的分布式网络服务的用户数量一直在增长。在其建立的良好业务体系中，供应商及其产品是多种多样的，其组织体系也能够快速适应外界环境的变化，这包括从技术进步到有关当局强化执法活动的各个方面。这些疏于监管的复杂网络及其非法活动，瓦解了贸易和自由市场社会，耗尽了国家资源，抑制了国家的长远发展。随着海上贸易和旅行需求的增长，犯罪组织的活动逐渐转移至海上，并在转运区采用复杂的行动和战术来躲避侦缉。跨国有组织犯罪网络谋求开拓合法贸易使用的全球贸易路线和运输工具，因而成为国际合作伙伴共同应对的国际问题。

（七）全球影响

尽管世界经济更具全球性质，但许多国家在处理国内问题上基于不断增强的政治独立意识而不再依靠北美伙伴的协助。随着这些政府的渐行渐远，他们正在深耕运作非传统盟友关系，俄罗斯和中国与西半球国家的关系不断取得进展。[②] 这种经济和社会项目上不断强化的财政支援关系，拉大了他们与美国的距离，南美国家的反美运动在一些不愿意太过接近美国的国家（如玻利维亚等）开始抬头，这种情况甚至扩展到一些慈善机构，如美国国际开发署（USAID）。[③] 尤其值得一提的是，伊朗也增强了对南美的影响力，并与委内瑞拉、古巴、厄瓜多尔、玻利维亚、尼加拉瓜等国家建立了关系。

（八）气候变化

气候变化将加剧该地区的风险和威胁。地球平均温度升高正导致海平面上升、海水温度升高和酸化，极端天气事件的频率和强度增加，以及可利用自然资源发生改变。[④] 因海平面上升导致的海岸侵蚀、财产损失和难民人数的增加，将对岛屿上的社区和居住在沿海地区附近的居民的健康和生计产生负面影响。降雨量分布的改变，将导致一些地区发生洪灾，而其他地区则出现旱灾。同时，在一些重要地区，对淡水和食物的供给还有可能面临灾难性后果。

---

① Havocscope Global Black Market Information. （2013）. *The World Black Market*. http：//www. havocscope. com/market-value/.

② Cope，J. & Mora，F. （2009）. *Hemispheric Security*：*A New Approach*. http：//www. currenthistory. com/pdf_org_files/108_715_065. pdf.

③ United States Agency for International Development. （2013）. *USAID Bolivia*. http：//www. usaid. gov/news-information/factsheets/usaid-bolivia.

④ Intergovernmental Panel on Climate Change. （2013）. *Climate Change* 2013：The Physical Science Basis. http：//www. ipcc. ch/report/ar5/wg1/.

气候变化已经使一些自然资源数量减少或发生迁移，例如鱼类。由此带来的是一些地区的渔民转向从事跨越国界的非法活动，如毒品、武器、人口贩运等。气候变化还可能影响到跨国有组织犯罪的组织结构，尤其是在那些因遭受自然灾害而出现政治、经济和社会稳定困局的国家。此外，可能增加的极端天气事件，也容易为跨国有组织犯罪网络利用法律和社会管理漏洞进行犯罪创造绝佳时机。

四、地理战略环境

本部分阐明无论海警存在与否或优先事项如何，地区和我们的任务空间所发生的改变，以及未来履行使命必须要考虑的问题。

西半球是国家、经济、资源和文化多样化的家园，美国对西半球国家的战略依赖随着全球化趋势的加剧而不断增强，因为该地区是美国全球投资和贸易布局中的最重要地区之一。在与美国签署自由贸易协定的 20 个国家中，西半球国家占到总数的一半以上（截至本文件发布之日）。① 美国在该地区的直接投资超过 1 万亿美元，超出美国在亚洲的投资，仅次于美国在欧洲的投资。② 全球化的持续加剧，进一步加大了西半球国家和经济的依存关系，同时也伴随着威胁的加大，这对我们国家未来的安全和繁荣也将产生重大影响。该地区能否继续在国际贸易、高效管理和共享繁荣方面取得进步，很可能取决于我们在未来几年应对重大跨国威胁和海上挑战的能力。尽管该地区的一些成功（通过扩大贸易协定带来的经济繁荣）促进了某些方面的稳定和安全，但是跨国有组织犯罪和非法网络以及其他不稳定因素，如因气候变化引起的自然灾害，仍将对该地区的未来构成重要威胁。本部分仔细审查西半球范围的地区战略，并就海警未来十年需要面对的战略挑战和机遇指出重点所在。

（一）北美洲：美国、加拿大和墨西哥

北美自由贸易协定（NAFTA）下的商业活动，已成为美国安全和繁荣的重大关切。在世界上任意两国之间，美国—加拿大的贸易关系是最大的地区贸易关系③，加拿大是美国原油、原油精炼产品、天然气、电力和煤炭的最大单

① http：//export. gov/fta/.

② Jackson，J.（2012）. U. S. Direct Investment Abroad：*Trends and Current Issues.* Congressional Research Service Report RS21118. http：//www. fas. org/sgp/crs/misc/RS21118. pdf. http：//www. fas. org/sgp/crs/misc/RS21118. pdf.

③ Fergusson，I.（2011）. United States-Canada Trade and Economic Relationship：*Prospects and Challenges.* Congressional Research Service Report RL33087. http：//fpc. state. gov/documents/organization/174202. pdf.

一进口国。[①] 加拿大和墨西哥是进口美国货物位居前两位的国家，占美国出口总额的1/3。相比较而言，中国虽然是美国货物的第三大进口国，但是墨西哥从美国进口的总额是中国从美国进口的近两倍。[②] 2010—2011 年，美国对墨西哥的出口增加了 21.6%。[②]尽管多数货物通过卡车和火车运输，但美国交通运输部2006 年的报告显示，其中 35% 的货物总量（重量）是通过船舶运输。[③]未来十年，本地区能源和资源的勘探、加工将持续增长，海上安全和管理问题也将凸显。未来天然气和原油产品产量在本地区的巨量增加，将导致出口额的迅速增加，冶炼工艺和勘探技术的进步也将给外大陆架带来新的安全和环境问题。

北美地区具有重大的安全关切，尤其是边界治安和在墨西哥业已存在的与跨国有组织犯罪相关的暴力问题。最近几年，墨西哥凶杀案件徒增 100%。据估测，2000—2012 年，凶杀犯罪率从每 10 万人有 10.3 起上升到每 10 万人有 21.5 起，接近美国凶杀犯罪率的 5 倍。[④] 与此相关，泛美卫生机构认为凶杀犯罪率每 10 万人超过 10 起已成“常态”。[⑤]

尽管墨西哥继续对跨国有组织犯罪及其产生的暴力和黑暗社会环境发起“历史性运动”，但西半球的非法网络正在将其活动从毒品贸易扩展到人口贩运和武器走私，从而使美国更加觉得不安。因为随着非法网络活动的进一步扩大，这些活动很可能成为其他犯罪分子和恐怖分子加以利用的温床。[⑥]

到目前为止，除了在一些跨国有组织犯罪和边界倡议等问题上进行合作，美国与墨西哥显然需要在国家主权之下协调解决那些尚未解决的安全威胁问题。

---

① Embassy of Canada in Washington (2013). *Energy Relations.* http://can-am.gc.ca/relations/energy-energie.aspx?lang=eng.

② United States Census Bureau. (2013). *Top Trading Partners: Total Trade, Exports, Imports.* http://www.census.gov/foreign-trade/statistics/highlights/top/top1212yr.html.

③ United States Department of Transportation, Research and Innovative Technology Administration, *Bureau of Transportation Statistics* (*May* 2007). http://www.rita.dot.gov/bts/sites/rita.dot.gov.bts/files/publications/special_reports_and_issue_briefs/special_report/2007_05/pdf/entire.pdf.

④ United Nations Office on Drugs and Crime. (2013). *Global Study on Homicide.* http://www.unodc.org/documents/gsh/pdfs/2014_GLOBAL_HOMICIDE_BOOK_web.pdf.

⑤ Cope, J. & Mora, F. (2009). *Hemispheric Security: A New Approach.* Retrieved from Current History Website: http://www.currenthistory.com/pdf_org_files/108_715_065.pdf.

⑥ The White House. (2011). *Strategy to Combat Transnational Organized Crime.* http://www.whitehouse.gov/administration/eop/nsc/transnational-crime.

（二）加勒比海盆地与中美洲

这一极度复杂和广阔的区域包含超过25个国家所属的1200余个岛屿。[①] 15个加勒比国家（多数为前英属殖民地）属于加勒比共同体（CARICOM）[②]，同时有7个中美洲国家属于中美洲一体化体系（SICA）。[③] 本地区的其他国家，如古巴、海地、多米尼加曾是荷兰和法国的领地，波多黎各和其他一些岛屿则在美国的管辖之下。[①]

全球经济危机加上现在的飓风和海地地震，加重和恶化了业已存在的经济困境。世界上负债最严重的国家都在加勒比海地区，一些国家的负债率甚至达到本国GDP的100%，没有资源保证其最基本的安全需求。总的来看，加勒比海地区的经济增长率比非洲还低。[①]一些国家不得不重组债务，或谋求债务减免。[①]地区经济资源匮乏是导致走私品进入国际供应链的一个主要因素。[④] 历史上对广阔海上边界地区缺乏国家管辖和司法权难以协调的问题，为跨国有组织犯罪网络走私、贩运毒品、武器和贩卖人口提供了更多的机会。[⑤] 2012年9月，美国参议院国际麻醉品管制核心小组指出，要密切关注加勒比海毒品运输方式的增加，并强化墨西哥、中美洲和东太平洋地区的禁运努力。[⑥]

加勒比海地区和中美洲是世界上暴力犯罪最严重的地区之一，全球凶杀犯罪率最高的前10个国家中有6个位于该地区，另外两个国家——委内瑞拉和哥伦比亚（有共同边界）也在该排名的前10位。[⑦] 特别是在中美洲，据世界

---

① Cope，J. & Einaudi，L. （2013）. The Building Emergency in the Caribbean Basin. Institute for National Strategic Studies Event Report. National Defense University.

② 加勒比共同体（Caribbean Community，CARICOM）：加勒比共同体是一个由15个加勒比国家和附属国组成的组织，其秘书处总部位于圭亚那。该组织的三个主要作用是促进成员国之间的经济一体化与合作、确保一体化利益公平分享以及协调外交政策，具体举措包括协调经济政策和发展规划、为辖区内的欠发达国家制定和实施专项项目、作为其多数成员的区域单一市场和处理区域贸易争端等。

③ 中美洲一体化体系（Central American Integration System，SICA）：中美洲一体化体系是中美洲一体化的体制框架，由1991年12月13日签署的《特古西加尔巴议定书》确立。该议定书在联合国正式登记，得到联合国大会的广泛支持。其双重登记形式，允许体系内的区域实体和机构与联合国体系进行互动。该体系国家由伯利兹、哥斯达黎加、萨尔瓦多、危地马拉、洪都拉斯、尼加拉瓜和巴拿马创建。多米尼加共和国作为联系国参与，而墨西哥、智利、巴西、阿根廷、秘鲁和美国作为地区观察员参与，其他国家作为地区外观察员参与。中美洲一体化体系总秘书处总部位于萨尔瓦多。

④ Ward，C. （2010）. *Regional Threats：Security Capacity Imperatives in the Caribbean.* Joint Force Quarterly，58（3rd Quarter），26-31.

⑤ Cope，J. & Mora，F. （2009）. *Hemispheric Security：A New Approach.* http：//www. currenthistory. com/pdf_org_files/108_715_065. pdf.

⑥ United States Senate Caucus on International Narcotics Control. （2012）. *Preventing a Security Crisis in the Caribbean.* http：//www. drugcaucus. senate. gov/reports. html.

⑦ United Nations Office on Drugs and Crime. （2013）. *Global Study on Homicide.* http：//www. unodc. org/documents/gsh/pdfs/2014_GLOBAL_HOMICIDE_BOOK_web. pdf.

银行估计，跨国有组织犯罪及其暴力团伙能控制该地区平均国内生产总值（GDP）的8%。[①] 联合国毒品和犯罪问题办公室（UNODC）和世界银行已经确认的毒品运输途径，皆是以暴力犯罪为主要特征的非法网络。[②]

作为美国领土的波多黎各最易受该地区变化的影响，其凶杀犯罪率在2012年达到了创纪录的每10万人有26.5起。[③] 据国家毒品情报中心报告，从2009—2010年，自波多黎各由海路输往美属维尔京群岛的可卡因数量增长了两倍，而且据官方估计，波多黎各75%的凶杀犯罪都与毒品和武器交易有关。[④]

应对本地区跨国挑战的努力近几年尽管取得了一些成效，但是美洲国家组织[⑤]、加勒比共同体、中美洲一体化体系的合作和成功往往都集中在自由贸易领域而非安全问题。美国加勒比海盆地安全倡议（CBSI）目前最首要的努力方向应该是打击跨国有组织犯罪、与毒品相关的暴力和非法交易以及恐怖主义。该计划的全部资金由美国国务院和国际开发署负责管理，其中有2.03亿美元用于打击本地区暴力和跨国有组织犯罪。这一从2009年开始实施的项目，是自1983年里根总统推出加勒比海盆地倡议（CBI）以来首次以安全援助为主基调的项目。[⑥]

不幸的是，因为气候改变，加勒比海地区和中美洲未来会面临更大的社会和经济压力。关于多方面环境改变的科学研究认为，该地区飓风和热带风暴的强度和频次将会上升。同时，一些模型认为，人口因素和气候改变相叠加，将以缺水和极端风暴次数增加的形式，给该地区施加巨大压力。在海地，2010

---

① The White House. （2011）. *Strategy to Combat Transnational Organized Crime*. http：//www. whitehouse. gov/administration/eop/nsc/transnational-crime.

② UNODC & The World Bank. （2007）. *Crime, Violence, and Development: Trends, Costs, and Policy Options in the Caribbean. Report No.* 37820. http：//web. worldbank. org/WBS/TE/EXTERNAL/COUNTRIES/LACEXT/0，contentMDK：21320803 ~ pagePK：146736 ~ piPK：226340 ~ the SitePK：258554，00. html.

③ United Nations Office on Drugs and Crime. （2013）. *Global Study on Homicide*. http：//www. unodc. org/documents/gsh/pdfs/2014_GLOBAL_HOMICIDE_BOOK_web. pdf.

④ Cobiella，K. & Doran，M. （September 25，2011）. *Drugs, Weapons Trafficking on the Rise in Puerto Rico*. CBS News. http：//www. cbsnews. com/8301-18563_162-20111415. html.

⑤ 美洲国家组织（Organization of American States，OAS）：美洲国家组织作为一个区域性组织成立于1948年4月30日，目的是促进成员国之间的地区团结和合作。该组织由35个独立国家组成，总部设在美国首都华盛顿。自冷战结束以来，该组织一直寻求通过一整套更加现代的组织机构重塑其优先事项，包括：加强民主、争取和平、捍卫人权、促进自由贸易、打击毒品犯罪和促进可持续发展等。古巴系美洲国家组织成员国，1962年被中止成员国资格。2009年美洲国家组织第39届大会一致通过废止中止古巴成员国资格的决议，但古巴拒绝重返该组织。委内瑞拉政府于2019年4月宣布正式退出该组织。——译者注

⑥ Cope，J. & Mora，F. （2009）. *Hemispheric Security: A New Approach*. http：//www. currenthistory. com/pdf_org_files/108_715_065. pdf.

年地震后的数年里，仍有数以万计的灾民待在帐篷村里，这种状况尤其令人不安。由国家情报委员会和桑迪亚国家实验室资助的全球趋势研究近期数次推送的指标显示，海地是全球遭受“国家失败”风险最高的国家。[①] 尽管目前的情报认为，由于情况改善和美国稳定的遣返政策，海地出现大规模移民的可能性不大，但这种情况在未来几年可能会发生改变。在历史上，快速变化的地缘政治环境，以及美国移民或遣返政策的细微变化甚至是可能的改变，都会引发难以预料的大规模移民浪潮。

计划于 2015 年完工的巴拿马运河扩建工程，可能会在未来 10 年推动海上运输路线发生重大改变。西半球东海岸港口已经开始进行港口扩建工程，以期应对迅猛增加的海上交通流量，尤其是为来自亚洲的大型船舶开辟新的航线。尽管目前对这些未来变化的预测各有不同，但是这些项目都将影响许多现有港口，并可能显著改变商业航线的运营，进而为海上安全保障制度带来新的风险。

（三）南美洲

近年来，南美洲数个国家都经历了政治、经济和社会变革，但未来经济下滑的趋势，以及跨国和国内经济挑战造成的不稳定因素都将威胁到这些国家未来的发展。[①]区域和区域外自由贸易协定（FTAs）的签署有助于中产阶级的发展，妇女、原住民和以前被剥夺权利的群体有机会参与政治活动，也有机会获得更多的社会服务。[①]该地区仍然是全球可卡因的主要生产源，跨国犯罪组织和毒品贩运活动仍将持续多年。[②] 目前，世界上几乎所有已知的可卡因贩运都来自三个国家：哥伦比亚、秘鲁和玻利维亚。

经过数十年与恐怖组织和毒品团伙的顽强斗争，哥伦比亚取得了有效的国家控制，同时在安全和经济增长方面也取得了令人瞩目的成就。积极的亲商政策与改善国内安全的努力相配合，使哥伦比亚在过去十年中得到的外国投资增加了 500%[③]，经济增长也得到了前所未有的推动。基于 2011 年（第 112 届）美国国会开幕之前近十年的强劲经济表现，美国与哥伦比亚签订了《自由贸

① Cope, J. & Mora, F. (2009). *Hemispheric Security: A New Approach.* http://www.currenthistory.com/pdf_org_files/108_715_065.pdf.

② Clapper, J. (March 12, 2013). *Worldwide Threat Assessment of the U.S. Intelligence Community Statement for the Record.* Senate Select Committee on Intelligence. http://www.intelligence.senate.gov/130312/clapper.pdf.

③ Embassy of Colombia Washington, D.C. (2013). *About Colombia's Economy.* http://www.colombiaemb.org/.

易协定》。[①] 也就在同一时期，哥伦比亚的凶杀犯罪率也从每 10 万人有 72 起下降到了每 10 万人有 33 起。[②] 这一成功在很大程度上得益于美国对哥伦比亚能力建设方面的援助，这是“美国旨在与其他伙伴国家复制的成就”。[③]

然而，哥伦比亚仍然是美国的可卡因主要来源国。尽管面临这一持续挑战，哥伦比亚仍然在打击生产和贩运毒品的斗争中取得了重要进步，在与武装叛乱分子（如哥伦比亚革命武装力量）等反政府武装的斗争中取得了巨大成功。[③]但是，新的犯罪组织正在出现，如被称为“Bandas Criminales”或“Bacrims”的犯罪团伙或犯罪分子。[③]而且，哥伦比亚仍然是世界上财富差距最大的国家之一。根据世界银行的数据，其“基尼系数”（一种衡量财富分配均衡程度的系数）表明该国是整个拉丁美洲财富分配最不平衡的国家之一。[④]

巴西是世界重要的新兴经济大国，是西半球的第二大经济体。作为世界第七大经济体（在排名第六位的英国之后，排名第八位的俄罗斯之前），美国与巴西的外交伙伴关系在整个西半球和国际上都越来越重要。[⑤] 巴西还是西半球第二大可卡因市场，并与三个主要可卡因生产国哥伦比亚、秘鲁和玻利维亚接壤。[⑥] 该国境内的亚马孙河，还是欧洲可卡因供应的主要海上转运路线[⑥]，其国内毒品交易受在全国各地活动的大型暴力跨国有组织犯罪团体的控制。[⑥]巴西与美国和南美洲所有国家都签署了双边麻醉品管制协定，这些协定都为提高管制能力、促进联合调查、强化执法行动、共享执法信息奠定了基础。[⑥]2012年，巴西扩大了禁毒运动，与秘鲁启动了一项新的跨境合作战略。根据新协议，巴西联邦警察与秘鲁警方合作，铲除了在秘鲁境内的 900 公顷古柯田。[⑦]

---

① Central Intelligence Agency. （2013）. *The World Factbook*. https：//www. cia. gov/library/publications/the-world-factbook/.

② United Nations Office on Drugs and Crime. （2011）. *Global Study on Homicide*. http：//www. unodc. org/documents/data-and-analysis/statistics/Homicide/Globa_study_on_homicide_2011_web. pdf.

③ The White House. （2011）. *Strategy to Combat Transnational Organized Crime*. http：//www. whitehouse. gov/administration/eop/nsc/transnational-crime.

④ The World Bank. （2013）. *GINI Index*. Retrieved from：http：//data. worldbank. org/indicator/SI. POV. GINI.

⑤ World Bank *GDP Ranking Table*, 2014. http：//data. worldbank. org/data-catalog/GDP-ranking-table.

⑥ U. S. Department of State. （2013）. *2013 INCSR：Country Reports-Afghanistan through Costa Rica*. International Narcotics Control Strategy Report, （Report on Brazil）. http：//www. state. gov/j/inl/rls/nrcrpt/2013/vol1/204048. htm.

⑦ U. S. Department of State. （2013）. *2013 INCSR：Country Reports-Afghanistan through Costa Rica*. International Narcotics Control Strategy Report, （Report on Brazil）. http：//www. state. gov/j/inl/rls/nrcrpt/2013/vol1/204048. htm.

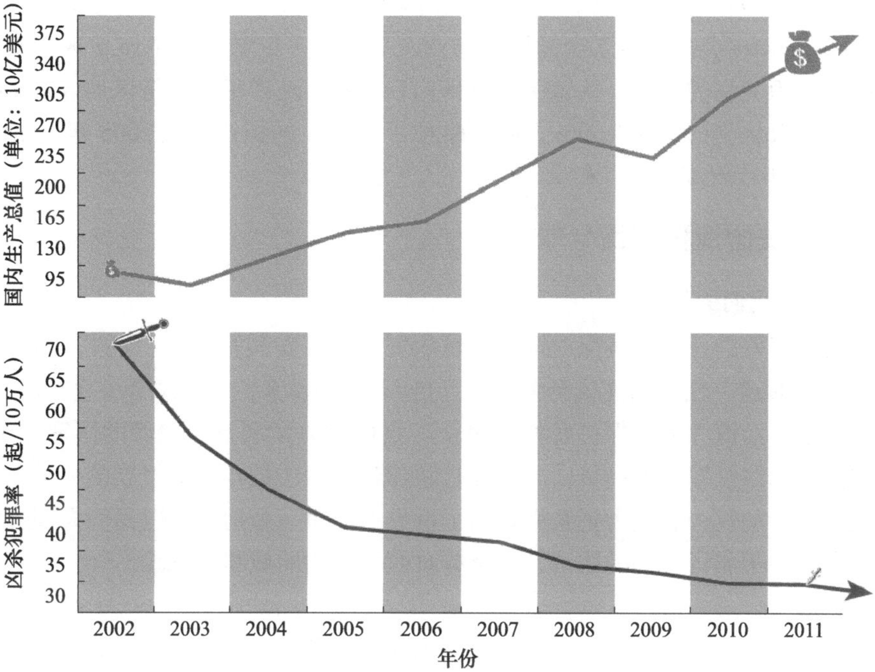

图 4－3　哥伦比亚国内生产总值与凶杀犯罪率变化趋势（自 2002 年至 2011 年）

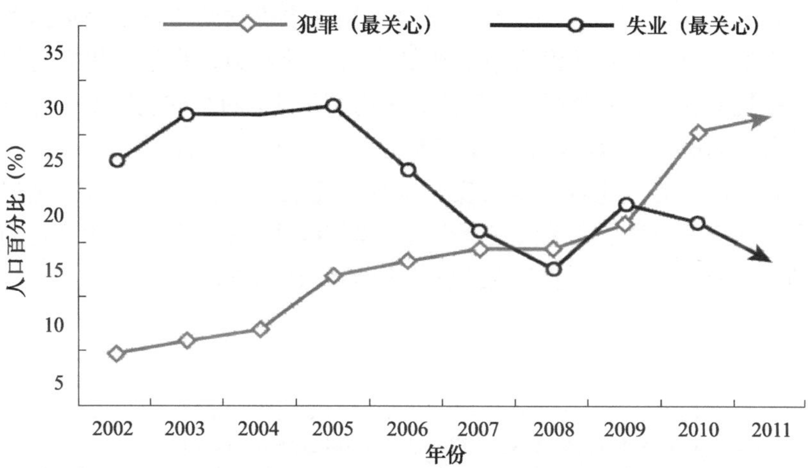

图 4－4　拉丁美洲公众对“犯罪”和“失业”问题的担忧程度

南美洲地区仍然面临重大挑战，最主要的就是毒品生产、转运、区域协调以及大型跨国有组织犯罪团体对地区稳定的破坏，这些团体助长了暴力并削弱了地区经济增长。整个大陆的凶杀犯罪率居高不下，平均每 10 万人就有 20 起以上，其中最高的凶杀犯罪率来自委内瑞拉、哥伦比亚和巴西。[①] 2011 年，Latinobarometro 公司对拉丁美洲国家的调查表明，“犯罪”成了该地区越来越多居民最为关注的问题。从 2002 年起的 11 年来，说“犯罪”是该地区最重要问题的人数从 7% 增加到 30%，而同期对“失业”的担忧率从 2005 年的 30% 下降到了 2011 年的 16%。[②]

五、美国海警在西半球

（一）我们的任务

美国海警的任务是确保对国家水域的安全、治安和管理。“预防”和“响应”概念对这一任务的完成至关重要。自 1790 年以来，美国海警一直在港口、内陆水道、沿海和公海保护我们的民众、我们的海洋利益和我们的国家资源。美国海警始终是军队的一员，同时也是联邦政府执法机构和情报界的一员。尽管我们独特的权力和能力把我们带到了世界上的每一个地区，但我们大部分的行动都集中于履行我们的职责，以及应对西半球内的威胁和挑战。

1. 安全

增进海事安全是我们任务的重要组成部分。海警海上搜救和海上交通安全行动的目的是最大限度地减少人员伤亡和财产损失。海警保持高效的事件响应和救援能力，最大限度地减轻海上灾难对人员、环境和经济产生的影响。海警对“桑迪”飓风和“深水地平线”号平台溢油事件的响应就是完成这类任务的典型案例。海警对预防海事事故所做出的广泛努力，是基于我们对海事法规、海事检查和调查的重视以及国际海事组织[③]制定的全球航运安全标准的指导。海警的船舶检查以国内和外籍船舶为重点。在美国的每个港口，海警港口安全队长有广泛的法定权力执行安全法规，建立安全区和治安区，来保护船舶、港口和滨海设施。海警的安全行动，将持续适应能源勘探和生产、商业船舶活动、渔业、交通运输业和旅游业的不断增长的需求。

---

① United Nations Office on Drugs and Crime. （2013）. *Global Study on Homicide*. http：//www. unodc. org/documents/gsh/pdfs/2014_GLOBAL_HOMICIDE_BOOK_web. pdf.

② Latinobarometro 2011 Report (as cited in “*Crime and Erosion of Trust*,” Inter-American Development Bank Working Paper Series No. IDB-WP-344, August 2012, Ana Corbacho, Julia Philipp, Mauricio Ruiz-Vega).

③ 国际海事组织（International Maritime Organization, IMO）；1948 年在日内瓦国际会议上通过正式建立国际海事组织的公约，10 年后 IMO 公约生效，1959 年该组织正式成立并首次召开会议。国际海事组织的总部位于伦敦，是联合国的一个专门机构，现拥有 170 个成员国、3 个准成员国以及数个原住民团体和观察员。国际海事组织的宗旨是以海上安全、环境问题、法律事务、技术合作、海上治安和全球航运效率为重点，主要目标是制定一个全面的航运监管框架。

2. 治安

海警的缉毒和移民拦截，以及港口、航道和沿岸安全行动，通过侦测、预防和制止非法海上活动、恐怖袭击和其他犯罪行为，保护了国家并使国家免受海上威胁。这些行动包括反恐、响应与救援行动，以及相关的战备活动，如建立和监督海事安全制度的执行、制订海域感知计划等。海警的国防战备任务，是旨在全球范围内为国家军事战略和国防部行动提供支持。海警通过安全合作和协作，支持美国的总体战略目标。这些接触和合作符合并支持了国务院、国土安全部的区域倡议和战略方向，因为这些地区的犯罪和恐怖网络直接延伸到美国，是对美国乃至整个西半球国家公民的直接威胁。这些网络化的组织大多利用海上途径、广泛的腐败和政府安全资金的短缺，以实现使该地区成为人口贩运、制毒贩毒和其他违禁品非法流动全球转运区的目的。

3. 管理

海警的破冰、助航、航道管理、海洋环境保护、海洋生物资源保护行动以及其他执法行动都有利于促进航运系统的安全、治安、无公害和高效运行。随着西半球能源生产、渔业捕捞、休闲娱乐和交通运输竞争的持续加剧，海警的管理工作将变得越来越重要。安全的海上运输对美国在该地区的海上利益至关重要，海警将促进建立与维持海上运输系统的能力，以满足当前及未来利益相关者的安全、治安和环保需求。作为国家沿海地区负责原油和危险物质应急响应的主要联邦领导机构，海警将率先做出努力，对《国家原油和危险物质应急计划》所列的所有环境威胁作出有效响应。

（二）我们的未来

海警致力于确保西半球海事活动的安全、治安和环境责任。要实现这一承诺，就需要建立一个综合而协调统一的策略，这一策略应侧重于以下三个优先事项：网络战斗、边界保护和维护商贸。

海警将通过演习和实战行动，共享最佳实践和经验教训，持续开发知识库。西半球战略以国家优先事项和总统指令为依据，其实施还将取决于未来机制的形成。

以上三项战略优先事项，充分发挥海警属于军队序列、担负多任务、从事海事服务等方面的优势，充分利用我们的法定权力、能力和伙伴关系，以及国际社会灵活的业务能力和相关的专业知识，共同达成网络战斗、边界保护和维护商贸的目标。

1. 网络战斗

海警在西半球将坚决打击跨国有组织犯罪网络。该犯罪网络对自由国家的繁荣与安全构成了日益严重且令人无法容忍的威胁，它们的活动范围从毒品走私扩展到了恐怖主义活动、人口贩卖、武器走私、环境犯罪（包括渔业犯罪）和海盗行为。海警拥有独特的能力和法律授权，可以在合作伙伴还没有顾及的地区以及最薄弱的环节，侦测并打击这一犯罪网络。作为国家情报界中唯一的军事执法机构，海警弥补了军事机构与执法机构之间的传统法律鸿沟，在其他合作伙伴无权干预的区域持续保持存在。作为拥有独特能力的国家资源，海警将以进攻战略打击跨国有组织犯罪网络。该项工作的首要目标就是了解跨国有组织犯罪网络，同时在海警内部以及与我们的主要合作伙伴建立更强大的关系网络。其次，就是提高识别犯罪网络及其活动的能力，这包括集中强化情报工作、构建重要的伙伴关系。最后，就是要以锁定和依法处置跨国有组织犯罪网络为目标，不断增强海上拦截能力，加强伙伴关系，扩充我们伙伴关系网的实力。

2. 边界保护

确保国家漫长海上边界的安全将是海警未来十年面临的最大挑战之一。边界安全的范围在未来十年只会扩大不会缩小，所以海警必须适应这种变化，并以全面、综合的防御战略加以应对。要做到这一点，海警必须全面提高对威胁的总体认识，根据风险和后果确定威胁的优先等级，制定最佳防御策略，拦截或阻止这些威胁，尽可能使之远离我们的海岸。

3. 维护商贸

在西半球，海警面临一系列针对人员、货物、交通运输工具和环境的潜在海上威胁。有一个不断增长的威胁——跨国有组织犯罪，这一威胁越来越大、越来越严重，尤其对海上运输系统和国家重要资源而言。为了维护美国的商业利益、确保全球贸易安全，海警将把战略重点聚焦于保护海上人命、保证海上运输系统顺畅可靠、确保国家自然资源不受损害。

图 4－5　美国海警 110 英尺长的“哨兵”级快速反应缉私船

六、战略优先项：网络战斗

打击跨国有组织犯罪网络对于美国的国家安全至关重要。在最近出台的《打击跨国有组织犯罪战略》中，总统指示我们要利用“国家力量的所有要素来保护公民和美国国家安全利益，使其免受21世纪跨国犯罪威胁的影响”[①]。

科学技术和通信设备的不断发展，使跨国有组织犯罪网络能以更加灵活和更加隐秘的方式扩展其活动范围。[①]现在，这一网络已经演变成一个“犯罪——恐怖主义——叛乱”的循环嵌套模式，其非法活动涉及毒品贩运、恐怖主义、人口贩卖、武器走私、海盗行为、环境犯罪（包括非法渔业开发）、盗窃知识产权以及网络犯罪。[①]

跨国有组织犯罪网络及其活动的发展和扩散，对自由国家及其经济造成的影响急剧增加。据最近的一项估计，全球每年因跨国有组织犯罪网络贩运毒品、贩卖人口和非法捕鱼造成的经济损失（与海警任务相关的损失总额）已超过7500亿美元。[②] 而且，这些犯罪网络对政府机构、社会管理、美国经济竞争力和战略市场都构成了重大威胁。[③]

海警是在西半球与跨国有组织犯罪网络进行斗争的独特资源。因为海警可以利用各种海上任务的广泛授权和能力，持续保持海上存在，同时举国家之力与跨国有组织犯罪网络进行周旋。而且，海警还可以依靠其独特的能力和法律授权，在合作伙伴还没有顾及的地区以及最薄弱的环节，向犯罪网络发起攻击。活跃于海上的非法网络，对海警的许多任务领域构成了重大威胁，但我们对这些非法活动真实影响的认识只是初步的。在接下来的十年中，海警将对跨国有组织犯罪网络采取更具攻击性的姿态，并积极探寻这些犯罪网络对我们的安全、繁荣和海洋环境所产生的各种冲击影响。为实现这一目标，海警将充分利用自身的法定授权和能力，以及作为军事机构和执法机构的双重身份和美国情报界成员资格，来帮助我们领导并赢得这场战斗。

（一）理解网络，培养网络文化

用一个网络击败另一个网络，这一被普遍接受的打击跨国有组织犯罪网络

① The White House. (2011). *Strategy to Combat Transnational Organized Crime*. http://www.whitehouse.gov/administration/eop/nsc/transnational-crime.

② Picard, J. (2013). *Can We Estimate the Global Scale and Impact of Illicit Trade*? In Miklaucic, M. & Brewer, J. (Eds.), Convergence: Illicit Networks and National Security in the Age of Globalization (pp. 37-60). NDU Press.

③ The White House. (2011). *Strategy to Combat Transnational Organized Crime*. http://www.whitehouse.gov/administration/eop/nsc/transnational-crime.

的概念，将成为海警打击跨国有组织犯罪网络的总体指导。有效的网络策略、行动和战术是多方面因素促成的。首先是对网络本质的广泛理解，然后是对网络行为组织反击。其他的重要概念还包括：下放权限，高度适应力的人员和实战，能力至上，共享“知觉”，与非传统行为者建立伙伴关系，以及使国家“步调一致”等。①

海警的历史和文化倡导很多积极的网络概念，但是一线的任务性质要求对最佳实践方法进行持续审查，并致力于适应文化和行为的变化。海警不仅要对内部的网络管理和文化进行审查，而且还要寻求更好地理解我们更大的网络合作伙伴团队，并积极促进我们部队的价值观为这场集体战斗增添动力。为此，海警需要：

（1）与国防部合作伙伴探讨建立国防部跨国有组织犯罪网络威胁卓越中心的必要性和可行性，除了以目前主要针对的目标为重点，还包括研究跨国和国土安全网络威胁的发展趋势，以及网络犯罪影响、扩展趋势和应对跨国有组织犯罪网络对美国威胁的最佳实践等。

（2）在司令部建立网络活动分析部门，以审查和分析应对全军范围网络破坏的最佳实践方法，同时制定政策、建立适应性组织文化以便直接支持我们打击犯罪网络的战略重点。

（3）在操作层面建立跨国有组织犯罪网络创新小组，以便利用先进的技术和网络能力直接对抗跨国有组织犯罪网络。

（4）建立周期性、以网络为议题的论坛，研讨最佳实践方法，评估潜在的策略、行动和情报整合方面的战术改进，以便在海警行动人员和情报人员之间建立更强大的网络。

（5）全面审查海警的法律授权、管理程序、任务与评估政策以及培训计划，找出能够改进的领域和条件，建立更强大、更有效、更具凝聚力的海警人员网络文化。

（6）与国防部协调，学习其在组织文化、系统互操作、政策和程序以及平衡网络访问与控制等相关挑战中取得的经验教训。

（7）探索建立联邦咨询委员会，或利用现有委员会的可行性，以便增进对海事领域多样化和不断扩展的跨国有组织犯罪网络活动及其各自影响的更广泛的了解，从而不断地为战略和资源计划周期提供信息。

（8）在重要的国际和内部机构为海警人员开展感知培训，以突出强调网

---

① Foreign Policy (March/April 2011). *It Takes a Network: The New Front Line of Modern Warfare*. http://www.foreignpolicy.com/articles/2011/02/22/it_takes_a_network.

络通信的重要性和影响力，同时为改善有关环节中的关键信息流制定具体报告标准。

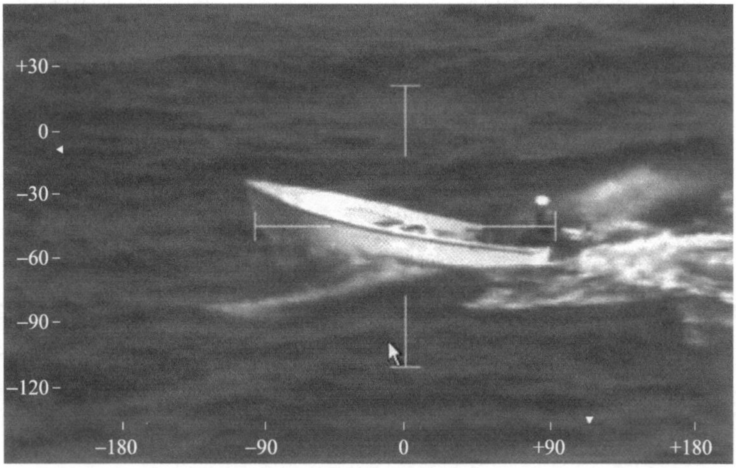

图4－6 跟踪、追击嫌疑船只

（9）对关键外部伙伴关系、机构间工作组和行动进行自上而下的审查，查漏补缺，及时为国外关键伙伴提出建议，不断审查连续性拦截的每一个环节所存在的缺陷和发现潜在的时机。

（10）研究和开发更成熟的风险模型，以便更好地估计西半球各种跨国有组织犯罪网络活动造成的相对损失，将其作为战略和行动计划周期的参考，辅助确定打击跨国有组织犯罪网络活动方面的工作重点。

（二）识别网络

西半球的跨国有组织犯罪网络广泛而多样，对地区海域构成的威胁越来越大。为应对这些威胁，海警将不断努力确定跨国有组织犯罪网络的参与者及其活动发展情况。这项任务的开展将需要广泛依靠国家、私人和国际合作伙伴及其能力，特别是与西半球领先国家建立的伙伴关系及其能力。另外，还要强化海警在情报收集、分析、共享和分发方面的能力。为此，海警需要：

（1）聚焦人力情报能力，审查海警人员的当前授权以及人员培训、储备、分配政策和计划，确保满足应对跨国有组织犯罪网络的关键情报需求。

（2）聚焦情报能力，确保最先进的方法和资源优先支持已部署的装备和已开展的行动，确保在国家情报界内部访问国家系统和资源。

（3）积极参与旨在识别跨国有组织犯罪网络的全源国家情报收集和信息共享计划，例如由白宫的《打击跨国有组织犯罪战略》发起的“机构间威胁缓解工作组”。

（4）优化现有情报收集计划和收集计划周期，以对高度适应性和不断演变的威胁环境作出更快速的响应。

（5）评估“海警—国防部—司法部—国务院”国际培训团队计划的可行性和实用性，增强合作伙伴国家在西半球收集、分析、分发和共享的情报能力。

（6）审查由海警资助的国际行动和所有力量的活动情况（包括海警各作战单位、国际联络官、武官、顾问等），改善国际网络活动的实效，以确定应对西半球跨国有组织犯罪网络威胁的最佳方式。

（三）确认并起诉犯罪网络

作为在整个西半球拥有装备、能力、法律授权及伙伴关系的军事和执法机构，海警将积极发起对跨国有组织犯罪网络的打击，并作为国家领导力量不断开展对它们的起诉活动。海警将保持有效存在，支持正在开展的和重要的跨部门行动，并参加重要的国际行动和能力建设计划，以强化我们的伙伴国家网。为实现这些目标，海警需要：

（1）将应对跨国有组织犯罪网络的禁毒委员会（TIC）（国家禁毒政策办公室下辖）的工作和机构间的影响力，集中于通过政府一揽子解决方案来阻止和打击非法贩毒网络。禁毒委员会是一个由国会授权的定期组织的机构负责人论坛，其工作重点是打击非法麻醉品的流动和获利，也非常适合用来打击与其法定任务相关的其他非法网络。这个由美国政府机构高级领导人组成的特别论坛，形成了一个常设的倡导者实体和伙伴团队，极有利于推动美国在西半球的战略举措。显然，出售非法麻醉品获利是最危险的跨国有组织犯罪网络的核心动力，这威胁着美国的安全利益。因此，对禁毒委员会来说，阻断非法麻醉品流动与打击跨国有组织犯罪网络这两件事是密切关联的，而打击这些犯罪网络有可能成为《国家安全战略》的重要特征。

（2）寻求法律和外交许可，增强海警的拦截能力，以将当前的国际双边协议赋权扩大到仅限于处置涉嫌毒品贩运的主管部门以外的机构，从而使有关部门能登临涉嫌从事跨国有组织犯罪网络活动的船只。审查并采取其他措施以强化双边协议，包括对获取和发布的有关可疑行为者的生物特征数据进行收集和共享的协议等。

（3）基于装备的可用性保持当前拦截现状，以便阻止跨国有组织犯罪网络通过海路和网络组织进行贩运活动。

（4）评估和探索在美国和转运区国家部署陆基空中打击装备的可能性。

（5）评估在跨国有组织犯罪网络活动和威胁不断增加的情况下，将执法分遣队（LEDETS）等拦截力量部署到非传统平台和地点的潜在可能性。

（6）寻求批准与继续执行“海警拦截与起诉（SIP）支持计划”提案，该计划决定向中美洲转运区所在国部署海警联络官和海警调查特工，以支持拦截和起诉跨国有组织犯罪网络活动。

（7）加强海警在国土安全部“国家目标中心（NTC）”和海关与边境保护局（CBP）以及其他跨部门合作伙伴的目标核对、筛选和确认工作，包括在国家目标中心建立海事部门对货船进行识别、分析、追踪和调查，对利用海上运输系统和全球供应链的犯罪分子和恐怖分子进行调查和采取行动。

（8）将生物识别手段的应用范围扩大到部署于跨国有组织犯罪网络高威胁地区的部队中，包括实时识别跨国有组织犯罪网络威胁的能力。

（9）继续主导联合和机构间作战司令部的工作，如南部联合机构间特遣部队（JIATF-South）。

（10）支持机构间和国际间的协作，加强沟通和协调，尤其是与我们的司法部门的沟通和协调，共同打击跨国有组织犯罪网络的毒品贩运和其他犯罪行为。

（11）继续与国务院和其他机构的合作，并支持重要的外交援助和安全倡议（包括中美洲地区安全倡议①和加勒比海盆地安全倡议②），与西半球伙伴国家建立和保持更强大的海上安全和拦截能力。

（12）通过有效实施计划，如联合海警南部司令部技术援助野战分队（TAFT）计划，构建并扩大伙伴国家部队的能力，提高其拦截装备的战备水平，协助伙伴国家制定关于拦截装备的可靠、可持续的维护保障后勤计划，对零部件采购、勤务保障和资金预算编制予以专家协助。

（13）扩大“信风”（TradeWinds）兵棋推演等地区演练计划，进行基于想定的室内和海上演练，不断磨炼技能，增强合作伙伴国家之间应对跨国有组织犯罪网络的拦截能力和协作能力。

（14）扩大每半年一次的多边海上拦截演练与检察机构首脑峰会的范围，

---

① 中美洲地区安全倡议（Central American Regional Security Initiative，CARSI）：中美洲地区安全倡议旨在应对中美洲安全局势恶化的威胁及其对公民安全的影响。该安全倡议可与其他国家、金融机构、私营部门、民间社团以及中美洲一体化体系协调运作，主要目标包括提供安全的街区、瓦解中美洲内部及其之间的犯罪活动、支持强有力和负责任的政府、在高风险社区确立安全存在、促进邻近地区和国际伙伴加强协调与合作以应对安全威胁等。自2008年以来，美国向中美洲国家提供了4.96亿美元的中美洲地区安全倡议援助。

② 加勒比海盆地安全倡议（Caribbean Basin Security Initiative，CBSI）：该安全倡议是美国的一项安全战略，目的是与国际伙伴合作促进整个西半球的公民安全。加勒比共同体成员和多米尼加共和国是该倡议的合作伙伴，倡议参与者确定的核心目标是减少非法贩运、加强公共安全和治安、促进社会正义。

将加勒比海盆地安全倡议的合作国家包括在内，确保新采购的装备及其能力在适合的伙伴国家得到最佳利用。

（15）倡导并告知伙伴国家充分利用“冗余防御条款”，以最大限度地提高伙伴国家的能力和实力建设。

七、战略优先项：边界保护

保护海上边界是海警未来十年最大的挑战之一。美国的管辖海域广阔，有超过450万平方英里的海域面积和95 000英里的海岸线。海洋蕴藏着重要的国家资源，是海上贸易的重要渠道，对我们国家的繁荣至关重要。这些海上通道，包括沿海地区，其跨国安全问题已受到越来越多的关注，例如恐怖主义、走私贩运活动以及环境犯罪等。

在未来十年，随着全球化的加剧、人口的持续增长和海洋活动的增加，我们的海上边界威胁也越来越严重。移民政策的改革和美国陆地边界管控的成功强化，也可能增加跨国有组织犯罪网络、恐怖分子和其他非法行为者利用海域活动的图谋。此外，社会、政治、经济因素的不断变化，以及自然灾害带来的压力，都会以难以预测的方式增加大规模海上移民的可能性。

海警将领导我们国家努力确保海上边界安全。为此，海警将提高感知能力并在确定威胁次序、保持适应能力、纵深防御拦截的基础上，制定战略防御方法。海警将充分利用与联邦政府、各州、当地政府、利益相关者以及国际合作伙伴之间的伙伴关系，落实所有层级上的防御措施。此外，海警要选择、采购新的技术装备，获取更大的法律授权，并确保我们的部队继续成功进行结构重组，保持自适应、可部署的模块化编组的能力。

（一）改善感知能力

应对早期发现、信息收集和确定威胁等级的挑战，对于确保我们的海上边界安全至关重要。海域感知（MDA）是《海上安全国家战略》的原则目标。[①] 有效的海域感知依赖于对信息的收集、融合、分析、优先级排序并分发到适当的决策者手中。[②] 为应对海上边界安全挑战、改善感知能力，海警将：

（1）改进情报收集、融合、分析和分发处理的流程和能力，为各级海警战术行动指挥官、战略规划者和决策者提供有效支持。

---

① The White House. （2005）. *The National Strategy for Maritime Security*. http：//georgewbush-whitehouse. archives. gov/homeland/maritime-security. html.

② The White House. （2005）. *National Plan to Achieve Maritime Domain Awareness*. http：//www. dhs. gov/national-plan-achieve-maritime-domain-awareness.

(2) 学习借鉴成功经验，建立更稳固的情报体系，包括刑事调查、网络、反情报和全源分析支持，减少目前存在的情报差距。

(3) 扩大并强化国际合作伙伴关系，优化通信网络、海事跟踪技术和其他海域感知功能，加强与联邦政府、各州、部族联盟、地方和地区政府以及与学术界、工业界和其他非政府组织间的联系。

(4) 以更高效地使用可用情报信息（在不增加收集要求和情报源的同时收集更多的情报）为重点，综合集成现有的多源信息流，掌握边界威胁的形式和趋势。

(5) 对类似与加拿大建立的边境工作组（BBWG）以外的邻国合作与伙伴关系进行验证，以制定、落实、管理、监控安全措施、标准及其实践。

(6) 对在海警装备上部署便携式监视传感器组件提供支持，以提高海警装备的感知能力和通信能力。

(二) 确定威胁优先次序

海警使用基于威胁的分析方法，集中精力和资源对边界重要海上风险进行处理，无论风险在何处出现。海域的广阔性、威胁的多样性及其发展的自适应性，都使我们不得不采取更明智的举措。我们的目标是更明确地了解事件发生的可能性，并在此基础上，根据事件可能造成的真实风险，准确地谋划、制定应对方案。因此，使用尖端技术对我们保持优势至关重要。为帮助确定威胁的优先次序，海警将：

(1) 反复评估服务于美国船只，或确定为对国际贸易构成威胁的船只提供服务的国外港口的反恐措施。

①评估是否符合国际海事组织国际船舶和港口设施安全（ISPS）规则，以确定一个国家是否维持有效的反恐措施。

②对这些国家持续监控并鼓励他们遵守国际海事组织 ISPS 规则。确定西半球那些能力建设良好的国家，重点关注国际港口安全计划倡议国（如巴西、圭亚那和尼加拉瓜）。

③邀请西半球国家进行互访并审查 ISPS 规则的执行情况。与美洲国家组织（OAS）和亚太经济合作组织（APEC）合作，通过技术援助和能力建设促进港口安全。

(2) 向西半球国家派出机动教育培训团，为国际学员进行能力建设方面的培训。与东道国分享知识和认识，将有助于侦测威胁、减缓风险和收集情报，以便对威胁进行优先级排序。

(3) 使用技术援助野战分队（TAFT）来提高东加勒比海地区海上安全部队的作战能力，并将其影响扩大到中美洲和其他地区，以改善美国政府在西半球捐赠船只的战备能力和支持能力。这些协助性工作有利于提高海域感知和情报工作，以便尽早发现优先等级的威胁。

（4）通过先进技术提高我们的情报能力，如在国家安全缉私船和远海巡逻缉私船上部署无人机及先进 C^4ISR 系统等。极为明显的是，通过信息网络挖掘现场信息、交互安全数据的能力，对于防范恐怖袭击、应对自然灾害、缉毒、打击人口贩卖网络是至关重要的，这都得益于信息系统技术的先进性。

（三）分层防御与有效拦截

《国家安全战略》呼吁扩大安全范围，以便在尽可能远离海岸的地区预防、探测、抗击威胁。为此，海警将部署多种作战力量识别和打击源自陆地、沿海和远海的海上威胁。我们最初的防御层计划，来源于如“国际港口安全”（IPS）之类的计划，该计划可评估外国港口安全和反恐措施的有效性。从海路通向美国的航道上，海警依靠分层行动要素对威胁实施有效拦截。从强大的远海缉私船开始，在每一层级上都部署海警有效行动要素是非常重要的。我们的作战力量由“三叉戟”组成：一是海上巡逻力量；二是岸上力量；三是可部署特战力量（DSFs）。这些力量，经编组、训练和装备，时刻处于备战状态。海上“三叉戟”、其他政府部门、执法机构和民营合作伙伴，对我们的成功都是重要的。

1. 海上巡逻力量

海上巡逻力量是扩大到远海的安全行动资源，主要包括海警缉私船和飞机。为使海上巡逻力量更有效地实施拦截，海警将确保缉私船和海上巡逻飞机装备最先进的 C^4ISR 系统，以便在高度复杂的网络电磁环境中顺畅运行。

（1）这些系统需与最高安全级别的国土安全部、国防部、北太平洋公约组织盟友及其他政府机构实现互操作。

（2）确保缉私船和海上巡逻飞机能够实时收集准确的情报，以及具有潜在价值的信息或情报。充分联网的装备可确保更加实时、有效地对威胁作出响应，也有利于大型海上巡逻飞机获取更具前瞻性的情报。通过从支援司令部获取有效的战术行动情报，并自选收集支持自身行动的信息，缉私船可以最大限度地提高其态势感知能力，扩大其拦截目标和减轻威胁的行动选项范围，提高巡逻的有效性和针对性。这些系统能使缉私船和我们的国家发现广阔海洋中的嫌疑船只并成功实现拦截。

2. 岸上力量

海警岸上力量通过片区司令部及其所属单位增强近岸边境安全。为实现岸上力量的有效拦截，海警将根据 2006 年《港口安全和问责法》，按照国土安全部的职责，将片区指挥中心向跨部门行动中心（IOCs）过渡。海警的任务是强化35个港口伙伴机构之间的合作，不断提升多部门海上安全行动的能力。

（1）跨部门行动中心负责帮助港口机构合作实施紧急响应，以及开展执法和国土安全行动。

（2）跨部门行动中心还负责帮助港口合作伙伴实现合作和联合计划行动。

（3）利用这些关系和能力，将更容易地获取和共享信息，并改善对岸上力量的情报支援：①分配资源，满足任务之需；②共享目标、情报和计划信息，改善态势感知；③破除行动计划与实施之间的藩篱，减少机构间的重复工作；④积极收集港口活动信息，开展实时感知、威胁评估并正确部署资源；⑤将自然或人为破坏造成的经济影响减到最小。

3. 可部署特战力量

可部署特战力量是由现役和预备役人员组成的高度专业化团队，这支力量以其特战能力和战术、技术与程序（TTP）开展系列行动，支援行动指挥官达成任务目标。为与可部署特战力量实现有效拦截，海警将：

（1）使之与海警岸上力量和海上巡逻力量一起快速机动、部署并实施海上安全和治安行动。其中，同步可部署特战力量、岸上力量、海上巡逻力量的行动将增强拦截的有效性，这为行动指挥官提供了机动、灵活的能力和强大的团队实力，从而有条件执行应对所有威胁的任务。

（2）与国土安全部、国防部、司法部以及其他机构间合作伙伴和力量开展跨部门联合行动。

（3）在国家安全缉私船、远海巡逻缉私船上配备可部署特战力量，在远离人口稠密区和脆弱的海岸线地区实施拦截和登临。

（四）高风险任务指导

为使作战部队更好地履行职责，海警将制定执行高风险国土安全和国土防御任务的加强型武力使用政策。该政策将包括执行高风险国土安全和国土防御任务时适用的致命武力使用指南，以及在满足条件时有效授权操作手执行极有可能造成致死或人体伤害的行动的准则。在这些被称为“不会失败的任务”想定中，海警认为操作手不太可能有时间寻求其行动指挥官的批准而采取必要的行动，而必须依靠透明且一目了然的政策做出判断。

（五）扩大合作伙伴

海警需要与众多联邦、州、地方合作伙伴（包括主要的执法机构以及美国南方司令部、北方司令部和特种作战司令部等军事合作伙伴）合作和协调工作。另外，海警还需要与领地和部族伙伴及其他外国政府密切合作。海警将采取措施继续寻求扩大以下伙伴关系：

（1）与海关与边境保护局合作，探索在南部和沿海边境主要州使用联邦代表权力和调用地方执法机构的可能性，以便提升拦截效率和安全部队的能力。

（2）参加边境执法安全特遣部队（BESTs）、国防企业工作组（DEW）、国际警察局长协会（IACP）、国际刑警组织（INTERPOL）和其他众多机构的活动。其中，综合跨境海上执法行动计划（ICMLEO）是海警扩大合作伙伴关系、确保边境安全的一个例子。综合跨境海上执法行动计划是海警与加拿大皇家骑警开展的联合执法行动，它允许经过特殊培训的指定人员拥有跨境执法权。跨国犯罪是对公共安全和国家安全的威胁，也是对合法贸易的威胁。通过综合执法队的无缝行动，创新了打击和制止共同边界航道上犯罪活动的解决方案。

（3）对无法达成双边协议、实现类似合作水平的国家，可制定国家间信息互换协议。在该方面，海警正在与司法部和国务院共同工作，与萨尔瓦多展开讨论，以便商定一个具有里程碑意义的指挥中心之间的双边协议或交换协议。

（4）落实“海警拦截与起诉支持计划”国家工作组访问中美洲毒品转运区国家，为跨国拦截工作提供更坚实的基础和更全面的解决方法。

（5）赞助每半年一次的多边海上缉毒峰会，聚焦强化国际伙伴关系并打击毒品转运区的非法贩运和相关暴力行为。

（6）与欧洲和非洲国家合作，通过部署在国家安全缉私船、远海巡逻缉私船或美国海军军舰上的可部署特战力量分队的联合行动，阻止跨大西洋的非法贩运流入西半球。

（7）与国土安全部其他机构合作，支援国土安全部波多黎各特遣分队，加大打击跨国犯罪组织从波多黎各至美属维尔京群岛的海上走私活动，提高执法任务效率。

八、战略优先项：维护商贸

我们的海洋、沿海、适航航道、内陆河流和北美五大湖是我们国家的宝贵资源之一。这些航道，包含重要的自然资源，是海上运输系统“全球高速公路”的组成部分，是商业和娱乐活动的重要支撑。维护商贸是实现多个目标的一系列广泛任务。首先，它能确保使用海域从事商业和娱乐活动的人员安全，并有助于维护我们国家的经济安全。其次，它还能确保可靠、有效地管理我们的海洋资源。通过连续“预防—响应”所达成的广泛目标，将有限的资源更有效地引导并响应打击更多的目标，海警将能维护西半球的商业贸易安全。

（一）保护生命

海警将运用独特的法律授权、能力和实力，识别、阻止、减轻、打击针对海上贸易的威胁。如果不能保护海上作业人员的生命安全，就无法有效保护商业，因为不安全的状态会阻碍经济活动的开展、妨碍商业的发展。海上搜救（SAR）是海警的一项传统任务，也将继续作为海警的核心能力和主业。为了保护生命，海警将：

（1）继续资助和推广自动互助船舶救援（AMVER）系统，以便为海员提供可靠的、额外的远海海上搜救帮助。如自动互助船舶救援计划，参与国际海事组织的合作以及与其他国家海警的合作，都能增加对紧急事件作出适当响应的可能性。这些倡议和伙伴关系，都有助于海警重塑海洋环境，虽然不能完全防止出现事故，但总可以防止其演变为惨痛的灾难。

（2）探寻更好的国际和国内管理制度，在平衡各州权利和需求的同时，保护世界上共同的海上运输通道。安全风险始终是海上交通面临的一个问题，因为单一船舶的事故都可能产生极为严重的后果。面对这些海上挑战，必须要有创新的思路和富有想象力的方法，必须使授权机构和资源都能得到充分利用。

（3）继续推行诸如“商业渔船安全（CFVS）”之类的检查程序。此类检查程序，可以识别距离海岸数英里之外、需要帮助的船只的安全性差异。2010年《海警授权法案》的本意是自愿的，但强制执行“商业渔船安全”检查，可提高船只的安全性并减少生命损失。

（4）与其他响应者进行演练和应急准备，是基于现有的规约。与他人共享知识和最佳实践可扩大潜在响应者的范围，并可能减少事故发生的可能性。①

（5）寻找机会，将我们维护整个西半球港口和航道的能力作为一种跨国资源加以利用，是对国际开发署应对灾难性事件的积极响应。我们的目标是尽快重建基本的港口管理服务，恢复受到影响的西半球港口的基本功能。

此外，对响应者来说，在正确的时间集中于正确的位置是满足多种海上事件需要的必然要求，因为在正确的地方集中了力量。聚焦海事响应，提升探测、报告和监控技术的辅助作用，可以最大限度地降低毫无响应的风险。

---

① 2012年9月，海警缉私船“加尔韦斯顿岛”号与中国海事局“海巡31”船在美国夏威夷附近海域进行了联合搜救演习。在此期间，对海上搜救案例的所有细节进行了调查演练。在紧急情况真正发生之前对响应技术和协作工作进行演练是很有必要的。

（二）促进海上运输系统安全、可靠、稳健运行

现代世界在很大程度上依赖于海上贸易，而且随着时间的推移，这种依赖性愈发强大。世界上90%左右的货物贸易都通过海路运输。① 美国通过港口装载货物，将自己的利益扩展到大洋。在过去几十年中，海上环境发生了巨大变化，这涵盖了针对我们海上运输系统设施的潜在虚拟和网络威胁。伴随着海上运输系统的不断扩大，在外大陆架的勘探、开发活动也在增加，因此有必要提高对外大陆架开发、船舶设计技术和行业创新的感知能力。为确保海上运输系统安全、可靠、稳健运行，海警将：

（1）作为港口国和船旗国的领导者，继续在国际海事组织和其他国际论坛上推动制定减轻美国境外风险的标准。其中包括极地地区的开发标准、将液化天然气作为动力燃料的标准、空气污染标准，以及其他影响海上运输系统的替代能源扩大标准。

（2）继续使用和改进风险信息决策（RIDM）工具。海警用于港口、航道和沿海安全计划及行动的主要风险信息决策工具是海上安全风险分析模型（ASRAM）。靠近海岸，海警将利用其设置海上安全区，使其成为覆盖海上安全地区的坚固堡垒。海警拥有牢固的伙伴关系，与地区海事安全委员会、港口安全委员会、地区委员会和港口准备委员会将继续作为利益相关者而互相合作，共同设置和落实安全区、环境响应合作组织和地区海事安全响应与处置协议与程序。

（3）继续参加美国海上运输系统委员会，密切机构间合作伙伴关系，以支援和改善海上运输系统。

（4）继续支持跨国港口治安联络官计划（IPSLO）。该计划在改善安全程序、促进对话和共享最佳实践方面进行多边努力的目的，是为了关注并增强世界范围内的港口安全，为此海警将充分利用这一计划，以应对更为复杂的安全威胁，努力保护海上运输系统的安全。

（5）继续参与并推进重要的国际合作论坛，如美国海警—加拿大海警年度峰会，以共享安全、有保障和稳健的海上运输系统的收益。

（6）考虑采取措施并制定计划，系统管控海上风险，以便对如在外大陆架进行的能源勘探等高风险海上活动实体进行压力测试。

（7）合作开发航路管制措施和助航设施，支持未来海上交通管理系统能

① 国际海事组织：《国际航运的事实和数据——有关贸易、安全、治安和环境的信息资源》，2012年3月6日。源自：http://www.imo.org/KnowledgeCentre/ShipsAndShippingFactsAndFigures/TheRoleandImportanceofInternationalShipping/Documents/International%20Shipping%20-%20Facts%20and%20Figures.pdf.

力建设。采用港口进出航道研究（PARS）和海上规划支持这些努力和新的举措。

（8）监控海上交通管理系统和全球供应链的不断发展和风险演变。根据法律授权和可用资源，探索未来的海警角色、任务和活动，支持全球供应链的稳健运行和能力建设。

（9）如有需要，根据《海关和边境保护局与美国海警联合议定书》的紧急恢复贸易内容，协调国家级利益相关方，共享恢复、承运人和贸易信息。

（10）与国务院、国防部、国土安全部及其他相关伙伴一道，在存在或可能存在无效反恐措施的国家中进行能力建设。能力建设应以已发现的港口安全海上感知、运营和制度方面的问题为重点，且其有效性应该可衡量并有所改善。

（11）在2015年，开始制定应对气候变化的海警战略，以便解决与此相关的战略挑战以及对海警和海上运输系统设施的影响。

（三）保护海洋环境

恢复和保护海洋、沿海、内陆河流和北美五大湖的生态系统，对维持美国海上贸易和其他相关海洋活动所依赖的产品和服务至关重要。作为海洋环境的管理者，海警将：

（1）探索提高旨在提高执行海洋环境保护法规效率的各种途径。依据《美国国家石油和有害物质污染应急计划》，海警是沿海地区的联邦现场协调者。海警将与合作伙伴机构共同改善对环境事件的响应力度。此外，海警还将举行教育培训和外联活动，在改善应对能力的同时，提高危险感知和威胁识别能力，预防未来事故的发生。

（2）继续作为国际、区域和地方伙伴的领导者和参与者，促进开展海洋环境保护工作。

（3）减少、减轻气体排放和船舶造成的其他污染对生态系统的影响，包括废气、船舶排放物、船舶产生的海洋垃圾、溢油以及船体和压舱水带来的入侵物种。

（4）执行污染预防法规，有效管理海洋生物资源，维持稳健的船舶检查计划，保护我们的环境资源并促进可持续发展。

（5）继续支持国家海洋政策的全面落实。

（6）领导由多个机构、利益相关者和观察员联合举行的应急演练，增强海警及时、有效地响应实际事件的能力。将最佳实践和经验教训纳入应急计划，海警可最大限度地发挥有限资源的效能，确保有效响应单一重要事件或对多个并发事件做出响应的能力。

(7) 继续与当地、州和联邦各级政府机构，非政府组织以及商业利益相关方合作，共同保护渔业资源。1992 年，海警经过深入研究，决定建立区域渔业培训中心，以便对执法人员进行有效培训。这些中心为执行地区渔业管理委员会制定的《渔业管理计划》储备了人员，每个地区渔业管理委员会都配备了一名无投票权的海警队员。海警还与国家海洋与大气管理局（NOAA）、渔业执法部门一起负责海上法规的执行。

(8) 依据《海洋哺乳动物保护法》（MMPA）和《濒危物种法》（ESA），继续建立重要的旨在保护海洋哺乳动物和濒危物种的重要伙伴关系。通过促进对这些资源的保护，海警保护了现有生态系统，确保了未来资源的可用性。

(9) 继续与国务院合作，制定并执行国际渔业协定。值得关注的是，海警执行了《联合国北太平洋公海漂流网禁令》。该公约的目的，是保护海洋物种免遭大网的滥捕，这些大网被放置后经常数天无人看管。①

(四) 建立并共享紧急事件管理专业知识

熟练、专业的紧急事件管理对有效运用预防响应体系、维护商贸极为重要。多年来，海警已经验证了快速、有效响应紧急事件的能力（如需要，可以是长期性的）。海警将与其他组织、州和利益相关者共享这一能力，以便在各层级上更好地作出响应协调。为此，海警将：

(1) 增强准备工作的范围，同时与其他人员共享应对的技能。危机和应急管理与演习办公室的人员已经在巴西等国开展了紧急事件管理系统（ICS）培训，这些培训提高了响应者的准备水平。随着响应技能越来越熟练，他们还发现了一些可能导致出现问题的空白点，填补这些空白有助于预防紧急事件的发生。

(2) 根据需要，继续部署海上交通系统恢复部队（MTSRUs）。2006 年，为满足《2002 美国海上运输安全法》（MTSA）要求，海警成立了海上交通系统恢复部队。该部队已多次承担派遣任务，帮助协调响应影响海上贸易的紧急事件。在 2010 年 1 月海地发生 7.0 级地震时，海警是第一个在美国东南部和波多黎各基地部署航空和水面装备的联邦机构，有 800 多名海警队员参与了人道主义救援工作，其中包括疏散受伤人员、运送物资、评估港口设施以及恢复港口业务等。

(3) 利用海警远海装备及其增强能力，继续支持和改善对紧急事件的响应。这其中包括利用海警平台作为应急指挥所，实现对沿海港口和航道的应急

① 2012 年 8 月，美国海警“急流”号缉私船（CGC RUSH，WHEC-723）在从西半球西部到北太平洋东半球的流刺网威胁区巡逻期间，拦截了一艘涉嫌使用流刺网捕鱼的外国渔船。

事件管理指挥控制，为港口和航道管理系统重建提供独立的协调中心。其中一些能力已在应对2010年海地地震中得到了验证。在此次行动中，海警装备就提供了指挥、控制、协调功能，同时也为领导国际响应提供了帮助，确保了救灾物资的高效流动和关键海事服务的安全恢复。

（4）利用与加拿大和墨西哥等国际合作伙伴的共同协议，共享应急准备计划方面的专业知识，提高多国响应时的透明度和协调性。

（5）通过与其他联邦机构、州、族群、地方政府和利益相关者的伙伴关系，在国内分享我们紧急事件管理专业知识。通过足够有效、可靠的紧急事件管理，缓解威胁影响，提升国内的应急能力，不仅会增强应对国内多种突发事件的能力，而且还能增强支持跨境应急响应的能力。

九、确保长期成功

除以上三个战略优先项外，还有一些概念和责任对于确保海警在西半球的长期成功至关重要。

（一）加强国土安全部的集中统一

国土安全部在应对西半球不断变化的威胁方面发挥着重要的领导作用。气候变化、跨国有组织犯罪网络的兴起以及边界安全挑战（包括环境难民带来的挑战），将需要在未来的十余年采取更有效的合作伙伴关系措施。海警将充分利用与国土安全部其他部门（包括美国海关与边境保护局、移民与海关执法局以及联邦应急管理局）建立的伙伴关系，共同努力、负重前行。通过合作并利用合作伙伴机构的独特法定授权和能力，海警将与海关与边境保护局、移民与海关执法局以及联邦应急管理局一道，共同承担起急剧演化的职责。在整个国土安全部门的各个级别上，集中力量、态势感知、整合同步计划都是必需的。

（二）充分利用联邦伙伴关系

国务院、国防部和司法部各具独特的法律授权和能力，是海警在西半球的力量倍增器。海警将继续与美国北方司令部和美国特种作战司令部合作，增强对威胁的感知；维持和扩大国际培训和演习计划，构建伙伴国家的能力；成立特遣部队，加强战略级和战术行动级协同，有效识别和阻止威胁。海警将继续扩大与司法部的合作伙伴关系，重视检控工作在打击跨国有组织犯罪网络方面的重大影响，这也是“巴拿马快递”拦阻和引渡行动的成功所证明了的。另外，海警将通过国防部加强并利用重要地区安全倡议（如加勒比海盆地安全倡议）安排的合作，尤其加强与墨西哥、哥伦比亚和巴西等本地区国家领导人的联系，寻求拓展国际协定和组合授权，使海警部队能更好地识别和阻止高风险地区的威胁。

（三）必须保持远海存在

在西半球高风险地区保持远海缉私船的行动能力和存在是必要的，因为这里有网络访问最敏感、最可靠的情报。在这些地区的存在，将能够增强情报收集能力并对主要海上威胁的情报分析做出支持。这种活跃的海上存在，将为打击主要转运区、专属经济区和美国沿海的跨国有组织犯罪网络活动提供最有利的时机，远海缉私船尤其能使海警在其他合作伙伴无法触及以及最薄弱的地区打击跨国有组织犯罪活动。

1999 年，机构间特遣部队在关于海警角色和任务的报告中证实，海警需要航行于远海的水面装备，且需拥有足够的自持能力和监视、探测、分类、识别和保护美国船舶利益的作战能力。该报告建议海警必须保有传统的高自持力缉私船或新型国家安全缉私船所具备的能力。

（四）分层防御作战概念

精心筹划的纵深防御战略，需要基于装备的自持力和性能将兵力分层衔接部署。海警的主力缉私船舰队需满足国家任务的需要，高自持力国家安全缉私船要投送到主要拦截转运走廊，中自持力远海巡逻缉私船作为补充投送到美国专属经济区，快速响应缉私船、岸基直升机和临近美国海岸的当地执法部门要守住“后门”。这些分层部署的装备，为拦截威胁美国的各种势力（包括毒品、移民、非法武器和大规模杀伤性武器及材料走私）提供了最大可能。以上构筑的防御体系中的每一层都是确保我们海上边界安全的关键。

（五）国家安全缉私船和远海巡逻缉私船——分层防御的主角

对于全部任务而言，国家安全缉私船和远海巡逻缉私船是海警当仁不让的主力，执法分队、搜救部门、船载直升机力量都需要依靠它们投射到远海及以外的地区，否则，海警将无法建立和保持有效存在。也只有具备独特作战能力的国家安全缉私船和远海巡逻缉私船能够实现外层的防御目的。

国家安全缉私船和远海巡逻缉私船主要有四项持久存在的任务需求：

（1）东太平洋公海远距离缉毒。例如，“伯索夫”号缉私船最近在东太平洋巡逻，缉获运往美国的可卡因 12.4 吨，案值达 4 亿美元。

（2）国家安全缉私船是地理作战司令部战区战役计划中用于贯彻国家军事战略的独特工具，是作战指挥官不想在战区使用主要作战力量时的“软装备”选项。例如，在 2008 年俄罗斯与格鲁吉亚发生冲突期间，美国海警“达拉斯”号缉私船在格鲁吉亚执行了外交部署。

（3）巡逻北太平洋海上边界，执法保护世界上最大的生物种群，并在气候恶劣的白令海峡执行搜救任务。例如2009年，“阿拉斯加游侠”号渔船沉没，美国海警“芒罗”号缉私船营救了42名船员。

（4）使海警可部署特战部队能在远离美国人口稠密地区的海岸线开展反恐行动，对嫌疑目标实施拦截和登临。例如2006年，在距离北卡罗来纳州超过150海里的海域，波士顿海事安全和治安分队在美国海警缉私船“哈里特·莲恩”号的支援下拦截了“M/V 暖海航行者”号。

图4－7 美国海警“传奇”级“伯索夫”号国家安全缉私船

（六）国家安全缉私船承担远程治安、拦截以及移动指挥控制任务

（1）国家安全缉私船的航速、自持力、传感器、船载航空器及对小艇的拦截能力，是在南美和太平洋转运区成功实施拦截行动的关键，这使海警从起航到抓捕期间的探测和攻击行动有了最大的成功概率。

（2）国家安全缉私船的性能与进入国际沿海地带的部署相结合，是海警独有的开展国际合作和维护边界安全的有力工具。

（3）适航性、航程和自持力，都使国家安全缉私船成为在西太平洋和白令海专属经济区恶劣条件下开展保护美国资源行动的理想之选。作为美国强大的海上搜救平台，它每年能为美国挽回数十亿美元的损失。

（4）国家安全缉私船保障全球贸易伙伴安全进入美国港口，同时也是开展诸如人道主义援助和进行灾难响应所必需的利器。

（5）国家安全缉私船直接支持海警履行国防战备法定任务，并作为美国国土安全和防卫作战中唯一承担执法、军事双重责任的角色。

（七）移民和公民制度

美国水域的安全、治安和环境管理，需要公平、有效的移民和公民制度。作为负责海上执法的主要联邦机构，海警要优先考虑边界安全，保护我们的国家免遭非法进入者的侵害。完成这一任务的前提是要建立一套健康的移民制度，其中加固设施、开发技术并增强监视等措施对于确保美国边境免遭犯罪和恐怖袭击都是必不可少的。生活在阴影之下，既不利于经济，也不利于安全。在将来，试图非法进入美国的人将减少，这不仅有助于保障边境安全，而且也有利于拥有合法身份的美国公民增加收入、生活富足。这样的移民制度还能加强我们消除威胁、保障安全的能力，同时也能简化合法移民程序，为合法获得公民身份铺平道路。海警支持合理的移民和公民制度，并确保不辜负美国作为法律国家和移民国家的传统。

（八）加入《联合国海洋法公约》

1982 年通过并在 1994 年对深海海底采矿规定进行重大修改的 1982 年《联合国海洋法公约》（以下简称《公约》）[①]，为海洋、海床、底土、海上活动以及海洋环境和自然、文化资源保护确定了全面的法律框架。《公约》扩展了美国的广泛利益，尤其是关键的航行和飞越自由规定以及远海资源保护等内容。加入《公约》和保护美国海上利益是相辅相成的，美国加入《公约》将增强并有利于海警保护海洋的能力，确保国家免遭海上威胁、确保海洋得到保护。海警仍然致力于这一法律框架并将继续倡导加入《公约》。

（九）重视情报

情报部门必须提供有关海域、网域对手及威胁的知识，并告知指挥官和其他决策者。认识到良好情报对于我们所做的一切的重要性，海警将更加重视西半球情报融合和行动，并继续改进以下事项：

1. 支持任务计划和行动执行

情报以准确、实时、相关和可操作的关于对手、威胁和周围环境的信息，为决策提供依据。将协调、融合、基于需求的信息流传给一线行动部队，将使海警指挥官能预测行动、可视化海域并影响行动的结果。

2. 详细了解海上威胁和危害

海警情报专家将利用他们对海上行动的广泛了解，识别那些可能对国家安

---

① 1982 年《联合国海洋法公约》（Convention on the Law of the Sea）：该公约是联合国于 1973—1982 年经数年谈判达成的国际协议，1982 年经第三次联合国海洋法会议通过。该公约界定了各国使用海洋和沿海地区的权利和义务，确立了商业用户、环境和海洋自然资源管理的指导路线。美国虽然不是该公约的缔约方，但接受关于深海海底采矿（第Ⅺ部分）以外的所有条款作为习惯国际法。

全构成广泛威胁的异常活动。这些威胁包括滥用海域、运输违禁货物（包括大规模杀伤性武器或军民两用技术）、违法犯罪活动以及新出现的自然和人为状况。

3. 情景感知

从公众、个人、政府和国外信息中生成内容丰富、组织准确的情报，向决策者提供有关海上威胁、危害和潜在破坏的实时、有价值的预警。

4. 政策制定

为政策制定者开发产品，预防和阻止对手的行动，提高海事系统的适应能力，为国家更好地应对自然或人为灾害及灾后恢复工作做好准备。

（十）情报活动与作战行动的整合

所谓整合，就是使海警情报能为作战行动指挥官提供支援，同时也开展支援美国其他优先事项的情报行动。海警情报专家要与其他美国政府机构和外国任务伙伴进行系统合作，共同探测并应对海域威胁。将情报活动与海警作战活动进行有效整合，需要做到：

1. 可部署的情报能力

作为整合措施的一部分，需要将情报收集和分析人员部署到作战行动的决策部门。

2. 构建信任关系

海警情报人员开展情报活动，需要与政策制定者和一线作战人员建立并保持可信赖的关系，这些关系将决定决策结果的有效性。

3. 共享作战和情报信息

海警得出的情报信息要使用适当的协议、通过有效的分发体系系统地与外国政府机构、联邦民事机构、各州、当地政府、部族和私营合作伙伴共享。

4. 监控时效性强的目标

针对时效性强的目标，协调资源对其进行多学科、高保真的情报收集和分析。

（十一）全面综合的网络计划

海警将根据全面的网络战略，集中精力、拓展能力。根据《国家安全网络空间战略》《国家基础设施保护计划》等战略文件，海警将领导并在合作伙伴协助下，更明确地定义自己的角色和职责，使本战略具有一个明确的框架，以确保海警网络防御更加有效，公共和私营部门的海上网络设施得到保护，同时以正确的计划和合适的能力提升我们战略优先事项的运行效率。

（十二）部队规划建设

一些最为复杂的行动决策，涉及参与主要突击行动的海警人员和资源的远程部署，例如应对飓风和海上溢油。为此，海警必须为各种突发事件和各级组织准备适当、完备的计划和资源。为应对未来风险，海警将确保同时迎接以下挑战：①一场全国性影响的应急行动；②每个海警分区都有一场地区性突击行动；③当地有持续的应急行动。以上工作需要满足部队需求的政策支持、广泛的历史数据分析以及详细的兵力规划。

十、结论

美国依靠海警主导海上安全、海上治安和海洋管理工作。社会因素和经济因素继续驱动公众对海域的依赖，因为海洋、航道是经济增长和繁荣的重要途径。伴随对海上运输系统依赖性的增加，海上活动日益频繁、海上风险也日趋加剧，全球航线可使威胁直达我们的边界，西半球的安全可靠和无害环境运输有赖于这些威胁的消除。

海警是确保西半球安全、可靠和高效运作的关键。为此，海警将以全球、宏观措施的现代化为重点，确保能够随时在西半球开展行动。我们的成功不能再仅仅以传统的方式来衡量，毒品的缉获、防止危害安全甚至挽救了多少人的生命，都永远无法将海警的全部贡献展示给我们的国家。事实是，以上举措并不是未来十余年海警工作的全部，也不是保卫国家、繁荣市场和兴旺海洋的全部。但海警需要以此为成功目标，坚定地开展战略性工作，消除藩篱，鼓足攻防勇气，保护我们的国家利益。

本战略以我们在地区内的作战行动为重点，以应对新出现和不断变化的威胁为目标，志在取得商业、治安和宪法自由之间的平衡。为此，本文件确立了海警在西半球开展行动的服务战略，并支持有限资源的分配决策。本战略构建了一个未来十年的海警工作愿景，确定了网络战斗、边界保护、维护商贸的战略重点，同时还明确了确保长期成功所需要的其他举措。

接下来的工作就是以上三个战略优先项的实施，这需要开发能力、发展实力、构建更加牢固、广泛的伙伴关系。海警将直面挑战，确保能充分利用各种时机，减轻公开和秘密针对美国的所有威胁。由于海警无法单独成功实施这些战略，所以需要着力发展新的国内和国际合作伙伴并进一步强化现有的合作伙伴关系，共同实现这一愿景：“保卫国家、繁荣市场和兴旺海洋”。

第五篇 《美国海警网络战略》[①]

美国海警司令的发布函

两个多世纪以来，美国海警在面对海上环境的严峻挑战中完成了越来越复杂的任务。在这一历史过程中，海警不断适应创新技术的发展，充分利用其新的能力，确保我们国家水域的安全、治安和管理。今天，快速发展的网络领域[②]呈现出前所未有的挑战，同时也给予我们在新的世纪确保国家安全、昌盛的机遇。

网络技术[③]涉及海警任务执行的方方面面，在为我们的行动提供更加高效便利条件的同时，也带来了新的威胁和挑战。国家的安全和繁荣昌盛离不开海上领土的安全和稳定，有效管控针对我们国家和海洋的威胁和风险[④]、促进海上商贸持续健康发展事关大局。为满足国家长期海上发展需求，海警必须确保国家在网络领域的战略需要。

我很荣幸地向大家介绍指导我们网络领域工作方向的美国海警网络战略。这一战略明确地指出了对我们完成任务至关重要的三个战略重点：网络空间[⑤]防御、保持行动能力和保护基础设施。同时，该战略还详细阐明了确保我们长期成功的一系列重要影响因素。

海警必须努力适应网络技术的快速发展和进步。在持续响应我们国家不断变化的海上需求上，海警有引以为荣的光辉历史，将全力投入网络空间行动领域。为此，我们将努力工作，全力实现网络领域行动愿景："我们将确保网络空间的安

---

① 本篇译自：*U. S. Coast Guard Cyber Strategy*. U. S. Coast Guard Headquarters, Washington, D. C. , June 2015.

② 网络领域（Cyber domain）：指包括互联网、电信网、计算机系统，以电磁频谱方式运行的处理器和控制器（含网络空间操作活动和程序）在内的，由信息技术、基础设施和驻留数据组成的信息环境行动领域。

③ 网络技术（Cyber technology）：指依赖于信息和基础设施网络并不断增长的技术体，包括因特网、远程通信网、计算机系统，以及在电磁频谱中运行的嵌入式处理器和控制器等。

④ 风险（Risk）：指事件导致的意外或不利结果的可能性，主要取决于特定威胁利用特殊漏洞的可能性以及相关后果。——国土安全部，《国家网络安全事业和研究倡议》。

⑤ 网络空间（Cyberspace）：指由因特网、远程通信网、计算机、信息或通信系统、网路以及嵌入式处理器和控制器组成的、相互依存的互联网络。——《美国网络运营政策》《网络安全政策》，2008 年 1 月 8 日。

全，保持与我们对手①的领先地位，保卫我们国家的关键海上设施。”

随时候命！

美国海警司令

保罗·祖孔夫特（Paul F. Zukunft）上将

2015 年 6 月

美国海警技术与任务演化进程

美国海警在不断满足国家海上需求变化、持续引入新的海上技术方面拥有悠久而丰富的历史。以下是美国海警（包括美国海警的前身，如税收海上管理局、税收缉私船管理局、救生局等）适应新时代、迎接任务挑战的简要历史进程，同时也是美国海警在行动环境改变驱动下的科技发展史。

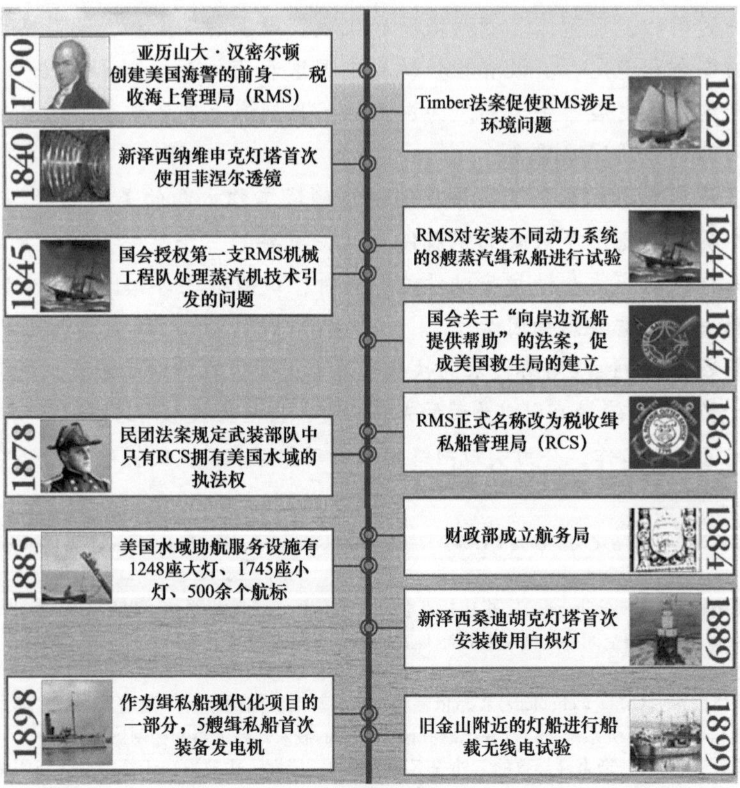

图 5－1　技术与任务演化进程（一）

① 对手（Adversary）：此处指从事或有意从事有害活动的个人、团体、组织或政府。——国土安全部，《国家网络安全事业和研究倡议》。

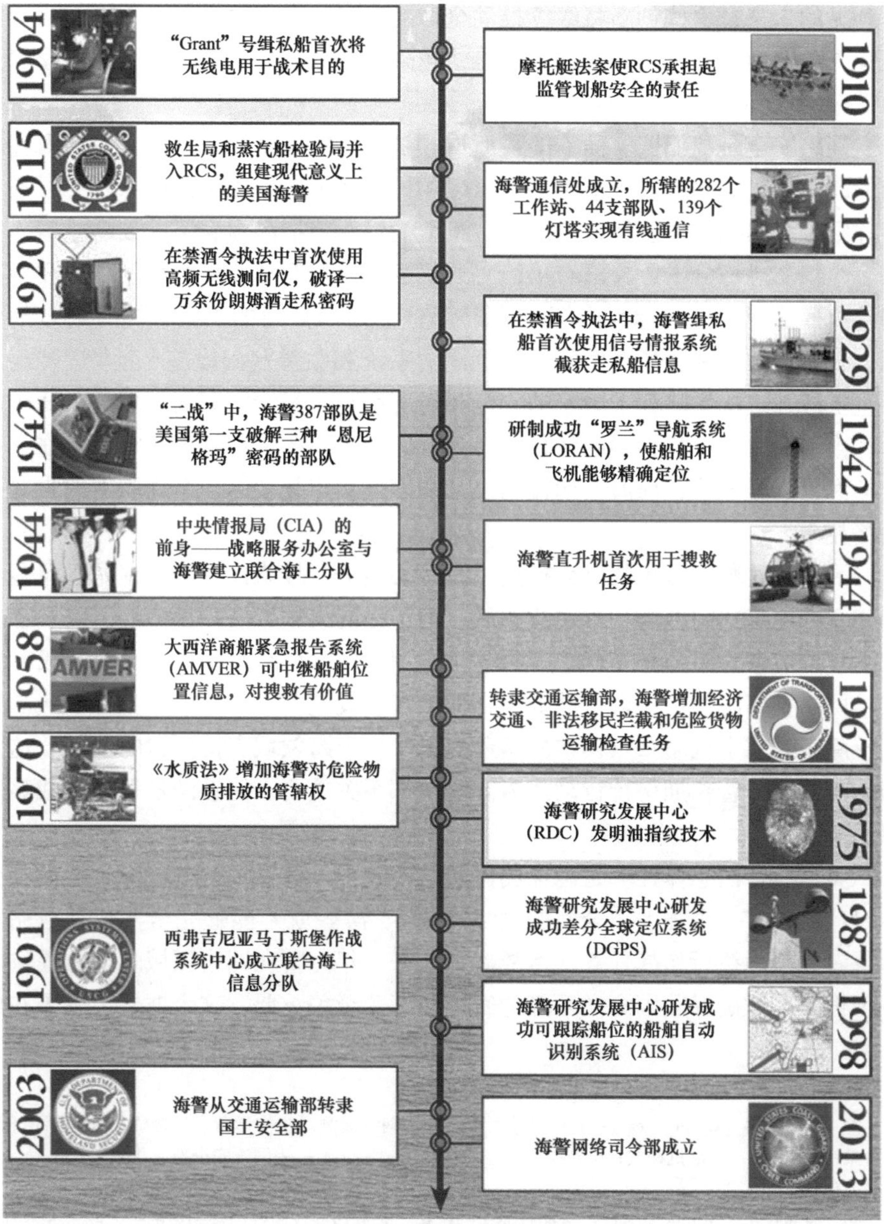

图5-2 技术与任务演化进程（二）

一、导语

网络技术改变了我们的世界。正在进行的数字革命促进了全球化经济的空前繁荣和迅猛发展，并与我们现代生活的各个方面不可分割地联系在一起。在可预见的未来，这些创新将继续推动全球的发展。大多数人认为，它们将继续以惊人的速度发展。伴随着这一趋势，越来越多的挑战和风险威胁着国家安全与繁荣的核心。

网络安全是我们国家面临的最严重经济和国家安全挑战之一。包括海警在内的政府机构需要应对越来越多新出现的网络威胁①，这些威胁可能会严重危害并限制军队执行重要任务的能力。我们的对手包括由国家资助或独立运作的黑客组织，恐怖分子，跨国有组织犯罪集团，以及腐败、满腹牢骚和洋洋自得的政府雇员（通常被称为内部威胁②）。他们使用复杂的工具，拥有大量的资源。日益增长的威胁还对国家的海上运输系统和关键基础设施③正常运转构成严重挑战，直接影响到了国家的安全和经济稳定。我们国家拥有大约360个海运和内河港口，年货物吞吐量超过1.3万亿美元，严重依赖于安全、可靠、高效的海上运输系统，而海上运输系统又高度依赖于复杂的、全球联网的自动化网络技术。

为了应对数字时代的巨大挑战，海警必须进行战略性调整。首先，海警必须完全把网络空间视为一个作战领域。为了在网络领域内高效作战，以及在未来十年中能够应对和防范海上网络威胁，海警的网络战略强调了三个战略重点：网络空间防御；保持行动能力；保护基础设施。

除了这三个战略重点，本战略还提出了一个跨领域支持要素的框架，这些因素将确保海警长期保持行动能力。它们都至关重要，能够满足每一个战略重点的要求。

美国海警的总体任务是确保美国水域的安全、可靠和有效监管。然而在数字时代，没有一个强大而全面的网络计划④，海警就不能够完全实现其战略目标或者完美地执行作战任务。本战略为未来十年海警在网络领域的努力提供了一个框架，对确保美国海洋环境的安全和繁荣至关重要。这个框架为海警在所

---

① 网络威胁（Cyber threat）：指已有或可能有利用网络漏洞对机构运营、机构资产（包括信息和信息系统）、个人、其他机构或社会产生不利影响的情况或事件。——国土安全部《国家网络安全事业和研究倡议》。

② 内部威胁（Insider threat）：指拥有公司、机构、企业访问权限或内部知识的个人或多人，利用这些实体的安全、系统、服务、产品或设施漏洞，并意图对其造成伤害。——国土安全部《国家网络安全事业和研究倡议》。

③ 关键基础设施（Critical Infrastructure）：指一旦失效或被破坏，将对美国国家安全、经济安全、公众健康或安全带来部分或全部破坏性影响的，对美国非常重要的实体或虚拟系统和资产。——第13636号行政令，《改善关键基础设施网络安全》，2013年2月12日。

④ 网络计划（Cyber program）：一个组织机构对网络技术所采取的全面而广泛的措施，包括防御、运营和监督等。

有任务区域取得成功提供了保证，并支持我们“预防—应对”核心作战理念的所有方面。这符合政府当前所执行指令、政策和法律的规定，包括（但不限于）《海上运输安全法案》《第 13636 号行政令》《第 21 号总统政策指令》《国土安全部网络安全未来蓝图（2011）》《2014 年国土安全部四年一次国土安全审查》《2013 国家基础设施保护计划》《国防部 2015 网络战略》。

美国海警在网络领域的行动愿景是：我们将确保网络空间的安全，保持与对手的竞争优势，并保护国家关键的海上基础设施。

二、内容摘要

海警致力于确保美国水域的安全、可靠和有效监管。履行这个承诺需要一个全面的网络战略，为我们成功执行任务提供一个清晰的框架。

网络技术促进了现代社会的进步和高效运转。随着网络技术的迅速发展，海警的行动也变得更加有效率，先进的技术使得海上运输系统进入了一个前所未有的高效率时代。然而，伴随这些好处而来的是严重的风险，即信息系统[①]不断受到敌对行为者的攻击和利用。外国政府、犯罪组织和其他非法行动者企图影响政府和私营企业的关键信息系统，这是我们国家面临的最严重威胁之一。

由于海警依赖现代数字信息和通信系统来执行任务，因此必须防范那些对他们构成威胁的人。海警还必须建立和维持网络空间的作战优势，以确保信息和情报[②]能够与我们的行动形成最佳整合。此外，海警必须带头努力，保护海上关键基础设施免于遭受越来越多的网络威胁。

为了确保海警能够在 21 世纪履行其基本职责，必须完全将网络空间视为一个作战领域。为此，美国海警将在未来十年专注于网络领域的三大战略重点：网络空间防御；保持行动能力；保护基础设施。

网络空间防御：安全、抗冲击性强的海警信息技术系统和网络对于整体任务的成功至关重要。为了确保尽可能高地发挥作战效能，海警必须在保护信息基础设施和建立抗冲击性更强的海警网络方面发挥模范作用。

保持行动能力：为了在网络领域内有效作战，海警必须开发和利用各种网络能力和实体机构。海警在内部和外部信息网络和通信系统实施的网络作战，

---

① 信息系统（Information system）：指用于自动获取、存储、操作、管理、移动、控制、显示、转换、交换、传输和接收数据或信息的任何设备、互联系统或设备子系统，包括：①计算机和计算机网络；②辅助设备；③软件、固件和相关程序；④包括支持服务在内的各种服务；⑤相关资源。——《美国法典》第 44 编第 3532 节。

② 情报（Intelligence）：指从各种通知、决定、行动决策源中收集的信息，这些信息的使用受多项法律、法规的限制。——第 12333 号行政令：《美国情报活动》。

可以帮助探测①、威慑和击败对手。强大的情报、执法以及海事和军事网络计划对于提高海警行动的有效性，以及阻止、预防和应对针对关键海上基础设施的恶意活动至关重要。海警领导者必须认识到，网络能力是所有任务取得成功的关键，要确保指挥官和各级决策者充分利用这些能力。

保护基础设施：重要的海洋基础设施和海上运输系统对我们的经济、国家安全和国防至关重要。海上运输系统包括远洋运输、沿海航运、西部河流和五大湖，以及国家的港口和码头。网络使海上运输系统以前所未有的速度和效率运行。同样，网络中也会存在着潜在的漏洞。作为海上运输部门的专门机构（依据是《国家基础设施保护计划》），海警必须引领各方共同努力，保护海上关键基础设施不受攻击，防止发生事故和受到灾难的影响。

确保长期保持行动能力：为了支持这三个战略重点，本战略确定了一些跨领域的横向支持因素，这些因素将确保海警在实现其网络领域战略目标方面长期保持行动能力。主要包括：

（1）承认网络空间是一个作战领域；

（2）制定网络作战指导，定义任务空间；

（3）加深对网络知识、网络能力以及海上运输系统网络漏洞的理解；

（4）实时共享信息；

（5）合理的组织架构；

（6）建设一支训练有素的网络劳动力队伍；

（7）对未来的网络投资进行深思熟虑。

三、现状

全球的通信基础设施，包括电信、计算机网络及其传输的数据，对现代生活的大多数方面都至关重要。我们社会所依赖的重要服务需要数字信息系统和网络提供及时、有效的协助，包括为公共和个人提供的服务。

本章分析有关背景信息、现今和未来的发展趋势，将为海警在网络领域应对未来的威胁和挑战而制定战略方针时提供帮助。

（一）该领域是一把“双刃剑”

工业的进步将继续推动网络空间技术的快速发展。在生产能力和效率提升的创新周期中，个人和公共的消费需求提供了资金。这些创新带来了一个相互联系、生产效率更高的世界，但也几乎为所有消费者、企业、组织和政府带来了新的脆弱性和风险。

① 探测（功能）（Detect）：指制定和实施适当的活动来识别网络安全事件的发生。

（二）网络威胁的类型、工具和交易

新兴的网络威胁是多样而复杂的，包括各种国家和非国家行为者、跨国有组织犯罪（Transnational organized Crime，TOC）集团、所谓的“黑客活动分子（hacktivists）”以及恐怖分子。这些对手所使用的工具以及他们的动机和能力都十分多样。有关政府系统最常遇到的网络事故[①]详细资料，参阅图5-3。

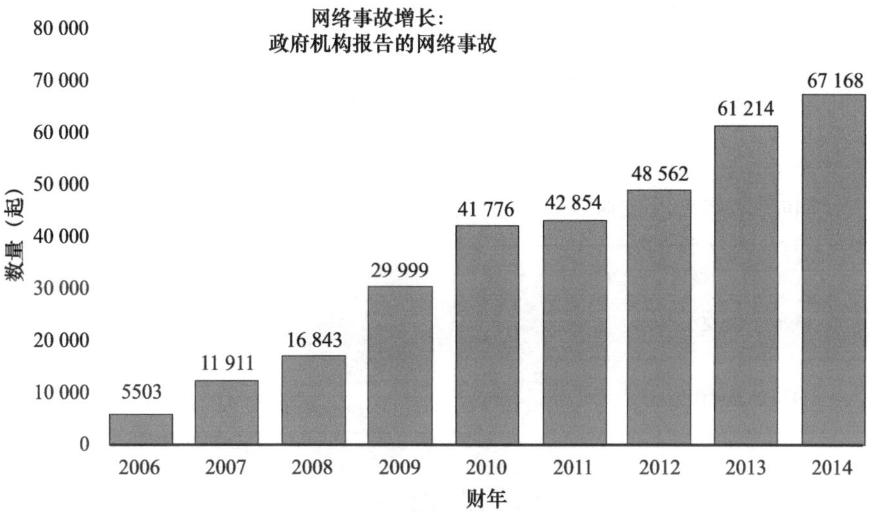

图5-3 2006—2014财年网络事故增长趋势

资料来源：政府问责办公室对2006—2014财年美国计算机应急响应小组数据的分析

（三）以政府的网络系统为目标

美国政府涉密和非涉密的网络系统经常成为攻击的目标。外国情报和安全部门以及非国家行为体积极瞄准政府的网络系统，以达成其战略目的。许多行动者已经渗透到政府系统之中，对我们国家的安全造成潜在的深远影响。[②]

2015年，政府问责办公室（GAO）指出，2006—2014年，政府机构报告的网络安全事故增加了约1121%。报告还指出，敏感信息的泄露可能会“对国家安全造成负面影响，损害公众健康和安全，导致对敏感信息的不恰

① 网络事故（Cyber incident）：指实际或潜在地对信息系统或系统处理、存储、传输的信息造成不利后果，并需采取相应措施减轻后果的事件。——国土安全部《国家网络安全事业和研究倡议》。

② Clapper，J（March 12，2013）. *Worldwide Threat Assessment of the U. S. Intelligence Community*，Statement for the Record. Senate Select Committee on Intelligence. http：//www. intelligence. senate. gov/130312/clapper. pdf.

当访问[①]和披露、修改或销毁”。报告还表明了黑客使用的工具及攻击能力表现出令人不安的趋势，其攻击技术的复杂性和有效性在不断进步。[②]

（四）关键基础设施面临的风险

对手们正越来越多地将注意力转向我们国家关键基础设施中的网络漏洞。[③] 正是由于国家日益依赖这些基础设施提供的基本商品和服务，加剧了网络攻击对经济所造成的最终影响。

信息安全事件：
2014财年政府机构按类别报告的事件 （起）

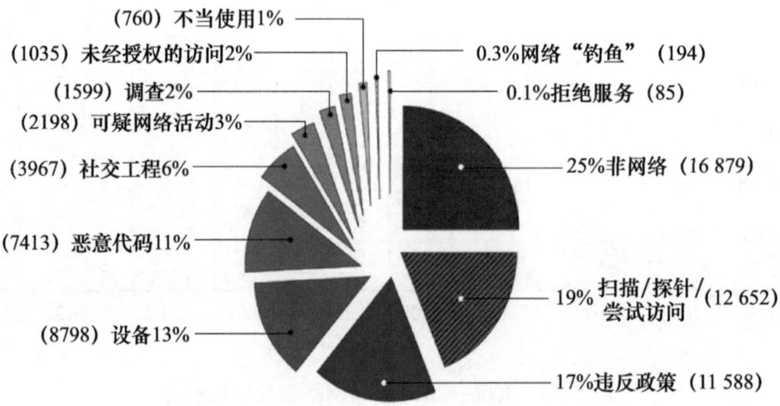

图5－4　2014财年信息安全事件

资料来源：政府问责办公室对2014财年美国计算机应急响应小组数据的分析

正如《第21号总统政策指令》中“关键基础设施安全与网络恢复力”[④]所述，国家的关键基础设施是多样化和复杂的：“它是由分布式网络，不同的组织结构和运作模式（包括跨国所有权），物理空间和网络空间中相互依赖的

① 访问（Access）：与系统进行通信或以其他方式与系统进行交互、使用系统资源，来处理信息、获取系统信息的知识，或控制系统组件和功能的能力和手段。——国土安全部，《国家网络安全事业和研究倡议》。

② *Cybersecurity: Actions Needed to Address Challenges Facing Federal Systems*, GAO Testimony Before the Committee on Oversight and Government Reform, House of Representatives: GAO-15-573T, pg. 6-8, April 22, 2015. http://www.gao.gov/assets/670/669810.pdf.

③ Clapper, J (March 12, 2013). *Worldwide Threat Assessment of the U. S. Intelligence Community*, Statement for the Record. Senate Select Committee on Intelligence. http://www.intelligence.senate.gov/130312/clapper.pdf.

④ 网络恢复力（Network resilience）：指网络具有以下能力：①能连续运行（即抗中断并能够在损坏时以降级模式运行）；②如发生故障能有效恢复；③可扩展满足快速或不可预测的需求。

功能和系统，以及涉及多层级权力、责任和监管的治理结构所组成。”①

国土安全部负责监管美国关键基础设施的保护和恢复。2013 年，国土安全部通过《国家基础设施保护计划》，发布了改进版的《国家基础设施风险管理工作指南》。就保护国家关键基础设施免受物理和网络威胁，该指南确定了以下目标：

（1）识别、检测、威慑、消除国家关键基础设施所受到的威胁和危险，并做好应对准备；

（2）减少关键资产、系统和网络的漏洞；

（3）减轻发生的事故或不良事件对关键基础设施的潜在影响。

（五）海上关键基础设施和海上运输系统

国家的安全和繁荣依赖于安全、可靠、有抗冲击能力的海上关键基础设施。美国运送人员、工业制成品和农产品的海上运输系统，以及大宗能源和零售产品运输系统驱动着美国经济，为工厂、农场、家庭和企业运送重要的货物。每年大约有 360 个海运和内河港口处理超过 1.3 万亿美元的货物，美国严重依赖于安全、可靠和高效的海上运输系统。②

网络技术对于国家的海上关键基础设施有效运转至关重要，而计算机系统对于港口的高效运行也至关重要。它们操作泵站、机械、船舶推进和导航系统，监视和控制安全环境系统，操作安全摄像头、大门和通信系统，跟踪和控制集装箱货物的移动，使船舶操作人员能够精确、安全地控制压载水和其他船舶稳定系统。

美国海警担负着保卫美国重要海洋基础设施，保护在水域附近工作和生活人员的长期使命。《海上运输安全法》③ 要求海警预防和处置运输安全事故④，这些事故可能导致特定地区重大的人员伤亡、环境破坏、运输系统瘫痪或经济损失。⑤

---

① *Presidential Policy Directive—Critical Infrastructure Security and Resilience*, Presidential Policy Directive/PPD 21, February 12, 2013. https://www.whitehouse.gov/the-press-office/2013/02/12/presidential-policy-directive-critical-infrastructure-security-and-resil.

② *Maritime Critical Infrastructure Protection: DHS Needs to Better Address Port Cybersecurity*. Government Accountability Office, GAO Report: GAO-14-459, pg. 4-7, June 2014. http://www.gao.gov/assets/670/663828.pdf.

③ *Maritime Transportation Act of* 2002, *Public Law* 107-295, Nov. 25, 2002.

④ 运输安全事故（Transportation Security Incident）：指在特定地区发生的导致重大人员死亡、环境破坏、交通系统中断或经济破坏的安全事件。在此处，“经济破坏”不包括停工或其他与恐怖主义无关并由雇员与雇主纠纷引起的与雇员有关的行为。——《美国法典》第 46 编第 70101 节。

⑤ *Executive Order13636 -Improving Critical Infrastructure Cybersecurity* Section 10 (a) and 10 (b) Report on the United States Coast Guard and Maritime Critical Infrastructure Cyber Security Standards. http://www.dhs.gov/sites/default/files/publications/EO%2013636%20Section%2010%28a_b%29%20Report%20for%20USCG_Final.pdf.

为此，海警监督和巡逻美国的水域和海岸，对船只和设施进行登船检查，制定和执行安全、可靠的环境保护标准。这些活动有助于发现异常现象，制止危险或有威胁的活动，并对各种事件和攻击做出反应。

2014 年，政府问责办公室一份关于海上关键基础设施保护的报告强调了解决港口网络安全问题的重要性，以确保港口尽可能保持平稳运营。该报告对与网络相关的风险的评估提出了一些建议，包括将网络风险评估[①]结果纳入海事安全指导之中。[②]

（六）不断发展的网络战略、政策和法律

在美国，网络技术的迅速发展和演变不断挑战着政府的行政、立法和司法部门。

（1）自 2000 年以来，解决网络相关安全问题的执行策略虽然已经在十几份文件中被提及，但“……没有集成。包罗万象的策略已经被开发出来，因此需要综合这些文件，提供一个对当前策略的全面描述……”[③]。此外，由于环境的不断变化，在这些文件中战略重点经常被修正，并经常有新的职责被赋予各种组织。[③]

（2）2014 年 12 月，国会通过了 5 个与网络安全相关的法案，并由总统签署成为法律。这些法案是自 2002 年《E-政府法案》和《联邦信息安全管理法案》颁布以来国会通过的第一批网络安全法案。2014 年的法律将在未来几年对政府机构和私营企业产生广泛影响。最近，美国国会还成立了众议院信息技术小组委员会。许多人认为该委员会将致力于推进未来更多、更全面的网络立法。[④]

（3）在司法领域，许多宪法问题仍有待解释，包括与政府网络管理机构和活动相关的问题，围绕在网络安全问题管理中私人企业的法律责任问题，以及对网络空间隐私的宪法预期。

为了减轻现代网络领域的风险，有效的战略努力必须考虑到不断变化的战略、政策和法律格局。除其他情况外，这些现实问题将需要适应性的战略方法，以便能够比传统战略规划周期更快地调整优先事项和活动。

---

① 风险评估（Risk assessment）：指对实体、资产、系统或网络、组织运营、个人、地理区域、其他组织或社会面临的风险进行评价，包括确定不利情况或事件可能导致的有害后果等。——国土安全部《国家网络安全事业和研究倡议》。

② *Maritime Critical Infrastructure Protection*：*DHS Needs to Better Address Port Cybersecurity.* Government Accountability Office，GAO Report：GAO-14-459，June 2014. http：//www. gao. gov/assets/670/663828. pdf.

③ *Cybersecurity*：*National Strategy*，*Roles*，*and Responsibilities Need to Be Better Defined and More Effectively Implemented*，GAO Report：GAO-13-187，pg. 19，February 2013. http：//www. gao. gov/assets/660/652170. pdf.

④ Patel，R. “*President Obama Signs Five Cybersecurity Bills Into Law.*” ZwillGen Blog，December，2014. http：//blog. zwillgen. com/2014/12/29/president-obama-signs-five-cybersecurity-bills-law/.

虽然新兴的网络领域需要创新和适应性的方法，但海警将始终坚持保护公民自由的最高传统。海警负责进行网络作战[①]，同时保护经过行政、立法和司法机构所认定的隐私和利益。保护个人隐私和公民自由，保护商业机密和敏感信息，始终是海警控制与网络相关的行动和活动所必须坚持的基本原则。

（七）明显的威胁——风险增长的指标

国际刑警组织认为网络犯罪是增长最快的犯罪领域之一，越来越多的犯罪分子利用现代技术的速度、便利性和匿名性，从事各种各样的犯罪活动。这些犯罪行为包括对计算机数据和系统的攻击，对身份和知识产权的盗窃，欺诈，关键基础设施网络的渗透以及恶意软件、僵尸网络和电子邮件诈骗。[②]

在网络空间里，特别是与海洋和运输相关的领域，风险是真实存在的，并逐步增长。

四、背景：美国海警与网络作战

在网络空间，美国海警在联邦当局中处于特殊的地位。作为一个执法和监管机构，海警既是美国情报机构的正式成员，也是军队的一员，在应对联邦广泛的网络活动方面处于特殊地位。这些权限和职责跨越了互联网上军事（. mil）、政府（. gov）和其他域名为 . com 的网站。

像大多数联邦机构一样，海警负责保卫自身信息系统及通信网络。海警监视其计算机网络的异常活动，并采取措施弥补恶意网络活动[③]可能利用的漏洞，减轻带来的影响。海警网络是国防部信息网络的一部分，遵守国防部网络安全信息保障政策。海警还使用国家安全系统[④]，这一系统受情报界管理规定的约束。

美国港口的大部分关键网络基础设施由私人公司或地方政府拥有和运营。

---

① 网络作战（网络行动）（Cyber or cyberspace operations）：指在网络空间内或通过网络空间实现军事目标（或任务目标、效果）的网络空间能力的运用。此外，网络安全工作是指个人开展的收集犯罪证据或外国情报实体的证据的活动，目的是减轻可能或实时发生的威胁，反制间谍或内部威胁、外国破坏、国际恐怖主义活动及其支持的其他情报活动。——美国国防部联合出版物 3-0《联合作战条令》；国土安全部《国家网络安全事业和研究倡议》。

② INTERPOL. （2014）. *Cybercrime.* http：//www. interpol. int/crime-areas/Cybercrime/Cybercrime.

③ 恶意网络活动（Malicious cyber activity）：指寻求损害计算机、信息或通信系统、由计算机或信息系统控制的物理或虚拟基础设施，以及其上信息的机密性、完整性或可用性的活动（经授权或有美国法律依据的行为除外）。

④ 国家安全系统（National security system）：指由政府机构、政府机构承包商或代表机构的其他组织，来运营、操作、使用的任何信息系统（包括任何电信系统）：①涉及情报活动；②涉及与国家安全有关的密码活动；③涉及军队的指挥和控制；④涉及武器系统组成部分的设备；⑤对直接完成军事或情报任务至关重要，被定义为不适用于日常行政和业务的应用系统（包括工资表、财务、后勤和人事管理应用程序等）。——《美国法典》第 44 编第 3532 节。

国土安全部通过国家网络安全和通信集成中心，负责监督网络空间中对联邦民生机构的保护。国家网络安全和通信集成中心是民生的中心门户（公共—私人伙伴关系），能够近实时分享网络威胁的各项指标。它是一个 7×24 小时工作的网络态势感知、事故响应[①]和管理中心，是联邦政府、情报部门和执法机构中网络和通信集成的国家纽带。国家网络安全和通信集成中心在政府和私人之间共享信息，以更清晰地了解网络安全和通信情况，掌控漏洞、入侵[②]、事故、减轻[③]和恢复[④]行动。国家网络安全和通信集成中心通过和行业专门机构的合作，监督联邦开展针对网络紧急事件或威胁到国家关键基础设施和关键资源的全国性重大事件的应对行动。

海警负责《国家基础设施保护计划》所指的交通运输系统中的海上运输部分，该计划指导海警保护海上运输系统免受网络威胁；海警则通过鼓励海上运输系统的成员进行风险评估来具体操作。根据《海上运输安全法》，海警负责防止运输安全事故的发生，这些事故可导致特定区域的人员伤亡、环境破坏、运输系统瘫痪或经济损失。

美国联邦调查局是负责调查大多数恶意网络活动和网络犯罪的联邦机构。美国联邦调查局领导的国家网络调查联合工作组是一个跨部门组织，负责与所有政府机构协调、整合和共享国内网络威胁调查的相关信息；其他联邦执法机构在其管辖范围内调查网络犯罪。所有联邦执法机构都使用网络手段进行刑事调查，并在数字系统中保存证据。

作为一个执法机构，海警在海事领域及其服务范围内对非法活动进行刑事调查。美国海警犯罪调查处根据联邦法律规定，对数字信息系统和产品进行查询和封禁，并通过合法的网络活动保存非法活动的证据。美国海警调查部门也支持针对源自海警网络内部，或者海警成员的网络犯罪活动进行调查。在适当的情况下，海警调查部门协调并协助其他联邦、州、地方以及外国执法机构的

---

① 响应（Response）：指解决事件发生后的近期直接影响，或支持短期恢复的活动。——国土安全部《国家网络安全事业和研究倡议》。

② 入侵（Intrusion）：指绕过网络或信息系统安全机制的未经授权的行为。——国土安全部《国家网络安全》。

③ 减轻（Mitigation）：指采取一种或多种措施，减少意外发生的可能性及其后果。——国土安全部《国家网络安全事业和研究倡议》。

④ 恢复（Recovery）：指在事故发生后，旨在短期或中期内恢复基本服务和运营，并在长期内完全恢复所有能力的活动。——国土安全部《国家网络安全事业和研究倡议》。

网络调查①，并在国家网络调查联合工作组中保持全时就位。

美国情报界负责提供和保障美国的国家安全系统、信息系统以及用于情报活动和军事指挥控制或武器系统的网络。情报界通过计算机系统、信息系统、通信网络开展网络收集②，开发网络情报③、外国意图参与或实际参与恶意网络活动的情报，并针对此类活动对美国可能造成的潜在威胁进行评估。情报部门的反情报机构负责识别、欺骗、利用、干扰、打击或瓦解外国势力、组织、个人或代理人、国际恐怖组织的恶意网络活动。反情报网络任务包括应对美国政府供应链④所面临的威胁，以及可信任的内部人士所产生的威胁。

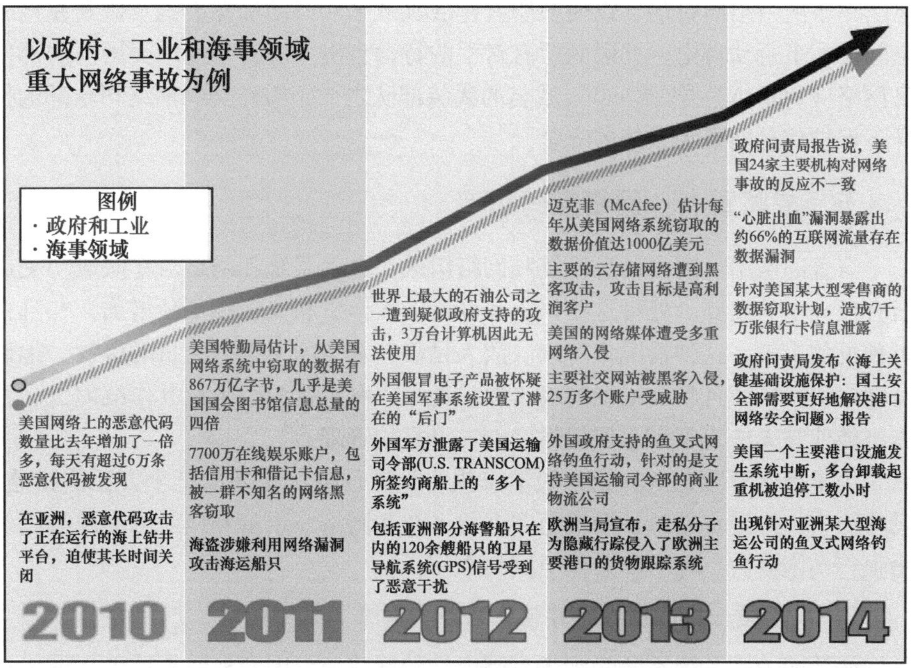

图 5－5　不断增长的网络风险（2010—2014 年）

① 网络调查（Cyber investigation）：指使用全方位的刑事调查工具对符合条件的威胁或事故进行系统和正式的查询，这些工具包括但不限于询问技巧、监视和数字取证，以对发生的事件进行确认并收集证据。——国土安全部《国家网络安全事业和研究倡议》。

② 网络收集（Cyber collection）：指通过计算机网络，从目标、对手的自动化信息系统或网络中收集数据的情报收集能力。——美国国防部联合出版物 3-13。

③ 网络情报（Cyber intelligence）：指从所有情报源中收集、处理、分析和分发有关外籍行动者的网络计划、意图、能力、研发、战术、行动和指标信息，及其对国家安全、信息系统、基础设施和数据的影响或潜在影响，并洞察外国信息系统的组成、结构、用途和漏洞。——美国国家情报总监办公室《2014 国家情报战略》。

④ 供应链（Supply chain）：指用于创造产品和将产品（包括产品组件和服务）从供应商转移到客户，由组织、人员、活动、信息和资源组成的系统。——国土安全部《国家网络安全事业和研究倡议》。

海警情报部门收集、处理、分析和分发外国情报信息，全源收集和分析海警和海运部门网络所遭受的外国网络威胁。海警反情报机构进行调查和行动，以确定和阻止外国情报机构利用海警网络和系统的尝试。他们还分析、处理信息和通信供应链存在的风险。

国防部负责保卫自己的网络，阻止外国针对美国的恶意网络活动，于恰当的时机在网络空间采取果断行动保卫国家。在国防部内部，美国网络司令部和军种网络司令部（如海警网络司令部）计划、协调、集成、同步和执行某些行动，以指导国防部信息网络的进攻和防御。在获得授权后，他们将开展全方位的军事网络空间行动，以便在所有作战领域采取行动确保美国及盟友在网络空间的军事行动自由，并限制所有对手的行动自由。海警是使用美国国防部信息网络（DODIN）中“.mil”域名的武装部队之一，需在美国网络司令部的指导下保护信息网络和系统的安全。

五、战略重点：网络空间防御

海警的网络空间由信息系统和网络组成，这些系统和网络对军队成功完成所有任务至关重要。处理这些系统和网络的工作量和复杂性不断增加，并且在可预见的未来，这种情况将持续。敌人是极其复杂的，拥有大量的资源。他们对网络空间持续且日益增加的攻击逐步耗尽了海警资源，限制其作战能力，并有可能使其无法为国家水域提供安全、可靠的管理。

为了确保海警完全有能力为国家执行重要任务，将采取三个方面的措施。具体而言，海警将通过识别威胁并强化系统和网络、了解和应对网络威胁以及增强行动恢复力三种手段来保卫网络空间。

（一）手段一：识别威胁并强化系统和网络

海警的关键系统不断受到来自国内外的威胁，意图窃取数据或破坏网络和系统。为了减少来自恶意网络活动的威胁，海警将提高对网络行动的态势感知能力，并适当增强网络系统抵御威胁的能力。

1. 目标1——管理风险

海警必须尽可能地利用稀缺资源进行风险评估，在必要时优先考虑内部安全措施，并在有效性和成本方面持续评估最佳缓解方案。为此，海警将：

（1）认识和理解对网络空间的依赖，评估和管理某些组织及行动风险，并对经费使用进行优先排序。

（2）促进跨部门间和部门内的伙伴关系，以利用现有和新兴的力量。

（3）运用情报优先考虑并集中实施风险缓解和降低风险行动，确定重点关注事项，例如通过冗余系统或多路径网络。

(4) 持续监控和评估风险缓解行动和风险降低行动的效果，以有效管控漏洞。

2. 目标2——将网络安全集成到系统规划和数据采集中

网络安全必须成为每一个信息系统开发或数据采集的基本规划和考虑，这就解决了预算周期中对重复资源的需求问题。为了实现这些目标，海警将：

(1) 了解和管理整个产品、系统和服务周期中的供应链风险，制定采购政策和措施，鼓励供应链安全和风险管理[①]的最佳实践。

(2) 通过继续与联合信息环境（Joint Information Environment，JIE）及其单一安全架构（Single Security Architecture）保持一致，提高网络空间防御行动的安全性和时效性。

(3) 改进对专业技术人员的教育和培训，使他们能够设计、构建和操作从根本上就是安全而有弹性的信息系统。

（二）手段二：了解和应对网络威胁

网络空间防御行动必须及时通报有关情报和威胁指标，以及来自国防部、国土安全部或其他来源的漏洞信息。通过及时分享目标情报，才能确定网络空间防御行动的优先项和作战重点。

1. 目标1——发展网络劳动力

在迅速变化的网络环境中，专业和技术上富有经验的网络劳动力是必不可少的。海警将会：

(1) 招募、教育、培训并留住网络专业人士，因为他们是在网络行动中茁壮成长起来的，积累了丰富的技术经验。

(2) 与国防部、国土安全部和学术界合作，确保尖端培训和教育能够跟技术发展保持同步。

2. 目标2——实施有效的网络情报循环

海警必须优化和提高情报的收集、分析和融合、传播、反馈功能，以确保对网络空间的充分防御。海警将会：

(1) 利用适当的情报收集工作，打击非法网络空间行为者，提升网络空间防御能力。

提供及时的全源指示和告警，并融合分析以识别对手、威胁和漏洞，为海警的行动提示网络安全风险。

---

① 风险管理（Risk Management）：指识别、分析、评估、交流风险信息，并考虑所采取的任何行动的相关成本和收益，将其接受、避免、转移或控制到可接受水平的过程。——国土安全部《国家网络安全事业和研究倡议》。

（2）促进海警与美国政府安全企业及利益相关者之间对威胁信息的分发和交换，为特定的情报客户设定适当的安全级别。

3. 目标3——实施情报驱动的网络空间防御

情报必须驱动行动的决策，以及网络空间防御的具体行动。为此，海警将：

（1）进行有效的网络安全调查和取证分析，确定恶意活动采取的方法和路径，确定对基础设施的影响，提供起诉证据，告知发展对策，通知防御行动。

（2）利用开源、国防部和国土安全部的威胁情报和指示，将有限的资源集中在消除对海警执行任务构成最大风险的漏洞和威胁上。

（三）手段三：增强行动恢复力

行动恢复力要求信息资源可靠，且指挥员做好信息资源退化或损失的准备。网络运营商和防御者有能力在不利情况下获胜。

1. 目标1——支援以任务为中心的网络空间行动

发展能够应对可能削弱作战能力的网络威胁的主动防御能力，需要优先考虑在网络事故发生后的恢复工作。为实现这一目标，海警将：

（1）识别对海警任务至关重要的信息系统、网络和数据，了解漏洞、关键节点以及可能对关键基础设施造成的级联中断。

（2）在海警安全利益相关者之间建立强大的伙伴关系，以便在出现错误或故障时能够迅速修复关键信息基础设施，同时保持对正在执行的任务的支援。

（3）根据需要，动态分配网络空间防御资源，以便在处理网络事故时继续维持作战行动。

（4）定期组织演习来测试应急计划的完备性，吸取经验教训，以便在能力下降时保持行动自由。

2. 目标2——将网络安全融入海警的文化

海警作战行动的几乎每个方面都依赖于可靠和值得信赖的信息系统和基础设施。海警必须始终如一地遵守IT安全政策，并将安全使用网络视为其最高优先级事项之一。为达此目的，海警将：

（1）认识并理解我们对网络空间的依赖，将自身的信息系统和网络视为一项完成任务的关键资产。

（2）通过在员工知情、蓄意或疏忽地损害海警信息系统的安全或违反信息系统安全政策的情况下，确保对其进行司法或行政制裁，从而遏制内部人员的恶意行为并明确个人责任。

（3）通过制订事故应急计划确保任务的成功，包括在信息系统和网络严重退化的情况下继续作战的计划。

（4）加强对所有海警人员（包括非传统 IT 专业人员）的培训和教育，使员工能够有效地操作信息系统和工具，实现作战能力最大化，同时确保海警信息系统从根本上保持安全和弹性。

六、战略重点：保持行动能力

为了在网络领域内有效作战，海警必须开发和利用多样化的网络作战能力和机构。海警利用内部和外部的信息系统及通信网络中的网络空间，可以帮助探测、威慑和击败对手。海警领导者必须认识到，所有任务中取得成功的关键因素之一是保持利用网络的能力，并确保指挥官和各级决策者充分利用这些能力。

根据保护和尊重美国公民的悠久历史，海警将始终按照自由国家之法律和政策的规定行事，并将始终高度尊重所有公民的权利和自由。海警将利用多种方法、程序、工具，在网络领域最大限度地提升应对复杂对手的作战能力，同时维持该部门尊重个人自由的传统。由于许多暴力机构（包括武装部队、执法机构、监管机构和情报机构）的作用各不相同，在实现所有战略重点时需要的情报和执法支援不同，海警提供网络作战能力时处于独特的地位。

（一）手段一：将网络空间行动纳入任务规划并执行

在当今的作战环境中，能清晰地认知网络能力及其对海警行动的支援效果，对于任务的成功至关重要。海警的工作人员必须熟悉网络空间作战能力和行动，参谋人员和指挥官必须考虑将网络纳入行动规划的所有方面。

1. 目标 1——整合网络意识

所有海警成员都在网络空间内作战，因此海警将以无缝、有效的方式促进网络行动与其他联邦和国际合作伙伴之间的合作。在制定政策、计划和战略时，网络能力必须是一个基本的考虑因素。为了帮助整合网络意识，海警将：

（1）制定原则和流程并贯彻落实，协调海警内部网络的安全、情报、反情报、执法和监管部门之间的网络活动，通过消除冲突、节约成本和降低风险，将执行任务的效率最大化。

（2）根据需要，将海警的网络行动与联邦情报、反情报、执法、海事和军事组织恰当结合，在适用的法律和法规约束下，开展最佳的网络作战行动。

2. 目标 2——提高能力和实力

海警的领导者必须了解网络安全和网络空间作战的基本知识，这对于提高海警防范和打击网络空间对手、支持海上运输行业网络安全的能力至关重要。

网络教育和培训必须是核心劳动技能的主要组成部分。美国海警将组建一支网络作战部队，确保能够在这个复杂的作战领域保持行动自由，同时维护公民的隐私和自由。为此，海警将：

（1）利用提升网络意识的项目，为所有海警成员和平民，或任何有权访问海警网络系统的人员进行教育。对于海警成员，这将从其加入部队开始，并贯穿于整个服役生涯。

（2）为海警网络作战人员规划一条职业道路，包括招聘、培训和留用，以创建一支掌握网络安全、网络情报、网络执法任务、关键基础设施网络支持和网络效应[①]等方面专业技能的骨干队伍。

（3）通过发展适当规模的网络空间作战队伍管控所有的风险，保卫海警网络空间，开展支持海警任务的行动。

（二）手段二：提供能支援所有任务的网络能力

网络情报和刑事调查必须为政策、战略、战役和战术提供信息，对于海警的正确决策至关重要。网络空间行动是为了提高执行任务和网络安全防护的能力，这些行动将通过情报生成、网络空间行动本身或通过持续的情报循环而产生副产品来促使任务成功。

1. 目标1——对网络空间行动的情报支持

当情报是及时、相关联、可使用的，能够以可行的方式交付时，才是最有价值的。海警必须充分利用情报和调查能力，并寻求情报部门和执法伙伴的帮助，以提高行动效果。为达到此目的，海警将：

（1）与国防部、国土安全部和其他机构合作，在全源网络情报服务领域建立、发展和保持广泛而深入的联系，同时积极为满足国家更大的需求做出贡献。

（2）制定与联邦政策相一致的信息共享和保障指南，确保网络威胁指标和刑事调查信息能够在内部及时共享，并在适当的时候与国际、联邦、州、地方的合作伙伴共享。

（3）制定政策和指导方针，确保能够迅速向海事合作伙伴和利益相关者发布网络威胁指示，以提高海上运输系统的安全性和抗冲击性。

2. 目标2——对作战行动的网络支持

所有海警任务的优先事项都受到网络空间发展的影响。海警有效执行任务时，需要对威胁有清晰的了解，而网络能力则必须能够通知有关信息并支持所

---

① 网络效应（Cyber effects）：指对计算机系统、信息系统或通信系统，网络，由计算机或信息系统控制的物理或虚拟基础设施或驻留其上的信息，进行操控、中断、拒止、降级或破坏。

有海警的行动。作战指挥官和参谋人员必须将网络支持作为其作战计划的一部分。为实现这一目标，海警将：

（1）发展强大的网络情报、监视和侦察能力，以支持海警的任务。

（2）利用与国防部和国土安全部的合作关系，评估快速发展的网络技术和工具，支持海警达成作战任务中的目标。

（3）将网络活动整合到海警的作战计划中，并融入部队的整个指挥闭环中。

（4）通过跨部门的行动和情报合作，制订协调的行动计划，以支持特定的网络行动或应对网络威胁。这其中包括与国家相关的网络情报和作战资源的有关协调需求。

（5）评估作战网络政策审查委员会政策的必要性；该委员会定期评估法律和政策在海警行动和演习背景下的演变，确保在整个行动周期中保持制衡作用。

七、战略重点：保护基础设施

海上关键基础设施包括港口、设备、船舶和促进美国境内贸易的相关系统，支援国防和国土安全的设施，保证国家与全球供应链的连接。这些基础设施，结合操作使用它的人，构成了海上运输系统。美国的安全和繁荣依赖于安全、稳定和高效的海上运输系统。

美国既定政策的目标是加强国家关键基础设施的安全与恢复力，并维持安全的网络环境，鼓励效率、创新，促进经济繁荣，同时提升安全性，保护商业、隐私和公民自由。① 美国海警将与国土安全部一起，通过与关键基础设施的所有者和运营商合作来实现这些目标，改善网络安全信息共享机制，制定和实施基于风险挑战的标准。

美国海警长期以来一直保护海上关键基础设施和海上运输系统免于遭受攻击、事故和自然灾害。海警开展巡逻、检查、演习和其他活动，通过与私人企业合作来降低风险，并为应对事故和袭击做好准备。

海上运输系统面临的与网络相关的风险是出现越来越多的漏洞。船舶和设备运营商使用计算机和网络相关技术完成导航、通信、工程、货物、安防、环境控制和其他许多事务。总的来说，这些技术使得海上运输系统变得可靠，能够留下以令人印象深刻的记录，驱动美国经济增长，支持国防、国土安全及相

① Executive Order 13636, Feb. 12, 2013, *Improving Critical Infrastructure Cybersecurity*. http://www.gpo.gov/fdsys/pkg/FR-2013-02-19/pdf/2013-03915.pdf.

关需求能力的运行。

这些网络系统在创造收益的同时，也带来了风险。网络系统的错误或失效可能导致伤害、死亡，损害海洋环境或扰乱重要的贸易活动。即使海上运输系统业务暂时或部分中断，也可能对地方、区域、国家乃至全球经济造成严重后果。我们国家贸易额的3/4要经过包括沿海港口、北美五大湖和西部河流在内的港口和水路。①

为应对这些风险，海警、海洋工业部门和其他利益相关方将努力确定适当的网络标准，并将其纳入船舶和设施的现有安全规则之中。海警的行动模式是在可能的情况下防止出现不良后果，并在这些事件发生时减轻影响。网络空间的预防和应对行动在保护重要的海洋基础设施方面发挥着重要作用。

（一）手段一：风险评估——提升网络风险意识和管理水平

海警将把网络安全纳入海上行动的各个方面，以降低海上运输系统的风险，并继续保护国家关键的海上基础设施和美国民众。

1. 目标1——改进全港网络安全风险评估的工具和方法

海警将利用风险评估工具帮助维护海上关键基础设施。为了实现这一目标，海警将：

（1）将网络安全纳入区域海事安全委员会（Area Maritime Security Committees）的风险评估之中。

（2）修改海事安全风险评估模型，纳入网络风险或确定提供相同功能的类似工具。

（3）利用财政拨款和研发能力评估海事领域的网络风险。

（4）明确当前所使用的网络安全风险评估工具，在适当的情况下将其运用于海警，并与海事行业共享。

2. 目标2——加强网络安全信息共享

海警将与合作伙伴和利益相关方协作，达成有关海上基础设施威胁信息的共享协议。为实现这一目标，海警将：

（1）与海事行业、区域海事安全委员会、国土安全部和其他利益相关方合作，评估通过建立信息共享和分析中心，与海事行业共享网络安全相关信息的可行性。

（2）与国土安全部国家网络安全和通信集成中心以及其他机构签署谅解备忘录，明确并促进与网络安全风险相关的信息共享。

---

① U. S. Dept. of Transportation, Research & Innovative Technology Admin., Bureau of Transportation Statistics. *Transportation Statistics Annual Report2012*. Available at http://www.rita.dot.gov.

（3）继续支持《国家基础设施保护计划》中的信息共享和相关目标。领导海事政府协调委员会，参与其他部门的政府协调委员会。

（4）继续与加拿大交通部合作，比较和分享网络安全风险评估的最佳实践，并分享关于新兴网络威胁的信息。通过国际海事组织和其他论坛，支持多边方式的信息共享。

（5）通过参加美国海上运输系统委员会，继续推进建立跨部门合作关系，支持和改善海上运输系统网络安全。

（二）手段二：预防并减少海上运输系统中的网络安全漏洞

了解与网络系统相关的漏洞，可使海警和海洋工业部门采取适当措施，降低海上关键基础设施的网络被攻击、利用或失效和出现错误的风险。

1. 目标1——减少船舶和设施的网络漏洞

海警将确立并纳入适当的标准，以减少核心网络系统在被攻击、利用、失效或误用方面的脆弱性，这些攻击、利用、失效或误用可能直接或间接地导致运输安全事故，或对海警当局造成其他不良影响。为了帮助减少与网络有关的漏洞，海警将：

（1）为商业船舶和滨水设施运营商提供如何识别和评估其网络安全相关漏洞的指导，将这些风险信息纳入由私人企业和港口当局所开展的现有船舶和设施安全评估或其他适当的管理制度中。

（2）通过推进响应和恢复计划以及其他行动来减轻网络事件①的影响，提高海上运输系统对相关网络事件的恢复力。

（3）与国际组织以及行业和技术协会合作，确定适用于国际和国内海洋行业现有常用系统的网络安全标准。

（4）审核海警的计划和作战标准，确定哪些设备符合公认的网络安全标准，进一步提高系统的安全性和可靠性。

（5）与国际海事组织合作，发展全球海事网络预防响应协议。

（6）将网络安全纳入现有的执法和检查项目中。

2. 目标2——将网络安全纳入培训和教育要求

受过教育的船员、工人和海警人员并肩作战，是降低海上运输系统网络脆弱性的重要环节。海警将确保水手和工作人员在操作重要的网络安全系统前接受正确使用系统的培训，了解风险，检测异常活动。为达此目的，海警将：

（1）与国际海事组织协调，将网络安全教育纳入船舶和设备安全人员的

① 网络事件（Cyber event）：指可能对任务、能力或声誉等产生影响的网络安全变化。——《美国国家标准与技术协会（NIST）网络安全框架 V1.0》。

培训中。

（2）将网络安全教育纳入海警颁发证书的要求中。

（3）与美国海警学院、商业运输学院和培训项目合作，将网络安全教育纳入课程体系之中。

八、确保长期成功

在实施这一战略时，有几个必须要考虑的跨领域横向支持因素。虽然不是详尽无遗的，但以下概念对于海警实现其网络领域的战略重点特别重要。

（一）认识到网络空间是一个作战领域

意识到网络空间行动的重要性，海警还要将其形成一种文化，因为网络空间的行动已经变得和物理领域的行动一样重要。各级作战指挥机构必须在其职责范围内制定网络空间行动的目标和预期，并确保在所有任务规划和执行中都考虑到网络空间。此外，每名海警成员——现役、文职、预备役或辅助人员，都必须了解自己的角色和责任，以确保海警的安全，并能够最大限度地利用网络空间执行所有任务。

（二）制定网络作战指导，定义任务空间

海警必须制定明确的指导方针，规定人员在网络空间开展行动的时间和方式，以及如何与其他政府机构和私人组织协调作战行动。海警还必须制定与当局相一致的网络作战规则，并明确作战参数。海警是联邦执法和监管机构，是情报界的一员，是武装部队，拥有开展作战行动支持其法定使命的权力。在网络政策和法律不断演变的背景下，海警必须清楚地阐明网络行动的法律主体和责任。随着时代的变化，海警必须调整网络计划和行动，确保最佳的任务表现，同时完全遵守当前的政策和法律。

（三）利用合作伙伴

尽管美国海警拥有一套独特的机构来开展网络行动，以支持作战任务，但它仍是一个资源有限的小机构。为了在网络空间有效行动，海警必须与多个层级的伙伴开展合作，包括联邦政府层面，外国政府层面，州、地方、族群和地区层面，私人公司层面。在联邦一级，海警必须与国土安全部协调网络行动，确保最佳的统一行动。海警还必须与联邦调查局、国家安全局、美国网络司令部以及其他联邦部门和机构密切合作。海警必须教育其所属人员按照所有合作伙伴的适用标准开展行动，并在适当情况下将海警网络人员整合到合作机构中，保证参与和协调网络行动的效果。海警还必须与海上运输部门成员中的私人公司建立密切联系，了解它们的弱点并支持它们为网络安全所作的努力。此

外，海警还必须与学术界合作，利用其与美国海警学院、研究和发展中心、信息和通信技术[①]部门的特殊关系，通过对网络空间发展趋势进行独特地分析，来辅助海警执行任务。

（四）实时地交流

及时共享信息是保持合作关系的命脉。为海警的行动和关键基础设施的网络安全提供有效的网络支持，需要在快速共享和保护信息安全之间保持谨慎的平衡。来自海警和国家情报机构分发的信息，或来自执法和网络防御[②]调查的信息必须及时提供给海警下属相关业务部门和海上运输部门的伙伴。与作战人员和合作伙伴共享的信息必须采用正确的格式，并分类到他们可以采取具体行动的级别。海警还必须制定信息共享程序，以确保执行关键任务所需的网络信息能够与适当的合作伙伴共享，同时规避未经授权泄露所造成的影响。海警还必须与国土安全部和海运部门的伙伴合作，制定接收、使用和保护关键私人企业信息的程序，堵塞海上运输系统的网络威胁和漏洞。

（五）合理的组织架构

海警的网络骨干具备多重使命——网络安全，刑事调查，情报收集和分析，反情报，关键基础设施网络安全、网络响应行动的监管指导和支持。这些任务使得整个海警体系中设置了诸多机构，分布在全国各地。这种分散的活动需要灵活、适应性强的指挥结构，以确保网络空间的统一行动。海警必须确定一种指挥和控制体系，确保各种网络作战单元相互协调、消除冲突、互相合作，并使其行动与海警的战术和战略重点保持一致。这将包括制定政策和程序，促进对作战行动中网络支持的请求和批准，规划和执行网络行动的标准，以及记录和学习海警网络空间行动要点。

（六）建立一支网络劳动力队伍

海警必须确定发展专业网络骨干的人员需求和所需技能，然后制定招聘、培训和留用的政策和把握时机。随着网络空间作为一个作战领域逐渐得到认可，“网络作战人员”将同其他所有作战专业人员一样，对海警同样重要。我

---

① 信息和通信技术（Information and communications technology）：指能通过因特网、无线网、手机和其他通信媒介等电信系统提供信息访问的技术。——www. techterms. com.

② 网络防御（Network defense）：指所有者或经所有者和用户同意，在其计算机、网络、信息、通信系统上，使用必要的程序、功能和工具，主要保护：①计算机、网络或系统；②在计算机、网络或系统上存储、处理或传输的数据；③由计算机、网络或系统控制的物理和虚拟基础设施。网络防御，不涉及或不要求在所有者未授权、或超出所有者授权访问的情况下，对其计算机、网络和通信系统进行访问或开展其他活动。

们的海警必须确保网络骨干有动力继续提高他们的技能，并有机会在网络领域专项发展。网络骨干必须有机会通过交叉培训来增强他们的技能，并在海警网络要素的全部业务范围内服役，包括网络安全、政策、情报、反情报、执法、监管，以及在空中、陆地和海洋领域服务。除了发展一支专业的网络部队，海警还必须确保全体人员掌握必要的技能和知识，以有效地在网络领域行动，同时不断通过实践确保海警网络系统的安全。

（七）投资未来

信息和通信技术正在迅速发展，要想管控新兴的风险和开发新的机会，海警必须跟上网络技术的发展。海警的采购和信息技术管理必须灵活，要适应信息和通信技术的变化。海警必须通过投资网络研发来提高作战能力，才能预见和塑造未来的作战环境。

九、结论

网络技术开创的时代带来前所未有的进步和便捷，但也带来了严重的威胁和风险。这些风险对海警的战备和作战行动构成了严重挑战，并可能对海上运输系统造成毁灭性的影响。要防范这些威胁，并在现今数字时代最大限度地提高整体作战效能，海警需要进行战略性调整。首先，海警必须完全把网络空间视为一个作战领域。

这一战略为海警在网络领域有效作战提供了一个清晰的框架。它强调了三个基本的战略优先事项：网络空间防御、保持行动能力和保护基础设施。它还包含一些成功的关键因素，这些因素将确保海警长期保持行动能力。

这一战略将与国土安全部、国防部和情报界密切协同，并与整个政府以及全球和私人的合作伙伴进行沟通。为了保持行动的长期有效性，海警将创建重视网络安全并将网络空间视为一个作战领域的文化；同时必须组织、训练和装备其成员，以适应今天和未来的作战环境。最重要的是，海警将继续长期保持与国内外公私机构合作的传统，确保最有效力地执行任务。

为了保护国家在海洋环境中最重要和最持久的利益，海警必须在网络领域开展行动。正如过去两个世纪所做的那样，海警将继续适应我们的作战环境中伴随着技术进步而来的挑战和机遇。通过实施这一战略，海警将有效地保护美国在网络空间的海洋利益，保持与对手的作战优势，帮助维护国家的安全、稳定和繁荣。

第六篇 《美国海警人力资本战略》[①]

美国海警司令的发布函

非常荣幸由我介绍《美国海警人力资本战略》。美国海警是一支多任务海上部队，承担着国家水域的安全、治安和管理责任。能够出色地完成任务，依靠的是海警最强大的力量——我们的员工。我们的行动需要一支坚韧、精干的员工队伍，而这需要汇聚美国人广泛的技能、才干和经验。为应对不断发展的科学技术、日益复杂的行动环境和动态变化的伙伴关系，我们必须建立并维持一支专业精通、能力各异、适应任务特点的员工队伍。我们必须培养以本地为基础、可在全国部署，并与全球相联系的有能力的领导者。我们部队的每一位成员，都必须承担培育团队文化、营造积极工作氛围、精益求精地完成任务的责任。

新的战略重点、技术能力的更新需要、财政资金限制，以及不断变化的劳动力人口结构，都对海警人力资本战略构成巨大挑战。几十年来，我们的基本原则和具体做法都没有明显改变，而现在是开发、创新和落实新的人力资本管理方法，开发、建立和保持满足复杂全球任务所需的海警劳动力机制的时候了。

为确保我们的职能和管理流程（包括需求、资源分配、培训和人力资源系统）协调一致，确保为未来复杂任务储备蓬勃向上的劳动力，人力资本战略明确了一个为期十年的发展方向。该战略强调各级领导在培养未来劳动力方面的重要性，制定了对我们员工抗压力和安全至关重要的努力方向，这将确保我们的管理流程能为有才华的员工提供必要的培训和业绩支持，使他们能为执行任务做好准备。

---

① 本篇译自：*U. S. Coast Guard Human Capital Strategy*. U. S. Coast Guard Headquarters, Washington, D. C. , January 2016.

海警的重要价值观是荣誉、尊重和献身使命，这深深根植于每一名员工的心中。随着该战略的实施，我们将确保海警拥有服务国家、忠于民众、聚焦我们坚定承诺的劳动力。

随时候命！

美国海警司令

保罗·祖孔夫特（Paul F. Zukunft）上将

2016 年 1 月

一、导语

两个多世纪以来，随着海上环境的巨大改变，美国海警完成的任务也越来越复杂。针对各种海上威胁挑战，我们保卫了自己的国家，保卫了海洋，保卫了海上的一切。在执行多样化任务中，我们的人员和平台无论身处何处，都尽职尽责做出贡献。

为贯彻“荣誉、尊重、献身使命”的海警价值观，无论暑往寒来、昼夜轮回，还是国内国外、休假值班，我们 9 万多名专业人才一直坚守自己的岗位、完成各种任务。出台《人力资本战略》的目的，就是要为我们的员工提供一个开发领导能力、提升专业技能并有效完成任务的根本保证。

任务使命以及为此进行的支援保障是我们人力资本需求的推动力。海警的《西半球战略》（2014 年 9 月）、《北极战略》（2013 年 5 月）、《网络战略》（2015 年 6 月）以及《能源行动计划》都清晰地指出了海上行动的变化，为此，海警部队必须持续改革以适应这些新的需求。为满足这些任务需求的变化，本战略绘制了一个雄心勃勃的蓝图，以期改善我们在能力素质、资格认证、职业规划、人员配置、工作氛围、激励措施、支援保障、培训计划、专业发展和领导力培养等方面的工作。

随着任务的变化发展，海警还必须应对外部因素对劳动力的挑战和驱动，这就是竞争日益激烈的劳动力市场、逐渐拉大的代际差距、不断变化的人口结构以及整个联邦政府新的人事政策的变更。此外，人力资本成本的增加也推动了对人力资本管理方法的创新需求。现役和文职人员的工资和津贴，占海警基本运营经费的 63% 左右。我们的人力资本系统必须更具灵活性、适应性且高效率，才能成功地吸引、培养、保留和酬劳一支富有才干、合作包容的多样化劳动力队伍。

海警人力资本战略的最终目标，是在合适的时间给予需要的员工合适的能力和经验，以使其能圆满完成海警任务，同时通过卓越的领导，实现我们员工队伍的持续发展。为此，需要将以下三点作为优先的战略任务：①满足任务需要；②满足部队需要；③满足员工需要。

本战略的形成得到总统、国土安全部、管理与预算办公室、国防部等单位领导的支持和帮助，并适用于美国海警的所有部门员工，包括现役、预备役、文职人员以及志愿辅助人员。

二、内容摘要

许多机构都坚信，员工是他们最为重要的资源。但对于美国海警来说，作为海警文化的组成部分，员工更是部队取得成功的关键。没有员工的努力，我们的缉私船、小艇、飞机、基础设施和支援保障系统是不能独立完成海警的任务使命的。既然海警员工每天都在为美国公众提供服务，那么发展和保持我们最重要的资源——人力资本，就需要一个全面而综合的战略。

简单而言，人力资本就是海警的员工以及他们带给海警的一切知识、能力和智慧，专业技能和经验，以及动力、承诺和领导力。人力资本的健康发展需要确定、强大的平台环境作为保证。

美国海警的人力资本愿景包含两个方面，因此需要双方共同努力才能实现。一方面，员工管理方必须提供一个灵活、机敏和适应性强的人力资本系统；另一方面，海警员工也必须努力成长，成为行家里手，以满足完成日益复杂任务之需并有效地为国家服务。为达成这些目标并取得长期成功，海警人力资本战略需抓住以下重点：

（1）满足任务需要。海警任务决定了对海警人力资本的需求，这就是员工队伍的规模、组成、结构和最终成本。

要满足这一需求，我们必须确保海警是一支常备力量，以便随时响应国家需要，并保持对重大事件的增援能力。计划管理人主要负责把握劳动力需求。在行动和任务支援方面，计划管理人必须确定能够执行或支援海警任务所需的人员，并在资源运筹中把握重点。此外，他们所做的计划还将使人力绩效①专家能谋划满足现在及未来之所需的培训和业绩支持②体系。合适的胜任

① 人力绩效（Human Performance），可以认为是人力绩效技术（Human Performance Technology）的简称，它是一种系统程序或过程，以此来识别绩效改进的机会，设定绩效标准，确认绩效改进的策略，进行投入和产出分析，选择改进方案，保证对现存系统进行整合，评估绩效改进方案或策略的有效性以及方案的执行情况。

② 业绩支持（Performance Support）干预措施针对的是积极性、措施和能力方面的缺陷或问题，目的是增强整个综合业绩体系的功能并为人们模范地开展工作奠定基础。

特征[①]和专业体系也是满足任务需求的关键。最后，为有效地完成海警任务，我们还必须使检查和监督落到实处，为所有员工和领导者迎接未来挑战奠定坚实基础。

（2）满足部队需要。海警工作效率的根本是领导力，而基础是各部队的工作氛围和表现。每位主管和领导者都必须与人力资源专家通力合作，做好所属人员的培养工作。

我们必须培育积极、团结、包容和相互尊重的工作氛围，重视海警所有员工——现役、预备役、文职人员、志愿辅助人员以及我们的承包商。招聘、留住和奖励优秀人才是满足部队需求的关键。我们必须重视业绩、奖励优秀的业绩，并在各级层面中改进我们的工作，其中至关重要的是使人力资源系统[②]高效运转并发挥作用。虽然我们已经采取了很多行动来改进我们的工作，但仍有大量改进的余地。

（3）满足员工需要。培养海警员工及其家庭的抗压力、帮助海警员工实现专业发展，可以优化他们对部队的贡献。以支持员工“生命周期”[③]的方式满足员工的需要，从而增强员工的抗压力。士气、福利和休闲娱乐（MWR）计划、员工援助服务、宗教服务、工作生活安排以及其他支持服务都有助于这一进程的实施。保障员工安全和健康，对满足个人需要是非常重要的，对部队来说也是一样。员工是否愿意履行职责，也取决于他们及其家属能否获得高质量的卫生保健。同时，每个人都有责任保护自己、家人和同事免受伤害。在尊重宗教自由的环境中，信仰已被证明能培养力量、品格和抗压力。为了让员工在瞬息万变的环境中快速前行，我们必须对其长期职业生涯的专业发展和学习进行投资，并造就实在的、确实有益的条件，确保员工能够有效完成任务。最后，我们还需要利用激励机制，为员工发放足够的工作薪金并提供适当的发展机会，

---

① 胜任特征（Competency）是一个与知识、技巧、能力和必要资源（包括工具、方法、信息、理论、程序、材料等）相关的集合，用于将任务完成到预定的、可度量的标准。这些任务通常是支持或帮助机构、单位或工作小组所达成目标的更大进程的一部分。有关定义参见《美国海警胜任特征管理系统手册（2015年6月）》。

② 人力资源系统（Human Resource System），指实现海岸警卫队人力资源管理功能的所有要素，包括招聘、录用、教育培训、提供薪金和福利、晋升、工作分配以及离职和退休等活动。美国海警的人力资源系统包括人力资源助理司令官（CG-1）及其下属主管和单位［人事服务中心（Personal Service Center，PSC）及其所属单位，以及健康、安全和工作生活服务中心（Health，Safety and Work-Life Service Center，HSWL）］。人力资源系统还包括部队战备司令部（FORCECOM）及其所属单位和训练中心。负责士兵评级工作的士兵评级士官长（Rating Force Master Chiefs，RFMC）也是这一系统的一部分。

③ 按照人力资源管理理论，正如一个产品有其产生、形成、发展和衰退的周期一样，组织中的员工（人才）也有其生命周期。一般而言，员工生命周期大致可以划分为引入阶段、成长阶段、成熟阶段和衰退阶段。

激发员工留下来继续努力工作的热情。

(4) 确保长期成功。支持以上三个战略任务重点并指导海警员工管理工作的基本原则有七项，这些原则都很重要。

在满足任务需要方面：

①高效和熟练的工作。为达成任务目标，我们将尽可能睿智和高效地履行职责，保持员工和部队的战备状态。

②需求和基于数据的决策。我们的人力资源系统将在员工津贴表（PAL）① 中反映员工经费需求。

在满足部队需要方面：

①多样性和包容性。我们将吸引、使用、发展和保留一支体现社会富裕程度的、受人尊重的、多样化、包容性劳动力队伍。

②公平和机会。我们将以公平、合理的方式做出人力资源决定，并始终考虑如何为各级员工创造专业成长的机会。

在满足员工需要方面：

①可预见性。我们将努力实现工作机会的稳定性和可预见性，使员工能够在管理其职业生涯中做出更好的决定。

②专业成长。我们将重视并支持所有现役军人和文职人员的职业抱负和晋升愿望。

③安全与健康。为增强员工的抗压力，我们将确保为所有员工及其家属提供基本的安全和医疗保障服务。

在以上七个基本原则的指导下，海警将进入积极实施三个战略任务重点的下一个十年，这需要所有海警计划管理人、主管和领导与海警人力资源专业人员的通力合作。在文职人员管理部、薪金等级主管部门以及其他劳动力管理专业人员的协助下，人力资源助理司令官（CG-1）和部队战备司令部（FORCECOM）将努力配合工作，确保满足任务需要、满足部队需要、满足员工需要计划的落实！

三、员工组成、权利和能力

海警员工由现役和预备役军人、文职人员、志愿辅助人员以及合同承包商组成。他们分布在美国境内外超过 185 个地点，总体数量大约是：6714 名现

① 员工津贴表（Personnel Allowance List）是一个由资源助理司令官（CG-8）维护的数据库，库中存有每名员工按职务等级、专业、单位、工作地点和其他信息确定的津贴数额。人力资源系统可基于员工在津贴表中的排位将该员工提供给某个单位。

役指挥官（包括长期委任的教学人员、乐队成员和预备役计划主管）；1725 名现役准尉；32 428 名现役男女士兵；7200 名预备役军官和士兵；8511 名文职人员；1360 名临时雇员（NAF）①；30 057 名志愿辅助人员（穿制服，隶属海警志愿服务队）；4200 名合同工（可自由进出海警设施和网络）。

海警专职工作人员将近 5 万人，其中主要是现役军人。《美国法典》第 10 编和第 14 编规定，海警在任何时候都是美国军队和武装力量的组成部分。因此，军纪和训练对海警履行国防职责非常重要，而海事安全则需要全方位的专业知识和技能——航海技术、外交、法律、执法以及战备。部队编制结构和纪律是海警履行战时和平时任务的保证，如搜救行动和其他大规模响应行动等。海警的特点就是它融合了执法和军事职能，并拥有合法的授权。

团队中的每支力量都有其独特的特点、能力和经验，这才是完成任务的根本保障。文职人员承担的工作相对固定，因此需要队伍的长期稳定。另外的志愿辅助人员和合同承包商，既有全职的也有非全职的，既有全时的也有非全时的。其中，志愿辅助人员弥补了人力上的不足，是应急响应力量的有效加强；合同承包商的角色是专门提供“商业活动”（既非官方，也非军方），也是海警行动的有效支撑。

四、当前环境

在急剧变化、动态发展的环境条件和任务行动中，员工队伍是海警的最大依靠。任务区间的不断变化和对海上部门要求的日益提高，都要通过队伍的重点配置来满足。随着海警任务使命的变化以及劳动力市场、人口结构的改变，人力资本管理的方法也应随之发生变化。为了未来事业不断取得进步，海警员工及其人力资本管理也必须持续发生改变并取得进步。

（一）变化了的任务需求

海警制定了一系列地区的和职能性的战略，目的是应对来自海上不断变化的挑战和威胁。《西半球战略》《北极战略》《网络战略》《能源行动计划》都解释了海警将如何在这些快速变化的行动领域履行任务并保护国家的商业和基础设施。为使海警保持完成新任务需要的长期能力，这些战略的执行需要不断地对总体人力资本需求进行评估。

① 临时雇员，即原文中所指的由国会拨款以外资金雇佣的所谓非国会拨款（Non-Appropriated Funds，NAF）雇员。这些雇员经常受雇于海岸警卫队的商贸系统以及大型设施内的士气、福利和娱乐（Morale，Well-being，and Recreation）活动系统。

1. 北极

海警的《北极战略》（2013 年 5 月）提出了提高感知、强化现代化治理和扩大合作伙伴的目标，目的是确保在北极开展安全、治安和对环境负责的海上活动。涉及的人力资本问题是确保在特殊的北极环境中拥有所需的胜任特征和技术。这需要定期分析，以确定行动和后勤支援保障所需的能力和人力资本需求。

2. 西半球

《西半球战略》（2014 年 9 月）规定了在这一特殊地理行动范围应对挑战的目标。其中有三个任务重点是打击跨国有组织犯罪网络、保障边界安全和保护商业利益。涉及的人力资本问题是满足对外语能力的需求，以及对大量人员配置和可部署部队的需求，提供运营美国固定资产所需的专业培训以及提高合作伙伴的能力，目的是实现与其他国家以及依据《国土安全部南部边界及其处理战役计划》与国防部联合机构特遣部队、国土安全部联合特遣部队开展合作。

3. 网络

《网络战略》（2015 年 6 月）提出了强化美国海洋领域网络安全和继续研发强大的内部网络安全能力的目标。其三个任务重点是保护网络空间、保持行动能力和保护基础设施，工作目标是应对所有威胁、保卫海警的网络空间（包括在网络空间构建安全文化），最大限度地利用网络空间业务运行能力来促进任务的执行，以及保护海上运输系统基础设施。涉及的人力资本问题是开发新的能力、资格认证和业绩支持，满足人员配置需求、分析职业关系，确保维持职业能力所需的切实可行的职业发展。

4. 北美能源

《能源行动计划》提出了加强海上安全、治安和管理，确保不断增长的美国能源生产及其运输的总体目标。该计划侧重于三个任务重点：即对事故的预防、准备和响应。为应对北美能源市场出现的变化，海警必须对履行其海上安全和检查职能的方式进行调整。随着能源市场的波动，海警必须具备灵活调换熟练检查员的机动能力。国内能源生产的增加将对航道上包括安全和执法在内的所有项目产生更加广泛的需求，检查的作用及重要性也将加强。涉及的人力资本问题是：为检查单位配备适当的人员，保持检查员的业务熟练程度和改变监管规定所需的专门知识，提高检查员在配置地点方面的灵活性，同时确保其有充分的职业发展机会。

（二）变化了的劳动力市场

1. 劳动力代际观念的改变

在当今全球环境下，随着任务要求的变化以及应对风险的需要，人力资本中的人才库也在发生变化。据2014年的一项调查显示，只有不到7%的19岁年轻人有“肯定”或“可能”参军的意愿。在这些人中，又只有1/3的人符合服役标准（身体、教育及其他方面）。因此，我们面临的人才竞争压力将持续增加。

现役军人招募的重点是初入职场的年轻人，而预备役和文职人员的招聘则主要集中在那些有工作经验的人身上。代际差异正在影响劳动力市场的方方面面，“千禧一代”正在成为劳动力市场的主力。其中，许多人与技术领域相关并具有创新精神，且在教育方面已经进行了投资。另外，在人种和民族方面，“千禧一代”也比“二战”后的任何一代都更有多样性，为此海警需要在更广泛的社会层面招募人才。尽管目前研究表明，与“X一代”（指出生于1965—1976年间的美国人）相比，“千禧一代”与雇主在一起的时间要长，但代际观念和就业行为的长期变化趋势仍不确定。

海警军人的平均年龄是30多岁，是“千禧一代”的一部分，而普通文职人员的平均年龄则是50多岁（X一代或婴儿潮一代）。代际差异也会对工作场所需求产生影响，因此，领导者必须考虑到这些代际观念之间的差异。

2. 劳动力管理方法的改变

随着国防部、预算管理办公室和国土安全部人员管理方法的改变，海警的劳动力管理方法也在发生变化。2015年，国防部负责人事和负责储备工作的副部长发表了一份“未来部队”报告草案，其中概述了国防部必须如何改进其人事制度，以跟上日益增长的需求和私营部门的步伐。国会批准了一项新的混合军事退休计划，该计划将于2018年1月1日生效。国防部还在考虑对部队管理政策进行其他修改，其中一些将需要对相关立法进行修改。作为美国五大军种之一，海警的目标是与国防部保持一致，因此必须仔细评估国防部政策出现的新变化，以便满足海警的需要。

预算管理办公室最近正在为应对联邦劳动力挑战进行多方面的努力，其中一些措施包括扩展以任务为中心的、由数据驱动的人事管理系统，创造一种能够提高业绩的优秀文化，从社会各阶层招聘最优秀的人才，增加利于家庭生活的工作场所政策，缩小工作技能差距以及以多样化视角为我们的工作提供信息等。

《国土安全部2014—2018战略计划》的目标主要是加强国土安全部的相关工作，其中当务之急是“招聘、录用、保持并建立一支高素质、多样化、高效率、以任务为中心并富有抗压力的员工队伍”。该部还发布了《2015—2019人力资本战略计划》，其确定的四个目标包括：①制定人力资本战略，成功完成国土安全部任务并减轻各种风险；②建立一支高质量、多样化的员工队伍；

③以包容和参与方式培育部门优秀文化；④出色的人力资源运行管理。

在新的劳动力挑战方面，海警一定要保持警惕。为了处理快速变化的各项任务，我们必须确保人力资源系统中的各项计划和员工管理人之间的协调统一。此外，人力资源系统必须持续监控并响应国防部、预算管理办公室、国土安全部和国会出台的有关强化措施。

（三）变化了的人力资源管理

员工队伍的管理，要在包括任务、业绩规划、资源系统①和人力资源系统在内的整个人力资本系统内进行运作。图6-1为人力资源系统运行示意。“职位”一行是生成员工津贴表的高级处理流程；“人员”一行主要由人力资源系统控制，是选择分配每个员工的高级处理流程。人力资本管理和处理流程包含许多复杂的反馈环节（图6－1中并未显示）。例如，工作人员所执行的任务和人们使用的设备，也是海警任务规划、长期需求生成以及旨在提高业务熟练程度的标准、教育培训的强有力影响因素。

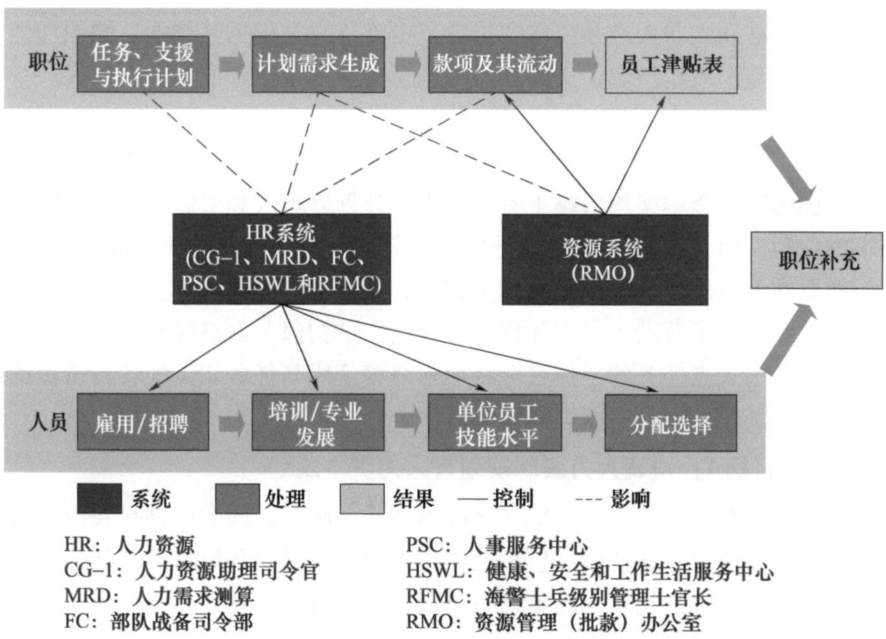

图6－1 人力资源系统示意

① 资源系统（Resource System）是管理海警人员、业务和其他款项的办事处。员工资金是劳动力总金额的其中一部分，员工（军人和文员）资金由工资、医疗、军事轮调和其他支持费用组成。资源管理办公室（Resource Management Offices，RMO）在警区司令部、行动副司令部和任务支援副司令部内均有设置。

对员工的总体需求都列入了员工津贴表中，该表是按单位列出的在某个地点配置的海警工作人员名单。员工津贴表中的职位，由工作量和可用资金确定，经由海警总部的部队计划管理人以及人力需求测算（MRD）专家对工作量进行分析并优化。海警的资源管理办公室也参与其中，因为每个职位都是海警总体薪酬、福利和发展成本的一部分。这部分费用占到海警业务预算的63%。

除了人员数量和类型，部队战备司令部的人力绩效技术（HPT）专家还对培训和绩效支持需求进行了分析。根据任务要求、理论和政策，这些专家提供业绩支持、培训设计和培训标准的工具，以及建议缩小政策差距的方法，所有这些都是为了满足任务要求。

人力资源系统控制着个人被分配（对军人）或雇用（对文职人员）到一个职位的过程。军人由中央单位招募和培训，但其职业水平和专业发展由其主管监控。这样，他们的成长就受到当地主管和指挥系统的强烈影响。军人由人事服务中心按照海警总部政策将其分配到特定职位，而非军人则在人事管理办公室分类标准和文职人员办公室的指导下由甄选官员根据其技能、知识和能力予以选定。与军人相类似，文职人员的成长受其上级主管的影响也很大。

五、重点战略任务之一：满足任务需求

我们的人力资本架构依赖于资金需求。计划管理人和资源系统是控制这一需求的主角，而人力资源系统则是配角。资金需求要满足执行海警任务的需要，即要在合适的位置配置具有相关知识、技术和能力的人员。各级部队单位需求的总和决定了劳动力的实际规模、类型、结构以及最终成本。

这一战略重点任务的工作目标将加强海警使用与任务相关的各种情报的能力，以确保其工作人员有能力为国家效力。

（一）目标1：协调兵力编制规划与人力资本规划

总司令的战略意图是要求部队全部满足战备状态，同时还要具备应对大规模紧急事件的能力。这些事件包括飓风、大规模移民、环境污染及其他重要行动。为调整兵力编制结构、确定兵力员额，兵力编制规划将利用想定情况来模拟海警对并行任务的应急响应能力。

兵力编制规划旨在预测人力资本、劳动力、设备、资产和培训需求，以及每名员工的正确编组和配置位置。这既需要考虑紧急状态的需求，也需要考虑平时战备状态的需求，而且要把需要响应的潜在紧急事件置于优先处理的位置。此外，编制规划对风险的定义和管理，是建立在当前不确定的资源环境基础上，而作为一组高阶需求，编制规划事关所需总体兵力和任务能力的确定。

为此，人力资本规划的着眼点必须实现由任务能力向所需员工工作能力的转换。

（二）目标2：反映人力资本要求的体系和流程

负责行动和任务支援的计划者必须确定他们的要求以及资源配置过程的重点事项。人力资本规划者必须帮助确定如何用人力资源系统可以维持的方式具体规定这些要求。规划人员还必须对绩效做出评估，如培训、战术、技术和程序（TTP）以及实现预期目标的其他辅助手段。当需要对人员数量或工作能力做出调整时，人力需求测算即是规划人员确定完成任务所需人力资本的主要工具。在当前常备任务和未来任务领域，人力资本规划者要与计划管理人合作确定：所需的工作、能力、培训和经验，一个单位的总体工作量和满足任务所需的适当人员，出现重大采购或任务转换时的人力金字塔以及维持所需技术和能力的关系。这些复杂因素需要根据组织结构、等级或最初的任务要求进行分析，并根据规定的绩效水平或标准进行分析。

在人力资源能力职员（CG-1B）的领导下，人力需求测算（MRD）提供完成每项要求所需的大概员工数量及特征。部队战备司令部（FORCECOM）制定所需要的培训方案，并分析影响人力绩效的其他因素。人力资源系统向任务规划人员和计划管理人员提供这些结果，如果经费不足而需其他替代方案，他们需要评估内在的风险。

（三）目标3：合适的胜任特征/专业架构

我们的人力资本体系必须适应不断变化的劳动力市场、不断增加的任务和不断改变的劳动力队伍。计划者和员工管理人应与人力资本规划者合作，利用现有的胜任特征结构来评估并寻求新需求与现有劳动力技能之间的平衡。评估结果将使我们能够择优选择由当前的员工队伍及其技能发展为未来劳动力队伍的路径，另外，还能获取当前任务需求与新挑战和应急要求之间的差距。

实现这一目标的关键是建立完善的士兵等级评审处理程序以及稳定的军官专业管理系统。全部员工的系统培训和需求评估方法要建立在在职工作表现的基础上。文职人员的管理制度将继续依靠人事管理办公室制定的标准。

（四）目标4：提高员工的工作熟练程度

监督并重视提高工作熟练程度是确保完成当前任务的坚实基础，同时也是应对未来挑战的关键。每个现役军人和文职人员的工作熟练程度从就职、确定等级/专业选择以及专业培训开始养成，以取得所需任职资格和证书为阶段性起点，并在实际工作中不断积累知识、磨炼技能而逐步提高。对每个成员来说，自律和工作动力是能在部队取得优异成绩的前提，也是海警部队完成艰巨任务的能力保证。

我们将综合运用资源、路线图和激励措施继续构建一个具有前瞻性的人力资本体系，从而制定一个明确的职业领域使用的工作熟练程度标准。国防部、人员管理办公室（OPM）和国土安全部正在对这一问题进行初步研究，其中也包括关于资源系统和计划管理人员之间的合作关系问题。我们将继续建立明确的、从改善任务绩效和工作效率到职业技能和领导能力开发之间的联系。

六、重点战略任务之二：满足部队需要

领导力是海警工作效率的根本，而工作氛围和表现则是海警工作效率的基础。未来十年中，在不确定的环境和复杂的紧急情况下发挥领导作用的能力，以及协调政府机构内外伙伴关系建立政府间协调统一体的能力，将变得越来越重要。

培养员工是每一位领导和管理者的重要职责，为此人力资源系统为他们提供了一批旨在完成其部队单位任务的骨干，他们的人员也必须在部队单位这一级组建一个有效的工作团队，培训中心所提供的教育培训也必须得到加强。无论在海警内外，职业背景广泛、视角独特、特点突出、经验丰富的工作团队，尤其是预备役人员的加入，带来了广泛、宝贵的社会经验和能力。为了应对复杂多变的任务所带来的挑战，领导者必须确保他们能求同存异、继续前行。几十年来，海警已经认识到，要想完成任务，就必须招募、雇用和保留多样化的员工队伍。这种认识对于吸引和保留全部人才是非常重要的。

在这一重点战略任务中，“部队需求”一词的含义比传统上使用的“部队需求”一词更为广泛，因为该词以往主要与军事任务进程有关。而现在，“部队需求”一词聚焦于人力资源系统在部队各级的作用，包括了总部、重要司令部、服务中心和培训中心。人力资源系统负责为每支部队配备达成工作绩效所需的训练有素且准备就绪的男女员工。

（一）目标1：满足人力资本要求的领导力胜任特征

领导能力的重要性贯穿于海警行动的七项基本原则中。也许，在现场行动原则下，最明确的说法是：“通过对领导能力的磨炼，指挥官们才可以确信现场人员具备熟练的操作技能，并据此积极主动、严格执行行动命令。”丰富的领导才干是海警队员成熟的标志之一。

领导者必须维护我们的重要价值观，展现我们的个性特征和正直品行，并以对行动负责的态度行使自己的权力。

海警学院和培训中心，是领导能力学习和培养的起点，因此领导能力的培养必须像要求其他专业能力的培养一样受到广泛重视。尽管在业绩报告之外并未明确领导能力这项条件，但海警还是将领导能力与晋升选拔条件要求联系起

来。部队领导能力，在部队条令、选拔晋升课程和业绩报告标准中都有很好的表述。但无论如何，必须在海警全系统内部署由领导力发展中心和海警学院James M. Loy领导能力研究所合作研发的“领导能力开发”工具，以便所有员工都能在餐厅、起居室、休息室以及工作场所使用这些工具。我们将组建一个机构和开发适当的评估体系，以推进领导能力发展计划。胜任特征架构体系必须反映海警系统内各级领导的需要。

（二）目标2：培育积极向上的工作氛围

海警部队良好的工作氛围有助于提高任务完成的有效性。凝聚力、包容性和相互尊重程度越高，每个员工对任务的贡献率就越大。在积极向上的工作氛围中，团队的热情、自信和专业精神会越加丰富。员工越被尊重，其工作就越有激情和活力，海警的重要价值观就越能得到体现，同时员工也能够更好地承受日常行动带来的压力和挑战。

海警必须认真制定计划、政策和程序，以促进培育积极向上的工作氛围。目前，海警公布了两个支持这一努力的战略计划。海警《多样性和包容性战略计划》（2015年7月）的重点是通过三个业绩目标来改善多元文化氛围和包容性：①吸引、招募并保持一支效率极佳的多样性劳动力队伍；②培养一种相互尊重的文化；③使领导者做好准备改进其包容策略和方法。《2013—2017财政年度预防和应对性侵犯（SAPR）战略计划》的目标，是通过预防、教育和培训，建立应对性侵犯、受害者援助、举报不被恐吓、公正公平调查和问责等一整套政策和程序，消除海警内部的性侵犯行为。对于文职人员，《年度平等就业机会方案状况报告》量化了建立一支平稳、多样化文职人员队伍所做的努力，同时也明确了需要改进的方方面面。

这些计划都有调查依据，海警要利用这些调查依据来审查工作场所的状态。“国防平等机会氛围调查（DEOCS）”[①] 向部队指挥官提供了一份关于其部队氛围的不归因报告。“机构评估调查（OAS）”是一项政府范围的调查活动，海警自20世纪90年代末开始实施。这一逐渐完善和持续进行的调查活动，可以对部队单位到整个海警的发展趋势做出比较分析。“联邦雇员观点调查（FEVS）”适用于文职人员，调查结果还将与其他政府机构进行比较分析。此外，几十年来，我们也一直高度关注人力绩效技术等方面的调查。这些评价方法可以审查一系列与培训、业绩干预、工作氛围、政策缺陷以及其他绩效影响

---

① 国防平等机会管理研究所（DEOMI）机构氛围调查（DEOCS）是一项保密的、按照指令要求实施的机构发展调查，调查重点是机构效率、机会平等以及性侵犯应对和预防等问题。DEOCS项目由国防平等机会管理研究所负责管理和实施。

因素相关的问题。海警将继续利用这些评估工具对工作氛围以及在动态任务环境中提高人力绩效的最佳方法等做出评价。

（三）目标3：卓越的招聘、留用和奖励政策

海警在行动中的纪律措施必须扩展到建立积极向上的指挥氛围和促进军人和文职人员追求职业理想的行动上，反馈、辅导和咨询服务必须兼顾积极的工作表现和需要改进的地方这两个方面，评价必须遵守部队条令规定的标准。

在总部一级，我们将对业绩管理报告进行评定（针对军官、士兵和文职人员），以确定我们员工的技能和潜力，其中将包括资格证书和特殊技能证明的认定。此外，在保留专门人才方面，国防部正在考虑提供一些关于认定军人技能的更具弹性的政策。海警将仔细评估其在我们部队中的应用情况，同时考虑到我们的需要、规模和特点，审慎权衡是“上”还是“下”的本质特征并考虑可能产生的意外后果。

对于文职人员来说，优秀人才的保留和奖励决定主要取决于他们的主管，其中多数主管是军人。资格证书、证明和进步机会对于文职雇员的成长至关重要，因此必须在整个领导体系中得到保证。我们将为文职人员的职业发展制定一个概念体系，其中包括在新的职业系列中采用竞争策略。为此，我们将对文职领导者采用军事和文职人员两个方面的措施。

海警优秀劳动力的成长也依赖于海警内部的“知识中心”，“中心”的人员要熟悉人才及其成长过程，以便在多个任务领域巩固我们的技术实力，例如海洋安全、工程技术、设备采购和任务响应等。部队战备司令部的业绩技术中心分析劳动力需求，并直接提供最新的等级评定标准，同时国家卓越人才中心也对预防和响应任务提供支持。这些中心促进了培训、业绩支持和相关研究工作，并建立了特种任务和专业信息库。任务支援和服务体系拥有缉私船、飞机、海岸基础设施、电子/信息技术的配置和工程规范，为此，我们必须确保它们有合适的员工，并充分认识到这一问题对海警和其工作的广泛影响。

（四）目标4：积极、高效的人力资源体系

人力资源助理司令官（CG-1）的任务是“在满足海警需求的同时满足海警队员的需要”。部队战备司令部（FORCECOM）通过其培训中心和评估来储备队员，其任务是“通过明确的战术、技术和程序，相关培训和质量评估，对执行领导任务的队员的人力绩效表现进行优化”。海警学院用来培养富有个性的领导者。以上机构均向任务支援副司令官报告。作为持续性机构改革内容之一，我们将以提供备战人员为目标，研究如何改进人力资源助理司令官和部队战备司令部之间的关系和一致性。这项工作将包括审查下级指挥关系，征召、培训和分配程序，以及人事管理所必需的整合，其目标是根据任务支援业务模型和编制体制结构改进备战人员的综合供给问题。

文职人员的管理由文职人员办公室（CG-121）负责。该办公室的人员遍布整个海警，他们目前已开始进行系统的程序审查，以确保其工作人员的行动与招聘官员的决定协调一致，这也是文职人员办公室和海警领导的共同责任。向领导、招聘官员和各用户定期通知和报告适用的标准是一项需要持续进行的工作。

进入部队的人，要么拥有能力和经验（文职人员），要么具备决断能力（军人）。文职人员是根据其以往的工作经验和受教育状况被录用的，而且在招聘的时候就确定了职位。军人经过初级训练或教育（新兵训练、军官候选培训或海警学院的教育）获得基本入职资格，之后分配到与其能力相称的岗位。此后，一个重复的评估、提拔、晋升、培训、资格认定和重新分配岗位承担更大责任的过程，就成为其职业生涯的典型组成部分。最终，要么被解雇、要么退出现役、要么退休，享受退役后福利的只是其中的部分人群，而另一部分人群则转入预备役或继续服役。

如前所述，基于任务和行动得出工作需求；再经仔细分析，工作需求要变为分配人员的职位。

职位的很多特点会成为人力资本管理活动的指导，其中最主要的是部队［现役或预备役军人、文职人员、承包商、志愿辅助人员以及临时雇员（NAF）］、职级、专业、能力、地点和所需经验。军人分配和重新分配工作，要同时考虑到个人及其职业发展的愿望以及家庭，兼顾工作需要及可持续发展需要。

在这一切中，无论是短期任务还是整个职业生涯，人们都必须取得报酬，得到福利和奖励，获得健康和安全的工作场所，其个人信仰要得到尊重，并允许其在以促进专业提高和个人发展为目标的多样性和包容性环境中寻求工作和家庭生活的适当平衡。

总之，归结到一点就是：确保拥有合适专业技能的人准备好、有能力并且有意愿在现在和未来为海警工作。

七、重点战略任务之三：满足个人需要

满足员工的需要是成功完成任务的关键。领导能力的表现之一，是在完成任务的同时既对自己负责也对下属负责。海警精神的核心是个人特征有助于集体成功这一观点。海警为国家取得的成绩取决于其员工的集体能力及其履行具有挑战性职责的意愿。我们要通过提高个人福利和家庭福利来促进职业发展，

并提高个人对任务业绩的贡献。

海警员工的工作积极性虽然主要来源于对任务使命的认同，但支援保障系统也扮演着非常重要的角色。保障每一位员工对知识和进步的渴望不仅有利于我们任务的完成，而且也是对我们致力于关注个体的展示。我们对员工需求的持久承诺使我们有别于其他组织机构，这就是海警积极、正面的良好形象，无论是参军入伍还是成为政府雇员，人们都愿意选择海警部门。

“海警之家”这句话不仅是一句口号，它还包含了海警关照员工个人及其家庭的亲情关系，也包含了海警队员在美好和富有挑战的时代相互关心、照顾的工作关系。我们有大约一半的军人在 12 个“中心”工作，其他人则驻扎在世界各地的 185 个小单位执行任务。我们大部分军人会因任务需要在不同的工作地点轮换，因而也就形成了对于个人发展和工作业绩必须同时关注的强烈需求。

（一）目标 1：富有抗压力的个人和家庭

有能力的领导者和强大的保障计划有助于提高团队的效率。海警依靠有能力的领导者体察那些在其身边工作的员工和负责人，发现他们有遇到困难的苗头并积极采取措施给予支持。领导者的积极行动在打击诸如滥用药物和其他不当行为等方面发挥着重要作用。

要为军人及其家属以及文职人员提供正规的资源支持计划，这包括工作生活计划、宗教支持计划、儿童发展中心和补贴等。此外，士气、福利和休闲娱乐（MWR）计划、巡视员计划、军人住房计划、海警互助计划和海警基金会计划也对海警部队的特殊需求提供支持。这些资源支持中的每一项都有助于增强个人的抗压力，并有助于延长员工“生命周期”。这种对员工“生命周期”的支持在其军人生涯结束后仍然有影响。我们的退休计划有助于将军人退休年金计划与当前的海警支持计划结合起来。我们将在海警系统拿出最佳的实践结果，并基于成功经验在全海警系统建立可行的方案。

（二）目标 2：安全和健康的员工群体

个人承担较高要求职责的意愿取决于身体是否健康。由于海警部队的部署位置比较分散，部队内部诊所数量有限，因此需要更多地依赖 TRICARE① 和国防部军事治疗设施（MTF）为军人及其家属服务。我们将继续为全体人员获得高质量的医疗保健服务而努力。

---

① TRICARE 是美国国防部军事卫生系统的一个保健项目，以前被称为军警部队平民健康和医疗计划（CHAMPUS）。该项目为美国武装部队军事人员、军事退休人员及其家属，包括预备役部队的一些成员提供平民健康保障。

我们员工的人身安全绝对不能受到伤害。由于海警队员要继续操纵超过预期寿命的缉私船、持续检查商业设施和船舶、经常工作于老旧的岸上设施、在最苛刻的环境中执行航空任务，因此我们的安全计划必须保持强大和有力。无论在岗还是不在岗，所有海警成员都有责任管控好与个人活动相关的各种风险，以免自己、家人和同事受到伤害。这一职责和安全意识不局限于安全计划，还包括战术、技术和程序以及工作和生活的各个方面。

（三）目标3：长期专业发展和学习的职业生涯

在当今快速变化的环境中，今天对部队来说非常宝贵的个人技能将来也会落伍。为了跟上时代的步伐，我们必须将持续学习视为取得任务成功的一种投资，确保专业发展更贴近需要、更具有价值，且与任务需要有更密切的联系。通过提供正规教育、培训、学费补助、职业咨询和辅导，以及鼓励自学、参加专业组织、制定个人发展规划，我们将帮助员工不断开发自己的才智、更新自己的技能。

近年来，联邦政府更加重视职业资格认证工作，其中也包括一些专业领域的资格认证。我们将鼓励和支持参加资格认证和任职许可，提高员工的专业技术水平，确保员工有胜任他们工作的资质。资格认证同样支持军人退役到地方后从事平民工作。专业发展还必须考虑有充分的职业发展机会，为此需要与职位技能体系建立联系，以促进职业发展的可持续性，同时又不忽视海上和岸上工作轮换所产生的问题。我们的军人和文职人员都应清楚了解自己专业的职业发展道路，不断获取资源以获得职业发展，同时应相信我们的晋升制度不仅合理而且公平。

为帮助每一名军人和文职人员不断追求知识，我们必须在海警内部营造一个良好的学习环境。我们必须落实程序、工具和组织关系，使我们的员工能够跨编制共享关键知识并协同工作。学费补助等计划，为追求个人进步和学习知识提供了一个很好的机会。教育计划的好处是为职业发展提供了新视角和新途径。跨机构组建团队、获取资料、共享信息和知识等做法，都能促进海警学习环境的建立并取得持续改善。

（四）目标4：着眼于未来的激励机制

为激励完成艰巨任务并考虑某些任务的特殊需要，海警对其军人采取的是专项报酬和其他非报酬类激励措施相结合的办法。专项报酬措施包括奖金（应征入伍、重要技能培训、重要技能保持和选择性再服役）和专项补贴（海上补助、飞行补助和危险补助）。所有奖金和专项补贴都有法律授权，并可根据海警需要、依据相关政策和规范进行调整。例如，海上补助首次在2001年按单位类别进行了区分[①]，奖金数额几十年来一直是根据员工总体需求进行设定。

海警认识到，为满足特别艰巨的任务要求，必须聚焦能力并协调总体环境，为此已经采取了一些针对性的激励措施。所考虑的因素包括在最大限度地考虑缉私船海上工作时间的同时，考虑人员轮换频率、部署时长和休养需求。海警将目标更多地锁定在薪酬等级的激励措施上，以使这类激励措施能产生较大影响。此外，有些任职资格也与奖金挂钩，因为这是对某些等级所需要的培训和熟练程度的肯定。我们预计，在未来10年内，这些有针对性的激励措施将继续执行下去。

文职人员的激励机制不同于军人。研究表明，对于联邦雇员，除了有竞争力的薪酬和福利，其他因素在诸如保持员工满意度、激励员工工作热情等方面也发挥着越来越大的作用。根据政府问责办公室（GAO）[②] 的说法，提供如远程办公等更为灵活的工作方式，以货币、非货币或加强职业激励对工作优秀的人员予以表彰以及工作轮换等方法，对减少人员流动、保持员工工作能力都是至关重要的。

八、确保长期成功

指导海警员工管理工作有数项基本原则，这些原则对本战略的成功都很重要。这些原则规范了我们观察、规划和执行所有人力资本管理行动的视角，也奠定了一个确保我们全体员工承担责任（为民众尽责）的基础。而且，员工对责任的担当也是对指挥系统的重要支撑（为国家服务）。这些都特别重要，因为海警正致力于人力资本规划和管理的改革（追求卓越），而改革通常要冒很大的风险。

除少数特殊情况外，每项原则均同样适用于部队和文职人员队伍、现役和预备役人员、军官及士兵，以及我们的志愿辅助人员（在多数情况下适用）。这些原则将塑造我们的战略思维并指导我们的努力方向，因为我们面临承担全球复杂任务的员工队伍不断变化的挑战。

---

① 从2017年1月开始，海岸警卫队的海上航行专项补贴政策由原来执行的三个层次更新为五个层次。新的海上航行专项补贴政策按船型、工作种类、累积工作时长、薪资等级等条件区分为五个层次，多数人员的月补贴金额与以往补贴政策相比都有增加。源自：美国海警网站，美国海警薪资与人员中心（U. S. Coast Guard Pay & Personnel Center），2018年5月24日更新，2018年5月26日检索。https：//www. dcms. uscg. mil/ppc/mas/csp/.

② 政府问责办公室（GAO）是为美国国会提供审计、评估和调查服务的立法部门政府机构，是美国联邦政府的最高审计机构。源自：维基百科（Wikipedia），政府问责办公室（Government Accountability Office），2018年5月26日更新，2018年5月28日检索。https：//en. wikipedia. org/wiki/Government_ Accountability_ Office.

（一）满足任务需要

1. 效率和熟练原则

我们是美国资源的管理者，这包括人员、资金、自然环境以及海上贸易及其安全。我们必须明智、高效地履行我们的职责，保持人员和部队的战备状态，为实现行动目标、圆满地完成任务奠定基础。

我们队伍中的军人承担了总体任务中的绝大部分。为此我们需要创造各种条件，提高人员业务水平、确保专业知识可持续发展；最大限度地实现在培训、教育和资格认证方面的投资回报，为目标选拔、分配人员；按任务类型、任期时间分配工作，使员工有在某一地点稳定工作的机会。

这些机会必须在职业发展要求、公平和公正的分配方式以及部队的总体需求间寻求平衡。我们还必须进行创新，把权利应用提高到新的水平。

对文职人员工作熟练程度的要求与对军人的要求也差不多。我们必须向文职人员提供履行职责所需的培训和专业发展。在多数情况下，文职人员可以满足急需的长时间的专业知识和技能需求，保持这种知识和技能水平对我们的成功也很重要。

2. 需求和基于数据的决策原则

我们的人力资本管理系统由需求来驱动。任务绩效标准产生活动需求，由此驱动资源（人员、资金、材料、资产和时间）的使用。对人力资本的需求（人员数量及其个人能力）是人力资源系统响应的信号。

需求，不是在人力资源部门工作的人员产生和确定的，而是由计划管理人根据行动指挥官的信息生成和确定的。所有这些都是人力资本系统的组成部分。对事实、数据和一定假设的分析会影响决策和政策。这一信息有一定程度的透明度和可预见性，可使人们对海警及其成员的最大利益建立信任并做出更有利的判断，但人力资源系统必须能对特定情况做出灵活调整，以适应每一种态势的出现。

（二）满足部队需要

1. 多样性和包容性原则

我们要建立、形成并保持一支多样化和包容性的员工队伍。每个个体都有区别于其他个体的特征，这些特征包括年龄、语言、文化、宗教、人种、民族、性别、知识、能力、智力和观点。组织越呈现多样化，就越能反映我们社会的丰富性，而且随着条件和部队需求的变化，组织就会变得更富有抗压力。

2. 公平和机会均等原则

我们将以公正和公平的方式制定所有人力资本政策和管理决策，并始终考虑机会的均等。在以“满足部队需要”为基础的人力资本制度中，需要做出的每一项决定都应避免使任何个人或群体处于不利地位。

（三）满足员工的需要

1. 可预见性原则

每个人都想控制自己的命运，但是在军事组织中，这并不总是可行的。但是，人力资本系统要以稳定和可预测为基础，使每个人都能管理好自己的职业。每个员工必须相信海警将基于成绩并以公平和公正的方式执行所有政策。

2. 专业成长原则

每个人都想做到最好，而当新员工具备了取得成功所需的知识和技能时，整个生产力才得到提高，长期工作的满足感才得到保证。我们的劳动力管理系统、工具和“金字塔”形结构将重视和支持职业抱负，不仅要能向上晋升流动，而且要期待它一定能实现。通过提供职业发展和个人发展机会，海警将创造和保持一支业务熟练的劳动力队伍，同时不断增长必需的专业技能以满足长期服务部队和国家的需要。

3. 安全与健康原则

我们将确保为所有员工及其家人提供一个健康、安全和互助的平台。这对我们的员工是非常有益的，而且在这一过程中，也会增强员工的信心，即时刻准备承受工作的压力。

九、结论

海警的历史，充满了对新需求和新条件的创新反应。从1790年开始，基于联邦政府的新需求和角色转换，海警的需求、实践和进程一直在发生改变。因此，当前对海警任务要求的较大改变，并不是海警所面临的新形势。适应新的任务、聚焦新的变化，对于海警的历史来说是习以为常的特征。我们的员工坚持根植于海警的“随时候命”文化，坚持新理念和新方法，努力改变他们的业务实践和新任务之间的关系，故当前的焦点问题也将得到圆满解决。

在新需求已经到来的关键时期，人力资本战略将实施一项年度审查计划，该计划由人力资源助理司令官和部队战备司令部负责主持。本战略的落实已经超出了海警总部的范围，各级领导、总部计划管理人、资源管理办公室以及各级指挥员都必须参与到这项工作中来。

我们的员工是满足我们国家在海洋领域召唤的关键。小艇、缉私船、飞机和设施不能独立执行我们的任务，因此需要军人和文职人员在承包商和志愿辅助人员的协助下以模范的方式完成部队的任务。本战略绘制了一个路线图，目的是使我们的部队及其卓越的员工继续在排名“世界第一位”的海警队伍中拿出一如既往的最优异表现。

第七篇 《美国海警 2018—2022 战略计划》[①]

美国海警司令的发布函

海警始终处在致力于保卫美国、保卫美国民众、保卫美国民众美好生活的最前线。作为一支独特的国家力量，我们具备在海上遂行全域作战行动的专业技能和适应能力。随着我们国家的安全和全球影响力所面临的挑战日趋复杂，我们现在比以往任何时候都更需要建设一支随时候命、目标指向明确、反应迅速的海警队伍。

在此，我自豪地发布《美国海警 2018—2022 战略计划》，它描绘了海警高层领导者在未来四年推进部队建设的共同愿景。该战略计划与国土安全部（DHS）规划以及国家安全战略（NSS）一致，目的是维护国家的安全稳定和繁荣发展。该战略计划还强调，为了满足国家未来的需求，在增强任务执行能力，充分发掘部队作战保障潜力的同时，我们还需加大战备能力建设方面的投入。

目前，我们的首要任务是最大限度地加强战备能力建设以迎接未来的挑战。我们所服务的美国民众是我们部队战备最大的力量源泉，由于“美国民众”这一概念内涵丰富，所以部队所致力于维护的任务场所也应很广泛，我们要尽最大努力反映这一点。要确保海警全体工作人员达到随时候命、召之能战的要求，就须有保障全员、全装运行所需的完备的装备、现代化的系统、适应性强的基础设施以及维持上述设施设备运转的充足的行动保障（O&S）给养。

我们在国土安全部的独特地位以及我们与国防部的长期协作，使我们这支力量能够有效地应对国家所面临的复杂的海上挑战。我们将发挥在海事领域的领导优势，促进国际国内合作，提升利益相关方能力，并扩大自身在国内外的影响力。作为海警司令官，我要利用海警的广泛权力、遂行多样化任务的能力

---

① 本篇译自：*U. S. Coast Guard Strategy Plan2018－2022* . U. S. Coast Guard Headquarters，Washington，D. C. ，2018.

和良好的国内外伙伴关系来保卫美国民众，促进经济繁荣，拓展国家利益。

未来在遂行多样化任务过程中，我们将继续发扬掌控现场主动权的传统，确保随时、随地、高效地履行使命。要做到这一点，在行动中把控主动权是第一要务，它是提高部队遂行任务的效率、增强行动的敏捷性和有效性的保证。也唯有在行动中掌控了主动权，才能确保无论是平时还是战时，海警全体官兵都能做到随时、随地、高效地履行使命。

虽然我目前还无法预知未来四年将会发生什么，但我们将在世界各地面临复杂的挑战，这一点我是可以肯定的。要应对这些挑战，我们必须要做到“三最”，即最优秀的人才、最好的装备和最佳的表现。总而言之，我们将共同努力，确保海警时刻准备着为我们伟大国家奉献一切。

随时候命！

美国海警司令
卡尔·舒尔茨（Karl L. Schultz）上将

一、美国的海岸警卫队

在复杂多变的海洋环境中，保护美国、美国民众的安全是海警肩负的一项长期的历史使命。我们既是一支军事力量，一个执法、监管机构，也是执行国家任务的快速部队，而且我们还是国家情报系统中的一员。凭借我们自身独特的权限、广泛的管辖权、机动灵活的作战能力，以及广泛的国际和国内伙伴关系网络，海警促进了国家安全和经济繁荣，扩大了美国全球海上的影响力。

虽然在过去的两个世纪里海警的使命在不断变化，但我们始终坚定不移地秉持着“随时候命”的承诺。“随时候命”不仅仅是我们部队座右铭，正是对这一承诺的践行，让我们成为“世界上拥有最好声望和地位”的海警。为应对新出现的国家需求和国际挑战，我们在调整人员结构、提升装备和遂行任务能力的过程中已日趋成熟。今天，我们的军队仍然立足于局部，响应全国，影响全球。《美国海警2018—2022战略计划》提供了一个随时候命、目标指向明确、反应迅速的海警建设框架，以应对未来美国在海上全域作战所面临的最复杂挑战。

二、战略环境

美国是一个海洋国家，我们要依靠主要海洋、内河、深水港、受保护的海峡和海湾的自由通行来维持国家的安全与繁荣。为了维持这种局面，美国必须使其边境不受非法侵犯，并在保护和促进商业发展的同时抵御入侵和捍卫主权。我们国家和经济的安全依赖于开放贸易、旅游和“基于规则的秩序”。然而，海洋领域治理的广泛性、隐匿性以及那些固有挑战使其更容易受到各种危险威胁的攻击，这些威胁包括跨国犯罪、恐怖活动、非法开采自然资源和领土扩张主义。这些海洋管理领域的混乱具有全球性特征，对美国国家利益构成重大威胁。

在与动态安全环境和不断变化的海上行动特点保持同步的同时，海警在预算资源有限的背景下面临着战备的挑战。

跨国犯罪组织（TCOs）和其蓄意的非国家行为者严重影响了海洋治理、法治和地区稳定。这些犯罪网络在危机中蓬勃发展，他们利用这些不稳定因素走私毒品、武器和贩卖人口。无论这种违法犯罪活动在哪里发生，都会造成严重的破坏。他们的违法犯罪活动削弱了政府机构管理，严重阻碍了合法的经济活动，在民众中引起恐慌。跨国有组织犯罪威胁到美国在西半球的邻国和伙伴，迫使移民来到我们的边界，助长了我们沿岸人贩子的嚣张气焰，导致毒品在我们的社区泛滥。如果不加以控制，跨国有组织犯罪必将迅速发展并进一步侵蚀海洋治理权，破坏地区秩序。

战略环境的另一个转变是大国间竞争的恢复。竞争对手正试图通过行动来削弱美国和伙伴国家在海外的影响力。

安全环境也受到重要性日益凸显的网络领域的影响。在网络领域，敌对国家、非国家行为体和个人正在攻击我们的数字基础设施，侵蚀着我们历来提供的地理边界的保护。只需敲动一个按键，世界偏远地区的竞争对手便可攻击、破坏和改变我们的关键基础设施和金融网络，释放出传播迅速的恶意软件，从而造成世界范围内的毁灭性后果。在我们互联互通能力增强的同时，必须警惕相应的风险也在增加。

技术的快速进步正在改变海上行动的特点。不断加快的技术创新使船舶的构造日益复杂、运载量大幅提高，对海上运输系统的要求也越来越高。先进的技术，如自动系统、机器人系统和新的推进方法的引入必将迎来充斥着管理、执法和运营挑战的新时代。虽然这些技术增加了我们操作环境的复杂性，但也为我们提高效率和安全性提供了巨大的机会。因此，我们制定和执行促进海上安全和环境管理有效标准的能力必须跟上海上运输系统对海上、岸上和网络技术的快速应用步伐。

我们在北极地区的作用越来越大。北极海冰的减少正在扩大该地区的可及性，这也引起了竞争国家的注意。资源开采、渔业、旅游业和商业航运正促使海上活动的增加，这些地区对海警的存在需求也在与日俱增。这一现实需要呼唤着新的装备、综合技术和创造性的思维方式。一个多世纪以来，海警一直是美国在北极存在的代表，这确保了美国在该地区资源的安全和主权。我们在那里的作用从来没有像今天这样重要。

另一个需要我们面对的现实，是灾难事件的严重性和规模都在不断增加。我们国家沿海地区人口稠密，港口发达。灾难性事件，无论是天灾还是人祸，都可能对这些地区造成严重后果，使区域和全球贸易陷入混乱。最近的飓风、洪水和其他海洋灾害更加需要我们国家对此类事件规模和影响做好充分准备。

在与动态安全环境和不断变化的海上行动特点保持同步的同时，海警在预算资源有限的背景下面临着战备的挑战。老化的水面和航空装备，以及海岸上过时的信息技术基础设施对我们的战备能力构成巨大挑战。在我们致力于关键装备和资本调整的同时，还需要资源来维持和运营这些装备。

三、我们对国家的价值

无论现在还是将来，海警的定位始终是坚定不移服务和保卫国家安全。作为国土安全部唯一一支武装部队，海警运用军事、管理、事故管控和执法方面的专业知识来确保涉及国家和国土安全方面的工作的顺利实施。我们与国土安全部其他部门一起预防恐怖主义，保护边境安全，降低我们国家在保密和网络安全领域面临的风险。我们通过那些能保护国家安全的规则、意识和能力的分层方法来实现这一点。我们也通过行使主权使全球商业正常运转。

一直以来，由现役、预备役、文职人员和辅助人员构成的海警集体才是我们成功履行使命的关键。

作为一个军种，我们自身独特的权限、机动灵活的作战能力，以及广泛的国际和国内伙伴关系对国土安全部和国防部都有补充作用。随着各种国际竞争和冲突的日益增多，我们国家安全所面临的挑战也日趋复杂。即便如此，海警仍然能有效地协调运用国土安全部的执法能力和国防部所掌控的杀伤打击能力。它通过这种实力来提高美国的影响力从而达到维护和平的国家目标，这种合作方式是其他军种无法比拟的。在各类行动中，我们超强的执法能力阻止了侵略，维护了稳定，加强了区域间的联盟。同时，我们的军事能力对我们国家的敌人——无论是民族国家、恐怖分子还是国际罪犯也是一种威慑。

海警在全球的部署，促进了和平、巩固了联盟、吸引了新的伙伴加入，也应对了远离美国本土以外的威胁。例如，我们在西半球为美国南部司令部（USSOUTHCOM）打击过境区的跨国犯罪提供了探测、监测和应对能力，同时我们也增强了伙伴国的阻截和危机应对能力。在美国北方司令部（USNOTH-COM），为了配合国土防御任务，常让我们的旋转翼空中拦截装备与海上安全快速反应分队协同作战，要么作为独立作战单元快速部署，要么作为联合作战部队伍的保障队伍快速部署。作为美国在北冰洋的海上力量，我们通过提高认识、优化管理和扩大伙伴关系，积极推动安全、治安和对环境负责的海上活动。在印度—太平洋地区，我们与美国印度洋—太平洋司令部（USIN-DOPACOM）合作，正在积极提升全区域的协同作战能力，加强战区安全领域的合作，治理并维护区域内海上的稳定。在美国中央司令部（USCENTCOM），我们的巡逻艇和前进拦截分队在阿拉伯湾进行海上安全行动。在西非沿岸，我们支援美国非洲司令部（USAFRICOM）加强伙伴国的自我监管能力，以打击海盗、非法捕鱼和走私等跨国威胁。

在加强战略重点领域的治理方面，海警发挥着关键作用。我们通过了几十项强有力的双边协议，与国际法的合作与执行一致，完善了其他国家在管理本国水域方面的固有能力。我们在全球海事管理机构中处于领导地位，加上我们在实施国际协议方面的合作方式，这都有助于全世界在这一领域更加稳定、合法和有序。随着全球战略竞争的加剧，我们的对手愈加精明，海洋环境也更为扑朔迷离。由于海警能提供从合作到武力的一整套解决方案，所以今天对我们这支部队的需求也从未如此之大。

事实的确如此，由现役、预备役、文职人员和辅助人员构成的海警集体一直以来是我们成功履行使命的关键。海警信任并授权其各级人员，一切以行动为导向，使其能在现场行动和解决复杂问题时充分发挥各自的主观能动性。分散式领导管理和可靠的专业知识使我们能将不同的利益相关者团结在一起，每当海事领域内发生重大事件时，大家都能团结协作，群策群力。我们利用自身的合作伙伴关系所达成的任务效果远优于各部分总和。只有通力合作，我们才能更好地全力以赴，保卫国家。

四、战略框架

以美国海洋法规、行政命令、国际公约和协议为指导而制定的《美国海警 2018—2022 战略计划》确定了我们未来的努力方向，反映并直接服务于美国的国家安全战略、国土安全目标、任务重点以及国家防御策略。此外，为应对作战环境中的目标挑战，该计划既将当前海警战略和未来展望相结合，又将长期愿景与正在进行的作战与任务保障工作联系在一起。它还是海警未来四年的行动纲领。除了当前海警战略和未来展望，它也指出了目前部队的任务重点。作为受战略驱动的部队，我们要继续把评估外部环境作为我们战略开发和周期性更新工作的一部分。我们的不懈努力将为部队的政策和条令制定、采购方向、预算流程、风险和绩效评估提供信息和指导。

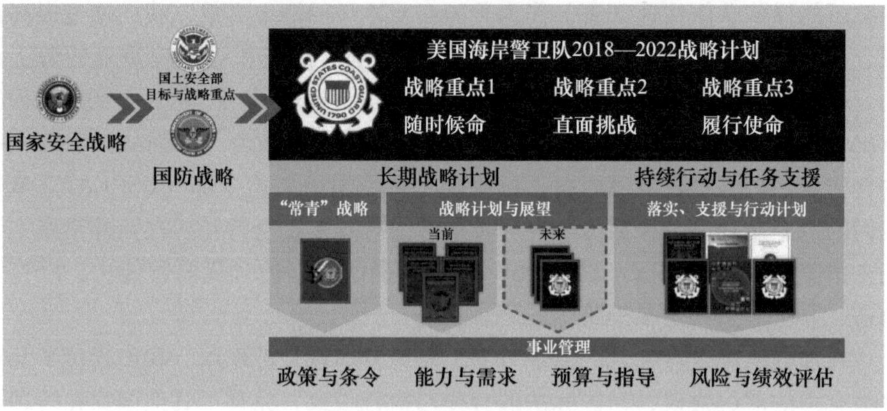

图 7－1　海警战略框架

为了满足国家的需要，应对最困难的海上挑战，海警必须机动灵活、适应性强，且具有预见性。为了避免敝帚自珍，在过去的基础上进行改进，我们必须大胆地重新思考、整合新能力，要敢于挑战现状，创新作战理念和保障方式。我们必须张开双臂去迎接技术的飞速发展，并能在风云变幻的国际国内环境中驾驭自如，得心应手。

《美国海警2018—2022战略计划》为建设一支时刻准备着的、目标指向明确、反应迅速的海警提供了框架。为此，海警务必努力做到：

随时候命！

直面挑战！

履行使命！

这一切使海警完全有能力为美国的经济繁荣和国家安全保驾护航。

五、战略重点

（一）战略重点之一：随时候命

海警的首要任务是部队随时候命。和其他军兵种一样，不确定、受限的预算环境常会影响部队保持良好的战备状态。同时，随着全球环境日趋复杂，国家对海警的行动需求也在不断增加。这就需要部队有最优秀的人才、现代的技术、适应性强的基础设施和高性能的装备。在清楚地了解国家财政环境的情况下，我们将更好地为海警人员做好保障，要对为完成任务提供赋能的技术加大投资，加快部队装备的现代化更新，以确保我们在准备好迎接今天的挑战的同时，也为应对明天的威胁做好准备。

1. 培养一支随时候命的队伍

部队的战备能力始于对我们最重大的资产（人员力量）进行投资。为满足国家任务之需，海警将招募、训练、保障并保有一支常态化战备队伍，要培养他们拥有在全域作战中脱颖而出所需的信息、知识、技能、设备和保障系统方面的能力。同时，我们还致力于扩大部队人员的多样性，真正建立一支能代表美国民众的部队。为了使这支战备队伍保持最佳战斗状态，我们必须将对这支队伍的全体人员保障到位作为推动此项战略成功与否的关键因素，要提倡在执行任务时使用数字化工具，要寻求创造性的解决方案来确保这支队伍的人员具备高超技能。在海警整个队伍中，我们要想方设法地使队伍对现有和潜在成员保持吸引力，让他们能成为我们队伍中的一员。

（1）提升战备队伍各项服务和保障措施的质量

我们为部队提供世界一流的任务服务和保障，必须确保整支队伍随时准备好上前线并出色地完成任务。为满足战备队伍的需要，具体要做到以下五点：第一，灌输为战备队伍服务的文化，提高向他们提供服务的水平；第二，认同并实施改善生活质量的政策和做法；第三，营造良好的工作环境，包容和利用我们之间的差异，同时确保人人机会均等；第四，推进服务保障现代化，包括增加获得优质医疗保健的机会；第五，努力消除保障服务中的性侵犯和性骚扰。

（2）提升战备队伍高技术手段的操作技能

我们部队的成功取决于战斗队伍训练有素、装备精良。他们利用技术手段在所有任务中把自身作用力发挥到极致。为打造部队对高技术手段的操作技能并保持竞争优势，具体要做到以下四点：第一，利用数字化工具和相关技术，包括机动性的解决方案，提升一线战斗力；第二，采用预测分析来确定和发展关键技术手段的操作技能，以满足新的任务需要；第三，更新教育和培训项目，培养满足当前和未来任务需求的专门技能；第四，投资并维持一支战斗预备队以满足海运业不断发展的需求。

（3）招募并保有一支代表美国民众的兼具包容性和多样性的战斗队伍

我们的全球行动和任务保障活动的规模和复杂性需要一支具有不同背景、不同视角、独特经验和独创想法的战斗队伍。为了培养一支兼具文化包容性和多样性的战斗队伍，具体要做到以下四点：第一，升级招募、聘用和人事管理政策，促进包容性和多样性；第二，增加非传统招收人数，加快文职人员招聘；第三，探索针对关键任务技能的创造性和适应性人才的保留政策；第四，拓展队伍的职业发展空间，确保海警是他们的职业首选。

（4）加强随时候命、反应迅速的预备役力量和辅助力量的建设

预备役力量会使我们的队伍力量倍增，有利于队伍发挥好政策优势、提升任务效率，是我们队伍不可分割的组成部分。辅助人员通过志愿者服务，在海警的行动和任务保障活动中奉献时间、技能和资源。为了提高预备役和辅助力量的战略价值，具体要做到以下五点：第一，推进海警预备役人员管理和服务保障现代化；第二，加强预备役人员的招募、宣传和留用；第三，更好地认同和利用好预备役人员的民用技能以解决海警和国土安全部面临的复杂问题；第四，加快新辅助人员的入职培训；第五，将辅助人员的独特技能和能力与各级作战和任务保障需求相匹配。

2. 加快部队的装备、基础设施和任务平台的现代化

为了满足日益增长的兵力需求，海警必须继续推动当前的装备重组，包括及时采购部署海上巡逻快艇、极地安全快艇和航道商务快艇。我们的现代化需求不局限于我们的水上装备，还包括指挥、控制、通信、计算机、网络和情报（C^5I）系统、岸上的基础设施、航空队，以及推动任务的其他关键因素。我们将优先考虑投资技术，确保今天的任务成功，革新我们在未来遂行任务的方式。

（1）加强 C^5I 系统的可靠性

日益数字化的世界既要求我们有能力保障我们的人员队伍和设施装备能安全、有效地访问海警信息系统，同时也要求我们有能力保护我们的网络安全，避免受到攻击。为了充分利用信息技术、互联互通和数据的巨大优势，具体要做到以下五点：第一，确保操作员和任务保障人员在完整、降级或断开连接的环境中随时都能安全地获得信息；第二，为一线操作员提供可靠的机动能力和改良的远程访问服务；第三，优先考虑资源和资本重组工作，以确保 C^5I 系统的可靠性和有效性；第四，将 C^5I 任务平台视为同其他基于能力需求的作战装备一样的任务推动者；第五，加快采用云计算产品。

（2）保持当前采购工作的势头

海警正在对我们的采购计划进行前所未有的投资，这将使我们能更好地执行各项任务。为了让我们继续在目前的现代化装备组合轨道上行进，具体要做到以下五点：第一，继续实施主要采购计划并运用好关键装备，包括海上巡逻快艇、极地安全快艇和航道商务快艇；第二，就老化的旋转翼航空队装备的实际使用寿命，我们须做出必要的风险决策，并为未来的航空装备采购制定计划；第三，投资和使用岸基和舰基无人机系统；第四，投资并使用 C^5I 监视和 C^5I SR 侦察系统；第五，维持关键航空机队和水面舰队的使用寿命延长和改进项目。

（3）推进海岸基础设施保障计划和成熟的长期母港建设流程现代化

适应性强的海岸基础设施直接关系到战备能力和任务执行的成功。为确保我们的海岸基础设施完全能保障我们的作战需求，具体要做到以下三点：第一,优先考虑维修或更换老旧的海岸基础设施，这些基础设施会对稳定运行产生负面影响，妨碍工作人员的战备能力；第二，开发和使用海岸基础设施管理系统，以预测未来的战备需求；第三，制定一个综合的、长期的母港建设规划。

（4）检测并运用技术和信息科学的正确组合以满足未来的战备需求

善于利用我们个人生活和职业生活中迅速发展的技术，将会为海警提供改变游戏规则的机会。为了充分了解新兴技术对海警行动的潜在影响，具体要做到以下四点：第一，评估新兴技术，如无人平台、数据分析、区块链加密、人工智能、机器学习、网络协议、信息存储和人机协作，以便未来在任务的执行中使用；第二，利用好国土安全部和国防部的研发工作、国家实验室的研究和学术伙伴关系；第三，寻求机会，实现从现有技术能力向新能力的飞跃；第四，评估所有任务区域的海警总兵力部署和综合战力。

（二）战略重点之二：直面挑战

作为美国全方位海上作业中的独特角色，海警除了能配合其他军兵种的行动，本身具备进行执勤、侦察、威慑和打击海上威胁的能力。海警拥有一系列影响行为的能力，这些能力包括教育、协调、管理，执法和作战。通过与国土安全部和国防部深度融合、协同作战，海警与联邦、州、地方、族群、私人和国际利益相关者团结一致，协同一致，共同应对日益复杂的海事问题。

1. 加强海洋管理

我们具备应对全方位海事领域挑战的能力，其挑战涵盖了从教育和伙伴关系到监管和执法，再到高级别专门行动。全方位海洋管理行动为建立适应性强的稳定框架奠定了基础，这对快速恢复战斗力是必需的。恶性活动会使脆弱地区失去稳定并使其受到威胁。为了解决这些造成海上混乱的根源，我们将利用我们特有的能力、权威和建立的伙伴关系来维护法律和秩序，并维护好大家一致遵循的行为准则。

（1）增强态势感知，确保海上边界安全

作为国家的海事领导机构，海警必须整合各种信息、情报和行动，拿出具有可操作性的方案，为决策提供依据。为了保护我们的海上利益相关者和海上边界，我们具体要做到以下三点：第一，在整个部队范围内获取信息，组成一个包括各种平台、传感器、任务集成系统、通信设备和分析工具在内的网络系统；第二，利用来自军队、执法机构和商业来源的指挥、控制、通信、计算机、网络、情报、监视和侦察能力，优化处理、利用和传播关键情报；第三，采用以数据为基础的方法，完善海警资源部署规划。

（2）推动海事领域的可接受行为规范

海警是海事界公认的领导者，从当地港口到国际监管机构。我们的地位使我们能够影响世界各地的海上行动。为了维护海上安全、治安和对环境负责的海上活动，具体要做到以下四点：第一，维护海事规范，影响可接受的行为准则的制定，以促进海上合法贸易畅通无阻；第二，创造机会，为区域信息共享建立渠道；第三，确保常用的国内监管措施的实施，在促进和保护商业之间找到一个平衡点；第四，在国际海事事务中代表美国，促进自由开放的国际秩序，服务国家安全战略。

（3）利用部队有效的存在阻止和消除国家的海上威胁

通过利用情报，我们的作战能力使我们能够在适当的时间将适宜的资源置于正确的位置。为了使作战效果最大化，我们具体要做到以下三点：第一，战略性整合相关的技术，利用实时数据和有效直接的情报手段进行最后阶段干预；第二，将所有作战情报手段视为传感器，以收集和传递信息和情报；第三，利用我们队伍的创造性和创新能力，挑战既定的作战方法，应用新技术，提高应对海上威胁的能力。

2. 加强统一工作

海警在各个层面上都有合作伙伴，从个别水手到当地警察部门，再到世界顶级的海军和海警。我们与政府的伙伴、私人利益相关方和国际盟国协调一致，以维护我们的国家利益，防止那些对美国本土的威胁。我们的目标是尽可能地与他们融为一体，产生1加1大于2的效果。只有致力于“全力以赴”的合作，我们才能做出实现集体目标所必需的“全力以赴”的努力。

（1）加强与国土安全部的深度融合

海警要利用独特和互补的能力帮助国土安全部及其组成部门实现战略目标。为了使我们部队对国土安全部的价值最大化，具体要做到以下三点：第一，加强与国土安全部在战略、战术和作战层面的融合；第二，在整个部队中实施国土安全部的最佳方案，包括联合需求管理、采办过程、研究和开发以及信息技术的解决方案等；第三，要将我们的遂行任务的能力与国土安全部其他部门联系起来，以进一步推进国土安全优先战略。

（2）利用联合军事力量和权限补充国防部力量

海警独特的权限、专业的任务执行力和已建立的多方联系必将对国防部起到补充作用，提供对突发事件的快速反应，解决海上争端的根源，消除对我们国家利益的威胁。为了更好地整合国防能力，具体要做到以下四点：第一，利用部队专业权限来保障国防战略目标；第二，在参与行动、遂行任务的同时加强自身的能力建设，以加强对世界各地的海洋管理；第三，利用国防部配置互操作设备，减少新装备的重复采购；第四，与美国海军和包括国家海洋和大气管理局以及美国海事管理局在内的其他海上服务机构实现目标的互操作性。

（3）加强与海上利益相关方的伙伴关系

海上利益相关方对我们国家的经济繁荣和国家安全至关重要。通过建立跨界的关系，增强了部队的信誉，认识未来发展趋势，了解新兴技术。为了保护海上运输系统，具体要做到以下三点：第一，与海运行业建立富有成效的联系，以运用我们自己的专长并进行有效的监督；第二，继续领导一个由联邦、州和地方合作伙伴组成的社区，以确保海上运输系统的所有要素都高效率、有实效和反应敏捷；第三，分享通用的最佳经验，用以加强海上网络安全防范、应对和恢复能力。

（4）以国家和国土安全部优先事项为中心参与国际事务

我们在伙伴国能力建设方面拥有强大的国际地位和良好的历史记录，这直接关系到我们的国家和经济的安全。为了进一步提高我们的国际影响力，具体要做到以下三点：第一，利用我们在国际海事界的地位来制定和推动通用的标准和制度；第二，要策略性地将时间和资源导向国际活动，最大限度地提高对国家和海警战略重点的投资回报；第三，在对美国利益至关重要的地区，要与美国国防部和国务院一道促进国际能力建设。

（三）战略重点之三：履行使命

我们是一支灵活、适应性很强的部队，我们对国家的最大价值在于我们有能力从日常勤务状态快速调整为应对危机状态，以满足国家的优先需求。我们的部队拥有超强行动力，拥有善于解决现场问题的高素质的官兵，能够对任何海上紧急事件及时作出可靠的响应。技术的快速进步和行动环境的不断变化，需要整支部队预有准备、机动灵活、快速响应。作战行动、任务保障和部队编制体制必须与外部环境、合作伙伴和利益相关方匹配，必须不断创新和变革。为促进国家安全、增强灵活性，我们将调整部队所有的计划，以便使组织体系运行更加顺畅、行动更加敏捷和高效，确保按时保质保量完成任务。

1. 通过危机领导、应急准备和反应加强应变能力

我们是全国第一支主要的响应海上事故的力量。美国海事领域和美国公民将继续受大型灾难事故影响。危机管理和危机应对贯穿海警全部使命并且直接对国土安全部负责。一支具有综合性和可执行性的准备充分、组织有序的反应力量，确保海警能够在危机期间做出反应和实行恢复行动。为了提高我们在日益复杂的各类灾害发生时的应对能力，我们将继续磨炼危机领导能力、提高应

急计划技能，而其核心是快速和积极主动地调配我们的资源。

（1）危机事件处置中居于领导地位

无论是海难还是灾难性事件，海警都在联合响应力量中居于领导地位。利用我们丰富的组织经验，具体要做到以下三点：第一，将危机领导能力的培塑作为核心能力；第二，成为应对复杂海洋灾害的国家级事件管理领导专家；第三,加强应对临时增加兵力和任务的管理能力并提高协同力量的机动性。

（2）强化联合应急管理规划和实施

加强适应力强的海上响应力量建设，需要精心制定和协调落实危机事件和突发事件应急规划。为了做好应对现有风险的准备，同时主动预测未来所面临威胁，具体要做到以下三点：第一，总结和吸取以往经验教训，开展联合应急管理；第二，加强规划和评估，保障各级政府的海上力量的应急准备工作；第三，开展切实可行的跨部门应急管理演习，应对包括未来和新出现的一切挑战。

（3）在危机处置中使用先进信息技术和灵活指挥控制手段

信息在全球范围内迅速传播的特性，为灾害应对方面保有先进的战备水平和执行任务的高效性提供必要保证。为在危机处置中利用各种技术解决方案，具体要做到以下三点：第一，寻求创新型、互操作性强和可调配的危机解决方案，以便在参与危机处置的各力量间实现信息和资源的快速集成：第二，识别和使用各种工具，如情报跟踪和通用行动图技术，以增强态势感知；第三，充分发挥社交媒体应用程序在灾害响应中的作用。

2. 追求创新，提高部队遂行任务的绩效

海警遂行任务的特点是行动力和现场主动的掌控力，这一点根深蒂固，我们的任务保障活动也是如此。我们将根据对行动目标的逻辑性理解、当前和今后的预算投入情况以及长期的任务需求来建设我们这支部队。在遂行平时和危急时刻的法定使命的过程中，我们要提升部队自身评估行动风险的能力。努力减少阻碍创新发展的因素，包括避免在制定规划时“闭门造车”。要认识到在低风险领域短期内遭受的失败通常会产生经验教训，从长远看，总结吸取这些经验教训会促进部队取得最终成功。

（1）按任务需要的速度来提供任务保障

任务保障是有效执行任务的关键。负责进行任务保障的人员群体必须有适当的结构，要获得适当的政策支持，要遵循适当的程序，还要有适当的信息情报保障，如此方能对前线作战人员提供有力的保障。为建设一支灵活机动、适应性强的部队，我们必须持续对提供任务保障的方式方法进行评估，努力使我们的作战保障和任务保障工作更紧密地结合在一起。为了按任务需求的速度提供保障，具体要做到以下三点：第一，鼓励人才创新，对研发出创新型工作方法且能有效提升任务保障效率的人才提供一定的物质奖励；第二，采用新技术，加速装备采购流程，极大地提升一线战斗力；第三，利用与国防部和国土安全部的关系，制定出能加强海警内部后勤保障能力的合作共享方面的解决方案。

（2）加强海警的风险管理

创新需要明智的风险控制方法。海警必须在全域作战和保障任务范围内明了自身的风险承受水平，协调好当前战术危机与未来战略需求之间的关系。同时，必须根据经过客观确定和持续性评估确定的作战和保障需求，确定人员构成。在预算收紧情况下，协调好海警的各项保障需求，具体要做到以下三点：第一，建立分析系统工具，要区分平时、重大事件的应急响应和突发事件行动三种情况，并为部队的作战能力和力量结构建模；第二，完善人力、财力、物力的管理和预算流程，通过重复性流程实现作战效果和风险管理效果的最大化；第三，根据对任务目标、当前和今后的预算投入情况以及长期的任务需求的逻辑理解来制定决策。

（3）提高部队的机动灵活性和决策能力

为了在动态和不可预见的战略环境中取得成功，海警必须建立精干、灵活、有效的指挥和控制架构。为进行部队组织结构的优化，具体要做到以下三点：第一，消除不必要的官僚主义，以提高部队的机动灵活性；第二，加强信息共享和推动建立决策框架，以整合行动和保障；第三，完善部队的组织流程，确保各地方行动与部队优先完成的任务相一致。

（4）持续加强创新文化建设

海警只有适应海上作战的变化特点才能为国家带来长久的价值。为了使我们保持领先地位，具体要做到以下三点：第一，培育创新文化，鼓励接受可控的风险从而应对各种时局的变化；第二，营造挑战氛围，要培养所属人员的挑战意识，并对过去一成不变的工作流程和作战行动架构进行创新改进；第三，加强部队创新措施，加快这些创新理念在基层部队落实的进程。

六、未来之路

海警的任务战略背景无疑是风云变幻的，顺应未来的变局需要充分发挥部队所属人员的聪明才智。以我们的重要价值观为基础，在司令官指导原则（随时候命！直面挑战！履行使命！）的指导下，我们定将不负美国民众重托，保卫好美国民众利益。以上宗旨原则已将我们定位为国家利益的坚定维护者。因为时至今日，国家的经济繁荣、国家安全和全球影响力早已经与海洋利益密不可分。

战略，从根本上讲就是做各种选择。为实施本战略计划，我们必须在关键任务领域做出艰难的抉择。当我们认真思考怎样处理我们有限的资源与不断增长的任务需求这一关系时，海警各级人员都应将自己的行动与这些战略重点结合起来，由此我们方能“随时候命”，迎接国家的召唤。

第八篇 《美国海警北极战略展望》[①]

美国海警司令的发布函

150余年以来，美国人一直依靠美国海警自豪地维护国家主权、保障国家安全并促进北极地区的经济繁荣。随着北方航线成为获取地缘战略地位的重要途径，我们的工作正变得越来越有意义。在对北极地区丰富的能源、矿产、渔业和其他商业资源开发不断增加的同时，全球对这些资源的兴趣日益浓厚，美国在该地区的安全需求也日益紧迫。这个以往能源权益受到关注和挑战的地区，现在已成为一个竞争日益激烈的领域。

作为在北极地区的主要海上存在，海警以独特的极地行动能力、法定监管权力和在海洋治理所有领域内的国际领导能力，不断推进我们的国家利益。即使我们雄心勃勃的近邻竞争者为获取在该地区的战略优势而采取行动，海警也将与我们的盟友和合作伙伴继续努力，以达成确保北极安全、治安和合作的共同目标。然而，竞争不一定会导致冲突。海警在需要对复杂问题做出微妙反应的情况下才能蓬勃发展。我们在水面、社区或国际论坛上的持续存在，完全等同于我们的影响力。

《北极战略展望》重申了我们通过伙伴关系、团结一致和持续创新对美国在该地区发挥领导作用的承诺。本文件确立了对实现长期成功至关重要的三项努力：①增强在充满活力的北极领域有效行动的能力；②加强“基于规则的秩序”；③创新和适应以促进恢复和繁荣。

我们理解保护北极安全需要大量投资，我们赞赏并接受美国民众对美国海警的信任。我们将保持警惕，保护我们在极地地区的国家利益，防止竞争对手肆无忌惮地施加影响。

随时候命！

美国海警司令
卡尔·舒尔茨（Karl L. Schultz）上将
2019年4月

---

① 本篇译自：*U. S. Coast Guard Arctic Strategy Outlook*. U. S. Coast Guard Headquarters, Washington, D. C. , April 2019.

一、内容摘要

美国是一个北极国家，150余年以来，美国海警一直是负责北极地区国土安全、治安和环境管理的主要联邦机构。自从1867年税收缉私船首次航行到阿拉斯加确立美国主权以来，海警的职责就已经扩大并成为代表美国利益，管理航行、搜救、船舶安全、渔业执法和污染响应的国际机构的领导者。随着该地区的持续开放和战略竞争，促使更多参与者将目光投向北极以寻求经济和地缘政治优势，对海警领导力和存在的需求将继续增长。

表8-1　北极地区统计数据

<table>
<tr><td colspan="12">美国是一个北极国家，海警作为美国的海上存在，对北极部分的国家安全和经济繁荣负有持久的责任。</td></tr>
<tr><td colspan="12">北极对美国的经济价值</td></tr>
<tr><td colspan="3">
100万平方英里的北极领海和专属经济区</td><td colspan="3">
30亿美元的阿拉斯加北极海鲜产业</td><td colspan="3">
900亿桶未探明的原油存量以及占近30%的世界未探明的天然气</td><td colspan="3">
1万亿美元的有色金属（如锌、镍和铅）</td></tr>
<tr><td colspan="12">自2013年《美国海警北极战略》发布以来发生的改变</td></tr>
<tr><td colspan="6">中国进行了6次北极探险，中国虽然不是北极国家，但已将北极列为战略重点区域，并宣布自己是“近北极国家”</td><td colspan="6">俄罗斯建造了14艘破冰船，俄罗斯继续大力投资军事设施，自2013年以来，已建成6个军事基地</td></tr>
<tr><td colspan="4">2017年，通过北方航线运输的天然气、石油和煤炭等货物总量达1000万吨。运载这些货物的船舶近40%来自或驶往中国港口</td><td colspan="4">2015年美国与加拿大、丹麦（格陵兰）、芬兰、冰岛、挪威、俄罗斯、瑞典共同创立的北极海警论坛有8个成员国</td><td colspan="4">2016年有1700名乘客登上“水晶尚宁”号游轮，这是第一艘穿越西北航道的大型游轮</td></tr>
</table>

自从2013年《美国海警北极战略》发布以来，国家之间的竞争复苏恰逢北极物理环境发生巨大改变，这提升了该地区作为战略竞争空间的地位。两个实力最接近美国的大国，俄罗斯和中国，都宣布该地区为国家的优先事项，并在能力和实力上进行了相应的投资，以扩大其在该地区的影响力。作为美国唯一的同时拥有军事和民事权力的武装力量，海警特别适合塑造可接受的（海上）行为、建立区域能力、强化组织架构，应对当前战略环境中的各种跨界挑战，促进整个北极的透明度提升和良好治理。

北极在地缘政治竞争中的作用将越来越大，这在很大程度上是因为永久性海冰的减少使得海岸线显露出来并促进了人类和经济活动的增加。北极的变暖趋势，导致海冰减少的窗口期越来越长。2006—2018 年，卫星图像观测到北极冰层有记录以来的 12 个最低值①，这导致出现更多的通过北极的航运路线。尽管这些航线的近期前景还不确定，但极地航线有可能将传统航线的运输时间缩短两周。俄罗斯设立了北海航线管理局，并使用专为从其亚马尔液化天然气设施出口天然气而建造的高冰级液化天然气油轮，极大地促进了北极商业航运的增长。此外，潜在资源开采和北极旅游业的拓展为美国一些最孤立的社区提供了新的发展前景，也为美国带来了更广泛的利益。然而，不断变化的地形和简单维持生计的饮食方式，以及日益频繁和强烈的冬季风暴，继续对社区构成挑战并增加了海洋领域的风险。

海警在管理这些风险并抓住这些变化所带来的机遇时，应遵循以下原则：

合作伙伴。北极是一个特殊的地方，在这里需要跨越国界的合作。海警将与北极国家以及拥有北极利益的伙伴和盟友合作，为保持北极成为无冲突地区做出贡献。为保护和保障北极领域的安全，海警将继续向北极理事会等论坛以及联合行动和演习投入资源。

海警与部族实体建立的独特而宝贵的关系，增加了相互之间的信任，强化了执行任务的能力和战备状态。我们在政策和战略的制定与实施过程中，将继续吸取与阿拉斯加原住民社区以及其他北极居民交往的经验和教训。

团结一致。海警将推进国家在北极地区的战略目标和优先事项，并在联邦、州和地方机构组成的北极社区中发挥领导作用。作为一个军种，海警将加强与国防部的互操作性，并弥补其他军种的能力欠缺，以支持国家安全战略和国家军事战略。

持续创新文化。海警无法用今天的范式来应对未来北极的挑战。海洋工业技术的快速进步和战略竞争对手的强劲投资，进一步提高了风险成本。海警必须抓住这些机会，利用变革性技术、运用创新性政策来解决复杂问题。

尽管战略环境发生了变化，但海警在北极的任务仍在继续。海警将坚持海洋领域“基于规则的秩序”，通过合作来减少冲突和风险，进而保护国家的切身利益。我们将协助保护美国的北极社区、环境和经济。海警将通过以下三个互补的工作来实现这些目标。

（一）努力方向之一：增强在动态北极地区有效行动的能力

为了执行在北极的任务，海警必须充分了解其广阔而无情的环境并在此自

① 2018 Arctic Report Card, National Oceanographic and Atmospheric Administration, https://arctic.noaa.gov/Report-Card/Report-Card-2018.

由行动。具备有效的能力，需要足够的重型破冰船、可靠的高纬度通信和全面的海域感知能力。为应对北极危机，我们国家还必须在该区域集结足够的人员、航空和后勤资源。海警是美国极地能力舰队的唯一提供者和操作者，但是目前没有能力和实力确保进入高纬度地区。要缩小这个差距，需要对包括极地安全缉私船等在内的极地行动能力和实力进行持续投资。为此，海警将通过下面三个子目标来实现这一目标：①弥补海警北极行动能力和实力的缺口；②建立对北极领域的持续感知和认识；③填补北极地区的关键通信鸿沟。

（二）努力方向之二：强化“基于规则的秩序”

战略竞争对手的行动，使确保北极成为一个和平和低紧张地区的努力、致力于实现“无冲突北极”的机构面临新的挑战，因此需要实现积极而坚定的领导。海警地位独特，在海洋领域可以发挥领导作用；海警鼎力支持北极理事会、北极海警论坛以及国际海事组织等强大机构，并加强“基于规则的秩序”、培育透明的伙伴关系。

当各国都维护他们的承诺时，规则和规范就会持久存在。海警将与盟国和伙伴密切合作，通过开展全方位的竞争性行动和演习，遏制对国际海事规范和美国国家利益的威胁。海警将与国防部合作，继续支持国家在北极的防御优先事项。海警将与联合伙伴和国际伙伴密切合作，在北极构建能力并展示决心。为此，海警将通过下面两个子目标来实现这一目标：①加强伙伴关系并领导国际论坛；②应对海事领域“基于规则的国际秩序”面临的挑战。

（三）努力方向之三：创新、适应以促进恢复和繁荣

遥远的距离和严酷的北极气候，对负责为美国人提供海上安全和治安的机构构成了重大挑战，所服务的对象包括美国北极地区数以百计的村庄和数以千计的季节性工人。搜救、执法、海上安全、航道管理和其他海警任务，因北极的动态且偏僻的行动环境而变得复杂。为服务于海事界并管控该地区的风险，海警将与利益相关者合作开发新的技术并开展实践。

作为美国的海上第一响应者，海警将领导并参加包括联邦、州、部族、地方、国际、非政府组织和各行业合作伙伴参与的规划和演习，以对行动准备和适应能力做出检验。在北极海域发生危机期间，海警将领导作出有效、统一的响应。海警将通过完成以下三个子目标来实现这一目的：①支援地区抗灾并在危机中发挥领导作用；②满足海上执法任务中新出现的需求；③推进并实现北极海上运输系统的现代化。

结论：北极地区进出的便利性和活动的增加将对海警的服务提出更多的需求。虽然当地的长期环境变化趋势指向更适航和更具竞争性，但其他环境和经济因素将使变化的范围和速度难以预测。物理环境的近期变化使海员和社区面临不可预测的风险，随着该地区受到伙伴和竞争者的更多关注，美国的经济和安全利益将与北极联系得更加紧密。每一项发展都具有重要意义，但这些趋势纠结在一起，就对国家和海警带来新的风险及挑战。最新的战略展望反映了对这些现实的认识，并提出了海警在“新北极”取得成功的努力方向。

二、当前现状

自从2013年《美国海警北极战略》发布以来，全球战略竞争的恢复与北极物理环境的急剧变化遥相呼应。这些因素相互驱动，使北极首次成为自冷战结束以来具有战略竞争力的空间。竞争并不排除合作，海警将始终寻找解决复杂问题的合作机会。但是，海警的行动必须限定在国家安全利益范围内。

（一）地缘战略变化

美国的竞争对手们在对自己有利时，表现出在既定框架内运作的意愿，但是他们也同样愿意在这些框架之外运作，以实现他们的目的。

美国盟友和合作伙伴对开放北极的安全影响表现出越来越多的担忧。2018年10月，北约组织举行了自冷战以来规模最大的北极军事演习。这场名为“三叉戟结点”的演习，有超过31个国家的5万名军人参加。加拿大、丹麦和挪威展示了它们对行动的承诺，将对维护国家或国土安全的具有破冰能力的舰船进行战略投资。尽管美国致力于与广泛的北极组织进行接触，但美国也是唯一一个没有对具有破冰能力的水面海事安全资产进行类似投入的北极国家。这限制了海警和美国在北极地区有效地维护主权或应对北极突发事件的能力，同时也削弱了美国作为盟友和伙伴国家首选合作伙伴的地位。

专栏8－1 北极的定义

北极有多种定义，大多数国际机构及其成员将北极定义为北极圈（北纬66°34′）以北的区域。北极圈是该区域的南部界限，在该区域内，每年太阳至少有24小时不会降下也不会升起。“北极高地”一词广泛用于称呼该地区最寒冷的部分，通常位于北极点附近。

美国政府对本国北极地区采用的官方定义，在1984年《北极研究和政策法案》第112条中描述为：“北极圈以北的所有美国和外国领土，以及波丘派恩河、育空河、卡斯科奎姆河组成的边界以北和以西的所有美国领土，包括北冰洋、波弗特海、白令海、楚科奇海以及阿留申岛链的所有毗连海。”

美国北极地区包括2521英里的海岸线，一条毗邻俄罗斯联邦的国际海峡，以及在北极圈上方与加拿大接壤的647英里的陆地边界。美国在北极的专属经济区面积约有889 000平方英里，距离北极最近的海警航空站位于阿拉斯加的科迪亚克，距离阿拉斯加尤奇亚维克市大约820海里，这个距离与从马萨诸塞州波士顿到佛罗里达州迈阿密的距离大致相等。

（二）环境和经济变化

北极地缘战略竞争地位的提升，在很大程度上是源于其不再受到永久性海冰的“自我保护”。北极变暖导致海冰减少的窗口期越来越长。2018 年，存留的北极海冰时间更短、厚度更薄，覆盖面积也比以往更小。在过去的 12 年中，卫星记录显示的北极海冰覆盖范围在夏季出现了 12 次最低纪录。①

北极航线的近期前景尚不明确，但在最佳条件下，与通过马六甲海峡和苏伊士运河相比，其航程要短得多。例如，从上海到鹿特丹的北海航线平均需要航行 35 天，比苏伊士/马六甲运输航线缩短了 2 周。通过北极的商业航运正在增长，通过北海航线从俄罗斯亚马尔液化天然气终点站出发运送的大量天然气和石油产品的运输总量增加了一倍。穿越北极、核载 150 ~ 1700 名乘客的游船数量持续激增，从 2008 年的年增长 120 艘发展到 2016 年的年增长 290 艘。通过该地区的商船运输量也将继续增加。② 这些航线都需要通过相对窄、浅的白令海峡，这增加了和平时期船舶搁浅或碰撞的风险，同时也成为冲突时期的一个战略咽喉要道。

进入北极更加容易，同样也使资源开采、商业捕鱼和旅游业等经济活动得以扩展。随着北极的开放，从稀土矿物到石油和天然气等各种资源的开采将变得更具商业可行性。③ 北极也可能拥有大量未探明的资源，随着环境条件的改变，这些资源将更加容易获取。随着海水温度的上升，鱼类种群预计将继续向北迁移，这将对目前国际上禁止在北冰洋中部进行商业捕鱼的禁令构成新的潜在执法挑战。

包括阿拉斯加原住民和其他原住民在内的北极社区，将处在适应北极变化的第一线。由于海冰消退导致的海岸和河流侵蚀，陆地和海洋食物资源的移动，以及日益频繁和强烈的冬季风暴影响，许多社区的地理和社会结构将持续受到侵蚀。当地领导者还报告称，流入北极村庄的毒品，使许多社区有限的医疗资源和社会服务基础设施不堪重负。随着进入北极日益便捷，工业、旅游和科研活动的增加将对社区的恢复和健康构成复杂挑战。

---

① 2018 Arctic Report Card, National Oceanographic and Atmospheric Administration, https://arctic.noaa.gov/Report-Card/Report-Card-2018.

② United States Coast Guard, “*Preliminary Findings-Port Access Route Study: In the Chukchi Sea, Bering Strait, and Bering Sea*” (2016), https://www.regulations.gov/document? D = USCG-2014-0941-0040.

③ 据美国地质调查局估计，北极可能有世界上大约 13% 未探明的石油和近 1/3 的天然气。北极还被认为是大量未探明资源的家园，随着环境条件的改变，这些资源将变得更容易获取。*Fact Sheet 2008-3049*, United States Geologic Survey, https://pubs.usgs.gov/fs/2008/3049/fs2008-3049.pdf.

（三）不确定性和风险

尽管长期趋势表明北极将更加适航，但是受其他环境因素的影响，将很难对近期情况进行预测。虽然北极多年海冰的数量在持续递减，但存留海冰将变得更加难以预测。例如，尽管2018年是有记录以来最热的年份之一，但是重度浮冰状况仍使西北通道无法通行游轮。对在北极开采自然资源的兴趣，也会随着全球供需信号的起伏而增减。虽然这些活动的确切性质还不能预测，但交通量增加的总体趋势将推动海警管控海上安全和治安风险的需求上升。

就发展变化本身而言，每一项都很重大。而综合起来看，这些发展趋势都对国家和海警构成了新的风险格局。北极海域将继续开放，不断增加的海洋活动对海警的服务提出更多需求。近期的变数将导致行动环境的动态改变，使海员和北极社区面临不可预测的风险。维护北极安全，需要在边境安全、经济安全、环境安全、食品安全、地缘政治稳定、生命安全、国土防御、自然资源保护，以及宣示和保护美国主权利益在内的多个国家安全利益领域进行领导与合作。随着该地区越来越受到伙伴国和竞争国的关注，北极将与美国的经济和安全利益更加紧密地联系在一起。更新后的战略展望反映了对这些现实问题的认识，并提出了海警在“新北极”获得成功的努力方向。

三、美国海警在北极

美国是一个北极国家，150余年以来，海警一直是负责北极地区国土安全、治安和环境管理的主要联邦机构。这种责任，从治疗阿拉斯加群岛偏远岛屿上的流行病患者到执行渔业和捕鲸法，再到前往格陵兰岛海岸抓捕纳粹间谍，具有多种体现形式。自1867年税收缉私船管理局的缉私船首次进入阿拉斯加地区行使美国主权以来，海警的作用一直在拓展，这包括代表美国的利益，作为管理航行、搜救、船舶安全、渔业执法和应对北极污染等国际机构的领导者。随着该地区的持续开放和战略竞争，促使更多的参与者将目光投向北极以寻求经济和地缘政治优势，海警的领导责任和存在需求将会继续增长。

在当前竞争激烈的世界中，美国海警特别适合应对各种潜在的模糊挑战。在海洋领域及其周边地区，海警是维护“基于规则的秩序”的宝贵力量。作为美国唯一的兼具军事和民事执法权力的机构，海警通过塑造可接受的行为、建设地区实力、加强和促进整个北极地区的透明度和良好治理的组织架构，来对抗胁迫和虚假信息。

在该地区，不断发展的商业交通、资源开采和北极旅游行业为美国一些最偏远的社区带来了新的机遇，并为全美国带来了更广泛的利益。这些活动的增加同样也导致了风险的增加，海警必须与联邦、州、地方、部族、学术界和行业合作伙伴密切合作，以强化对这些活动的管理。为应对从救援到日常监管职能的全部任务需求的不断增长，海警必须建立能够进入北极最偏远地区的能力和实力。

该地区不断改变的自然环境，对美国的北极居民带来了特殊的风险。整个社区面临着日益严重的风暴、传统生计的丧失、药物滥用以及物质和社会基础设施崩溃的问题，都转化为不断增加的海洋领域风险。150 余年以来，作为邻居、执法者和救生者的海警，一直是许多北极社区生活的一部分。阿拉斯加原住民一直是我们的合作伙伴和老师，我们将继续从他们的传统智慧和对北极领域的深刻认识中受益。这是海警北极遗产中值得骄傲的一部分，我们将通过与原住民社区的持续合作来传承这一遗产。

尽管行动可能改变，但使命任务却是持久的。根据《国家安全战略》、国土安全部的目标和优先事项、《国防战略》和《北极地区国家战略》，海警将通过维护"基于规则的海上秩序"来减少冲突和风险、保护国家切身利益。我们将帮助保护美国的北极社区、环境和经济。为此，海警将通过以下三项互为补充的工作来实现这些目标：

（1）增强在动态北极地区有效行动的能力；

（2）强化"基于规则的秩序"；

（3）不断创新和适应，推动北极地区的恢复和繁荣。

四、确保长期成功

以下三个基本原则都很重要，这是确保长期成功的先决条件，必须将它们纳入海警各级的规划和决策中。

（一）伙伴关系

北极是一个特殊的地方，它地形崎岖，涉及 8 个不同国家的领土，形成了一个需要进行跨国合作的环境。8 个国家相互合作，确保共同利益，维护海洋安全、环境管理和主权，最符合美国的利益。为使北极成为一个国际法和主权都受到尊重的无冲突地区，海警将与北极国家以及拥有北极利益的伙伴和盟友进行合作，积极支持并在关注北极治理的国际海事组织、以行动为重点的北极海警论坛等多边机构中发挥领导作用。海警还将继续投入与北极盟友和伙伴进行合作的资源，开展以保护北极领域安全为目标的联合行动和演习。

美国海警依靠加拿大皇家海军、加拿大皇家骑警、加拿大交通部和加拿大海警，维护共同海上边界和陆上边界的合作关系。这些从日常行动协调到极地破冰船设计的深度合作，对北极的安全和治安至关重要。

海警与部落实体之间独特而又珍贵的关系，建立了互信，提高了行动能力和战备状态。我们将在制定和执行政策及战略过程中，继续从与阿拉斯加原住民、工业界和其他北极居民的交往中吸取经验教训，尤其是那些对该地区有深入了解的阿拉斯加原住民，这对在那里工作和行动的人们来说非常重要。海警将与阿拉斯加原住民社区密切合作，以便更好地认识和服务于这一地区。

（二）团结一致

正如《美国海警 2018—2022 战略计划》明确指出的那样，团结一致是海警行动的基本原则，是海警与联合和跨部门机构，以及州、当地政府、行业界、其他非营利组织和学术组织结成密切合作伙伴关系的有力指导。阿拉斯加州是美国北极地区特别重要的合作伙伴，海警将继续与当地加强合作，共同管控海洋领域的风险。在联邦层面，海警将继续倡导并领导制定和执行统一的国家北极政策。海警将推进国土安全部界定适用于北极的战略目标和优先事项，酌情领导或支持合作伙伴，共同保护美国海上边界和生活在北极社区的公民。海警将继续在由联邦、州和地方机构组成的北极社区中发挥领导作用。

作为一支军事力量，海警将加强与国防部的互操作能力，以支持《国家安全战略》和《国家军事战略》，并成为其他军事力量能力和实力的有效补充。为适应北极不断变化的安全环境，海警将与美国北方司令部、欧洲司令部和印太司令部密切合作。

（三）文化创新

海警有机会为复杂和新出现的问题开发创新的、革命性技术和政策性解决方案。由于几乎没有留存的基础设施，所以北极是一个对新设想、新政策和新技术进行更好权衡、管理和降低风险的理想之地。全球海运业技术的快速进步，以及战略竞争对手的强劲投资，将使创新需求比以往任何时候都更加紧迫。

海警历来是一个富有创造性、善于解决问题的机构。海警必须利用这种能力，以审慎的工作方式，集中精力为北极面临的众多复杂挑战创造解决方案。为最大限度地提高国家的投资回报，海警将寻求国内和国际机会，参与共享或联合研究工作，加强国家安全创新基础的公共和私营部门之间的合作伙伴关系。实现创新包括通过海警自己的研发计划，以及与国土安全部科学与技术局的卓越中心网络合作和对学术机构的支持，如美国海警学院北极研究和政策中心的持续研究，共同促进北极地区的教育、研究和政策创新。

五、努力方向 1：增强在动态北极地区有效行动的能力

为保护美国的主权权益，履行对海洋社会的义务，维护北极法制，海警必

须能够对这一广阔而无情的环境做到充分认识和自由行动。在过去的 15 年中，美国的战略竞争对手在北极能力装备、基础设施和国际关系上进行了大量投资，其中一些旨在削弱美国的影响力。而在同一时期，美国在这些方面的投资却相对较少，这导致了战略资源缺口，危及有效维护美国主权的能力和应对海警管理人类活动增加所造成的海上风险的能力。为弥合这一差距，需要对北极行动能力和实力进行持续投资。

（一）弥补海警北极行动能力和实力的空白

海警必须能够随时提供实际存在，以维护主权、执行行动任务并履行其他国家义务和国际义务。海警是美国唯一能够提供具有极地行动能力的舰队的部门并作为具体行动的执行者，但目前还不具备确保进入高纬度地区所需的能力和实力，这限制了美国海警主动管控北极海域风险的能力，同时威胁到美国从处理石油泄漏到开展应急行动等应对北极危机的能力。

为填补这一战略空白，海警要投资建造破冰船，如极地安全缉私船和航空装备、无人或自主航行系统，以及所有能够在北极严酷环境、偏远地区中执行任务的装备，并配备相关人员。这些装备必须能够升级和交互操作，能够执行从搜救到防御行动再到海洋科学研究支持的各种任务组合。

海警将为这些装备和人员提供强大的行动任务支持。北极行动对后勤和技术带来巨大挑战，因此需要创新和有效的伙伴关系来克服。任何解决方案都将是整个政府的努力成效，这包括永久性、季节性和远征能力的融合。

为最大限度地发挥高性能装备的作用，对包括日益增长的网络和信息行动等在内的海警突发或日常的北极行动任务进行有效支援，海警必须重新调整现有的行动概念。海警要将与联合部队、跨部门和盟国合作伙伴的一体化行动作为当前及未来战略和战术行动计划的关键要素。

（二）建立对北极领域的持续感知和理解

为了在北极顺利行动，海警必须要建立和保持对整个地区的态势感知和理解。除了履行 2013 年《北极地区国家战略》所提出的海上态势感知职责外，海警还将运用优化的知识和分析手段来规划、预测和消除行动风险，从而改善该地区的安全和治安态势。

海上态势感知是对任何可能对全球海洋领域的安全、治安、繁荣或环境产生影响的相关事务的有效理解。这种感知对于北极地区尤为重要，因为那里行动环境恶劣，各种资源有限，会严重影响海警的行动效率。海上态势感知不是任务也不是计划，而是一个支持各级决策（战略、战役和战术）的多种能力的产物。

在众多其他部门和机构的支持下，《北极地区国家战略实施框架》将国家对北极的态势感知责任赋予了海警①，主要包括以下方面：

（1）有关国防和安全的信息；

（2）有关船员、旅客和载运货物的信息（如适用）；

（3）污染检测和跟踪能力；

（4）包括海冰侦察在内的天气和环境观测；

（5）海洋生物资源活动评估；

（6）人类活动和基础设施评估等。

海警将通过合作伙伴联系和对技术的有机投资来构建对北极的态势感知能力，同时还将继续支持科学探索、监测和研究，以增进对不断变化的北极环境、相关影响和突发海洋威胁的认识。伙伴联系将覆盖从阿拉斯加原住民社区获取数代人的经验和洞察力的定期交流，到与国际合作伙伴签订数字信息共享协议。另外，为收集北极数据、分析环境条件并通过有效渠道分发信息，海警将继续与国家海洋和大气管理局、美国海军、国家科学基金会、美国国家冰情中心和其他组织建立牢固的伙伴关系。

作为国家情报界成员，海警既为完善情报界合作伙伴的能力做出贡献，又从中受益。海警必须继续改进北极的数据收集工作，这包括支持制定北极海洋条件、气候、海上活动和威胁的信息收集要求。最后，海警必须带头将这些信息转化成为可操作和可靠的知识，并分发给所有适当的利益相关者。提高全源情报收集的可用性，加深对该地区海洋发展趋势、威胁和挑战的了解，将使海警的行动更加有效、资源配置更加明智、国家安全更加稳固。

（三）弥合北极地区关键通信鸿沟

为保持有效行动、维护海上态势感知并在整个海事界共享信息，海警必须攻克北极地区的关键通信差距难题。高纬度地区受到无线电信号传播不良、地磁干扰、陆基基础设施不足以及卫星覆盖范围和带宽有限等影响，一些北极社区虽有手机网络，但却通常受到覆盖范围、通话容量和可靠性的限制。

弥合通信鸿沟是整个政府面临的挑战，需要跨机构、跨行业和国际社会以及阿拉斯加州和阿拉斯加原住民社区的密切合作。随着商业、娱乐和维持生计活动的增加，海警还必须加强与利益相关者的沟通和合作。

北美空天防御司令部和美国北方司令部及其下属的阿拉斯加司令部，都是当前海警远征行动的重要合作伙伴，因此改善在北极地区的国家通信设施显得

① *Implementation Framework for the National Strategy for the Arctic Region*, National Security Council, March 2016, Appendix A.

尤为重要。为支持跨部门共同努力、提出更可靠的通信解决方案，海警将一如既往地不断进行探索。

六、努力方向 2：强化“基于规则的秩序”

随着海冰消退和北极活动的增加，战略竞争者的行动将会挑战长期以来使北极保持和平和低紧张局势的规范。在为北极无冲突做出贡献的机构面临新挑战之际，美国积极而坚定的领导是必需的。美国海警具有独特的优势，可以在海洋领域发挥领导作用。海警的全球行动，从在新加坡执行国际安全标准的海事检查员到在阿拉伯湾执行国际制裁任务的缉私船，都代表着美国对法律的郑重承诺。通过维护和遵守全球海洋领域“基于规则的秩序”，美国海警加强了其在北极地区对这些原则的承诺。

（一）加强伙伴关系和领导国际论坛

我们竞争对手战略的一个关键要素，就是从事削弱支撑“自由和开放海域”的国际秩序的活动。他们的做法掩藏在模棱两可之中，使得很难对此类活动作出有效和及时的响应。明确这些普遍接受的规范，再加上提高透明度，就可以驱散这些迷雾。美国海警致力于强化合作伙伴和机构的能力，以促进提高透明度并维护尊重主权和独立的全球秩序。

美国海警将继续成为北极理事会等政府间论坛的积极领导者。由 8 个北极国家、13 个观察员国、6 个永久性参与的原住民组织以及 26 个其他政府和非政府组织组成的北极理事会，反映了对多边广泛参与北极问题应对的持久承诺。北极理事会还制定了切实可行的合作协议，其中包括：2011 年《北极航空和海上搜救合作协议》、2013 年《北极海洋石油污染预防与应对合作协议》、2015 年《关于预防北极海域石油和海上活动造成的原油污染合作框架计划》，以及 2017 年《加强北极国际科学合作协定》等。

海警将继续与国际海事组织等全球机构合作，代表美国的利益并降低北极的风险。例如，海警在国际海事组织制定和采用《极地规则》方面发挥了重要作用，该规则为极地区运营的船舶制定了设计、建造、装备、作业、训练和环境保护安全标准。海警将遵守习惯国际法，包括 1982 年《联合国海洋法公约》中反映的有关航行和其他传统海洋用途的关键原则。虽然美国没有加入该公约，但海警将继续依靠其法律框架来支持任务的执行。

除了国际政策制定机构，海警将继续与北极合作伙伴开展联合行动，并向如北极海警论坛等多边行动论坛进行投资。作为外交和行动的桥梁，北极海警论坛通过分享最佳实践、开展演习和联合行动以及协调应急响应来加强重要的工作关系。北极海警论坛举办的第一次现场搜救演习“北极卫士 2017”，就强调了北极国际合作的价值。

治理机构不仅要为实际工作制定标准，还要为“维护和平”的“基于规则的秩序”奠定极为重要的信任基础。与这些机构的合作，增强了相互联系和沟通渠道，使成员免遭战略竞争对手的有关活动的影响。海警决心在现在和未来使这些论坛更具活力和意义。

（二）应对海事领域“基于规则的国际秩序”的挑战

当各国表现出对规则和规范的遵守时，规则和规范便会持续存在下去。海警将与盟国和合作伙伴密切合作，在全方位竞争中开展有效的海上行动和演习，来遏制对国际海事规则和美国国家利益构成的威胁。

海警将与美国北方司令部、美国欧洲司令部、美国印太司令部密切合作，继续支持国家在北极的国防优先事项，并通过参与国防部及多边演习来提高防御战备水平。海警将与联合、跨机构和国际合作伙伴密切合作，在北极建立能力并展示决心。

海警对维护“基于规则的秩序”所做出的贡献也体现在日常国土安全任务中。例如，海警在白令海峡持续巡逻，打击非法、未报告和不受管制的捕捞活动。这项执法行动，对抗了关乎美国每年60亿美元产业和对脆弱海洋生态系统健康至关重要的鱼类种群所受的威胁。同时，渔业执法还维护了国家的主权。打击非法入侵美国水域的行动，处于武装冲突水平之下，但对于维护国家主权独立和全球秩序至关重要。

“基于规则的秩序”所带来的好处，是海警通过其所有的行动予以整体呈现的。具体来说，就是海警通过“预防—响应”模型实现全方位的海洋治理，如作为维护国际海事组织《极地规则》等国际标准的主要专业力量，或在州、地方和阿拉斯加原住民日常性应急计划和响应支持下从事的社区恢复，都是在北极海域管控风险、维护主权和反对胁迫所需的基础性工作。基于以上努力，海警及其合作伙伴还在努力构建重要的合作关系和专业知识，这对于“危机处理领导者”的海警的成功至关重要。

阿拉斯加原住民是北极地区安全的重要屏障。基于几代人的经验，他们有助于弥补信息和行动空白、降低行动风险。在很大程度上，安全和富有耐受力的社区将不太容易受到战略竞争对手胁迫策略的影响。保持和扩大与关键利益相关者的长期关系，将有助于在地区和国家安全事项的所有方面取得长期成功。

七、努力方向3：创新和适应以促进恢复和繁荣

遥远的距离和严酷的北极气候对维护海洋安全和海上治安的机构构成了重

大挑战，其中也包括美国北极地区数以百计的村庄和数以千计的季节性工人。为服务海事界、管控北极地区风险，海警将以此挑战为契机，开发新的实践和技术。与北极利益相关者合作和创新，保护居住在美国这个特殊地区的居民及其家园，推进国家利益，加强伙伴关系，推动安全、治安和包括商业运输及资源开发在内的合法经济活动。

（一）支持地区恢复并领导危机响应

由于气候变化和人类活动的增加，北极社区面临越来越频繁和严重的事态。商业活动的增加，也增大了偏远和环境敏感地区发生污染事故的风险，这种风险因北极作业的后勤和技术困难而加剧，这对商业海洋产业满足溢油响应规划要求的能力提出了挑战。作为美国海上第一响应机构，海警将领导并参加包括联邦、州、部族、地方、国际和非政府合作伙伴在内的国家级规划和演习，以检验海警的战备水平和适应能力。海警还将与各行业一起努力解决溢油响应不足的问题，并评估国家计划标准之外的替代方案。这种包容性方法，允许合作伙伴确认自己的组织角色、职责、权限和资源。在北极海域发生危机期间，海警将成为有效、统一响应的领导者。

海洋活动的增加，尤其是北极难以预测和恶劣的环境，增加了搜救遇险海上从业人员的困难，因为即使是距离最近的搜救资源要找到他们也需要数个小时甚至数天的时间。随着游轮和跨北极航空运输的增长，在偏远和冰冷水域开展大规模救援行动的潜在需求也在增加。响应能力的当前现状，使以上所有可能场景都成为最大挑战。海警将继续与国际合作伙伴、国土安全部、国防部、阿拉斯加州、阿拉斯加原住民社区、工业界和当地资源密切合作，以缩小行动和后勤方面的差距。

（二）满足北极海上执法任务的新需求

海警将继续执行适用于北极的法律，并充分认识该地区海上执法随时间推移而不断发生变化的特征。随着该地区海洋生物资源和人类活动迁移模式的演变，海警将根据国家安全风险调整所有的行动和活动。

近期内，保护海洋生物资源和预防国际非法捕捞，将是该地区最重要的执法任务。鱼类种群正在向北极的更高维度迁移，阿拉斯加原住民已经捕获在当地语言中没有命名的新物种，这些变化将使现有渔业法规和国际协定的执行更加困难。海警将继续监测和评估、研究鱼类种群和海洋哺乳动物迁徙模式及趋势，以便对非法捕捞作出积极响应。

其他犯罪要素向阿拉斯加和北极地区的扩张，也威胁到北极的安全。在适当的情况下，海警将继续与国际、联邦、州、地方和部族执法伙伴合作，共同打击北极地区的犯罪活动，尤其是毒品贩卖、非法移民和其他非法活动。为保护美国的最北部边境，海警还将与其他联邦机构密切合作，扩大在北极的行动范围。

（三）推进北极海上运输系统现代化

海上运输系统是美国经济的命脉。海警保持安全、治安和国家海上运输系统的高效能力，是每年 5.4 万余亿美元经济活动、3080 余万个就业岗位的保障。北极海上活动的增加，将加大海警关于北极海上运输系统全面法律授权和风险管控能力的需求。由于地缘战略、环境和经济条件有可能使通过马六甲海峡、苏伊士运河和巴拿马运河的关键航线变得难以预测或负担不起，北极航道又具备成为北美、欧洲和亚洲之间新航线选择的可能性，因此这将对商业和军事机动产生重大影响，故确保北极海上运输系统高效运转对美国国家安全和经济繁荣极为重要。

不断增加的商业航运与海上自然资源勘探、生产、运输新技术和新方法相结合，为海警带来了挑战和风险。在北极照搬美国现有的海上运输系统是行不通的，为此，海警必须与公共和私营部门合作，开发、创新政策和技术，完善现有的海上运输系统管理工具。

为了解和管控北极海上运输系统不断变化的风险，海警要把当前系统和下一代系统的能力结合起来，通过利用稳健的治理模型、部署现代助航系统和海洋信息系统，将北极全面整合融入对美国至关重要的海上运输系统中，从而促进商业增长并直接增强美国的实力、恢复力和促进繁荣。

八、结论

海警在北极的使命任务是持久的，但战略背景已经发生了改变。自 2013 年《美国海警北极战略》发布以来的 6 年间，区域地缘政治竞争、经济驱动力和自然环境的变化要求海警重新审视其在北极地区的现有任务、活动和战略目标。同样，联邦政府和国际合作伙伴以及竞争对手都在修正他们的北极战略文件和投资，以应对该地区不断变化的条件。认识到美国在现代北极地区的需求，这一新的战略展望将通过以下努力实现安全、治安和对环境负责的海上活动：

努力方向 1：增强在动态北极地区有效行动的能力。海警拥有足够的法定权力、强大和坚固的伙伴关系网络，但也必须弥补能力和实力方面的差距，以维护美国主权、圆满完成任务。

努力方向 2：强化“基于规则的秩序”。海警将领导所有机构并与合作伙伴合作，促进法治并防止在北极产生不良影响。

努力方向3：创新和适应以促进恢复和繁荣。海警将与合作伙伴和利益相关者合作，开发创新方法，向这个偏远地区提供包括搜救、应急管理、执法监管和海洋安全等在内的关键任务服务。

下一步工作。每一个方向上的努力，都依赖于伙伴关系、团结一致和文化创新才能获得成功。伙伴关系和团结一致，无论是与北约盟国还是与阿拉斯加原住民伙伴，都是在复杂、现代北极领域获得成功的先决条件。所需要的文化创新不仅需要克服技术挑战，还需要克服在北极开展行动面临的政治和财政挑战。

为应对向惊险、动态北极海洋领域提供整体安全的挑战，美国需要一支现代化的、机动灵活的和创新型的海警。自1867年以来，海警在保护美国北极利益方面已经发挥了重要作用，而且还将继续发挥作用。随着北极的变化，美国海警将以适应和创新之举，随时迎接即将到来的任务。

第九篇 《21 世纪美国海上力量合作战略》[①]

前　言

美国海上力量——海军、海军陆战队和海警从未联合起来制定过统一的海上战略。这一战略强调将海上力量与国家其他力量以及我们的伙伴国和盟国联合起来。之所以联合，是为了保护和维持我们赖以繁荣并相互联系的全球体系，因此，这一战略描述的是如何将海上力量应用到全世界，以保护我们的生活方式。我们保卫家园和打赢战争的承诺与防止战争的承诺是一致的。

通过一系列被称为“与国家对话”的公共论坛，我们的公民参与了这一战略的制定。这些讨论主要包括三个主题：我们的人民希望我们保持强大；希望我们能保护他们及其家园；希望我们与世界伙伴合作防止战争。这些主题，加上严谨的学术研究和分析讨论，引出了一项全面战略，以满足美国民众的期望和需要。

《21 世纪美国海上力量合作战略》使我们的军队前所未有地紧密结合起来，以促进国家的繁荣与安全。这正是这个变化莫测的世界和美国民众的持久利益所共同需要的。

美国海军陆战队司令 詹姆士·康威 （James T. Conway）上将	美国海军作战部长 加里·拉夫海德 （Gary Roughead）上将	美国海警司令 萨德·艾伦 （Thad W. Allen）上将

2015 年 3 月

① 本篇译自：*A Cooperative Strategy for21 st Century Seapower*. U. S. Navy，Marine Corps，and Coast Guard，March 2015.

一、导语

美国的安全、繁荣和重要利益越来越多地与其他国家的安全、繁荣和利益相联系。维护国家利益的最好方式是建立一个全球和平体系，该体系由贸易、金融、信息、法律、民众和治理等相互依存的网络构成。

我们的繁荣得益于国家间的这种交流体系，然而，我们也认识到这种体系很容易受到一系列破坏的影响，而这些破坏可能产生连锁效应和有害后果。大国战争、地区冲突、恐怖主义、违法犯罪和自然灾害，所有这些都有可能威胁到美国国家安全和世界繁荣。

海洋连接着世界各国，甚至是那些内陆国家。海域——世界上的大洋、大海、海湾、河口、岛屿、海岸区、沿海地区以及它们的领空——支撑着世界90%的贸易，因此它是全球体系的命脉，连接着地球上每一个国家。海洋覆盖了地球3/4的面积，使世界人民成为邻居。海洋使我们能够帮助有需要的朋友，并对抗和击败来自远离我们海岸的所有侵略。

今天，美国及其伙伴发现，在一个不太可能爆发全面战争或绝对和平的年代，他们所争取的是全球影响力。面临的挑战是运用海上力量保护美国切身利益的同时，促进更广泛的共同安全、稳定及信任。虽然保卫家园和击败对手仍然是海上力量毋庸置疑的目的，但如果要为国家利益服务，海上力量就必须得到更广泛的应用。

我们认为防止战争和打赢战争一样重要。然而，维护持久和平和熟练掌握能战斗且打赢的关键技能，二者之间存在着某种矛盾。海上力量必须为打赢战争起决定性作用，同时也要增强我们防止战争、打赢反恐持久战的能力，并在国际事务中发挥积极作用，以及减轻灾害的影响。

一如既往，这些关键任务将由我们的成员来执行——这是一切军事战略成功的关键。因此，我们将为我们的成员——海军、海军陆战队和海警——提供必要的培训、教育和装备，以促进和平并在战斗中取胜。

根据《国家安全战略》《国防战略》《国家军事战略》和《国家海上安全战略》中明确提出的目标，美国海军、海军陆战队和海警将全员展开一系列军事行动，使美国免受直接攻击；同时确保战略准入和保持全球行动自由；加强现有和新出现的联盟及伙伴关系，并创建有利的安全条件。

此外，海上力量还将通过共同的安全工作，在一个开放的多极化世界里以共同威胁和共同利益为重点，建立国家间的信心和信任。这需要以一种前所未有的水准来整合我们的海上力量，加强与国家其他权力部门以及国际伙伴的合作。海上力量将成为创造美好明天的整合力量。

二、新时代的挑战

世界经济紧密相连。在过去的 40 年中，海上贸易总额翻了四番：90% 的世界贸易和 2/3 的石油运输通过海上完成。海上航道和作为支柱的海岸基础设施是现代全球经济的生命线，是现代分配体系中可见且易受攻击的目标，这一体系主要依赖于日益城市化的沿海地区之间的自由运输。

全球体系的扩大为许多国家带来了繁荣。然而，这些持续的增长可能会加剧与其他经济大国、跨国公司和国际组织在资源和资本方面的竞争。公众期望值的提高和资源竞争的日益激烈，加上资源的稀缺，可能使各国对领土主权提出更广泛的要求：更广阔的海洋、更多的航道和更丰富的自然资源——这可能导致潜在的冲突。

科技使得海上活动迅速扩展，例如能源开发、资源开采以及海上、海底的其他商业活动。气候变化正在逐步打开北极海域，不仅开发了新的资源，也开发了新的航运路线，这将可能重塑全球运输体系。虽然这些开发为经济增长提供了机会，但它们也是竞争和冲突的潜在原因。

全球化也正在塑造人类迁徙模式，以及卫生、教育、文化体系和冲突行为。这些冲突日益突出的特点是传统战术和非常规战术的结合，分散式规划和实施的结合，非国家组织使用简便技术和尖端技术的创新结合。政府的软弱或腐败，被剥夺公民权的民众的日益不满，宗教极端主义，种族主义，民族主义，以及人口结构的变化——加上全球化进程的不均衡和人们对全球化的某些反感——都会加剧矛盾，助长冲突。

同时，越来越多的跨国组织和某些国家以前所未有的方式进入全球舞台，通过破坏“全球体系”，来增强其实力和影响力。它们的行动，通常是有目的地挑起各方冲突，使缓和区域冲突的各种努力变得复杂化。

武器技术和信息的扩散提高了民族国家和跨国组织挑战海上准入权，逃避袭击问责和操纵公众看法的能力。技术的不对称使用将对美国及其伙伴构成一系列威胁。更令人担忧的是，国家和非国家敌对者对核武器和其他大规模杀伤性武器的需求越来越强。同时，它们对法律、金融和网络系统的攻击，其破坏性不亚于动能武器。

世界上绝大多数人口居住在离海岸线几百英里以内的地方。在日益拥挤的城市里，社会的不稳定性具有很大的潜在破坏力，现在已经有许多城市属于世界的不稳定地区。而诸如灾难性风暴、耕地流失和沿海洪灾等气候变化带来的影响也可能加重民众苦难，也会造成死亡、被迫迁徙、社会不稳定以及地区危机。

传媒会大肆宣传人类的这些疾苦，弱势群体更加痛苦地意识到他们的处境，并对此越发难以忍受。极端主义意识形态将吸引越来越多处于绝望和丧失机会的人，犯罪分子也会趁机利用社会的这种不稳定性。

这些情况导致了一个不确定的未来，我们必须重新思考该如何看待海上力量。没有任何一个国家能单独拥有为整个海域提供安保的资源。各国政府、非政府组织、国际组织和私营企业将越来越多地组建具有共同利益的伙伴关系，以应对不断出现的威胁。

三、海上战略概念

海上战略重申了利用海上力量影响海上和岸上的行为活动。海上力量的远征性和多样性为美国提供了一个不对称优势，即在不允许或限制进入的地区增减其兵力。美国永久或长期海外驻军常会给当地带来意想不到的经济、社会或政治影响，因此，海上作为一个巨大的机动空间，我们可根据具体情况和条件来调整海上力量，以灵活应对各种威慑和冲突的升级与缓和。

海上部队的速度、灵活性、敏捷性和扩展性为联合部队指挥官提供了一系列应对危机的选择。此外，无论是在正式的联盟机构（如北大西洋公约组织）内，还是在非正式的计划（如《全球海上伙伴关系》倡议）中，整合的海上行动都在向潜在的侵略者发出强有力的信号：我们将与其他国家一起行动，以确保共同的安全与繁荣。

美国海上力量将在全球范围内做好准备，确保美国国土和公民不受直接攻击，并促进美国在世界各地的利益发展。由于美国的安全和繁荣与其他国家的安全和繁荣有着密不可分的联系，美国将部署海上力量，以保护和维持和平全球体系，该体系由贸易、金融、信息、法律、民众和治理等相互依存的网络构成。

我们将利用美国海上力量固有的全球存在性、持续存在性和作战灵活性，完成六项关键性战略任务。在局势高度紧张地区或我们希望向盟国和伙伴国承诺安全稳定的地区，美国海上部队将具有特遣部队的特点——区域集中、前沿部署、战斗力强——以限制地区冲突，遏制大国战争。此外，美国还将在全球范围内持续部署任务导向型海上部队，推进国土纵深防御，与不断增加的国际合作伙伴建立和维持合作关系，防止或减轻破坏与危机。

（一）区域集中的可靠战斗力

我们将持续在西太平洋、阿拉伯湾/印度洋区域部署可靠的作战力量，以保护我们的重要利益，持续向盟国和伙伴国践行我们保证其地区安全的承诺，并威慑和吓阻潜在的敌对力量和竞争对手。这种战斗力具有灵活性，可迅速接受重新部署，以应对可能在其他地方出现的紧急情况。这些部队的规模和部署将满足下列战略需要：

前沿部署关键性海上力量以限制地区冲突。如今，区域冲突的影响范围远远超出了冲突地区。当区域危机爆发时，人道主义危机、跨越边界的暴力蔓延、流行病传播以及重要资源的中断都可能同时发生。尽管本战略主张广泛部署联网的海上力量，但我们不可能无处不在，也不可能缓和所有地区的冲突。

如果冲突威胁到全球体系和美国的国家利益，海上力量将会和本国其他力量与多国力量一起做出回应，为领导人提供一系列威慑、升级和缓和冲突的选择。在这个准入机会不断减少的时代，持续存在并随时准备战斗的海上部队为美国提供了强行介入的选择，同时也提供了对其他危机做出迅速反应的手段。无论何时何地，我们海上部队强大的防御力量，都将威慑野心勃勃的地区侵略者，确保盟国和伙伴国的安全稳定，获得并维持准入权，且在保护我们的公民的同时维持全球秩序。

这一概念的关键是维持一支强大的舰队——舰艇、飞机、海军和海岸基地舰队——有选择地控制海域、向岸上投送兵力、保护友军和平民免受攻击。

1. 遏制大国战争

就全球稳定而言，大国战争比其他任何破坏都更具潜在的灾难性。维护和扩大美国相对的海权优势，是遏制大国战争的重要组成部分。尽管与超级大国开战的可能性不大，但其毁灭性影响是可以肯定的，因此我们应该积极利用一切国家力量加以遏制。海上力量的远征性——其杀伤力、全球存在性、速度、续航力、克服障碍的能力和作战敏捷性——为联合指挥官提供了一系列威慑备选方案。我们将寻求一种具有可靠性和扩展性的威慑方式，以常规、非常规和核力量等方式打击侵略者。

2. 赢得国家战争

一旦发生战争，我们有能力实施局部海上控制、克服准入困难、强制进入、投送和维持岸上兵力，这使我们的海上部队成为联合部队不可或缺的组成部分。我们必须保持这种远征优势，因为它让联合部队指挥官能够机动作战。强大的海上作战能力可以集中和维持兵力，加强海上控制和力量投送能力，为陆地长期作战提供保障。

（二）全球分布的任务导向型海上力量

海军、海军陆战队和海警将整合组成一支任务导向型海上力量，美国海上各军种将对其进行全球分布，以实现美国海上力量的全球存在。这种全球分布必须超越传统的部署领域，将人道主义救援、反恐和非常规战争等各种任务包含在内。我们的海上部队将经常与特种作战部队和其他机构伙伴合作，有针对性地满足每个地区地缘政治的独特性和不断变化的需求。特别需要指出的是，这份战略已经认识到在非洲大陆和西半球和平行动的重要性和必要性。

1. 推进国土纵深防御

海上部队将在海岸线最大范围区域内通过识别和消除海上威胁来保卫家园。从培养关键的海外关系，到检查驶往美国港口的船只，或迅速应对美国海岸线面临的任何威胁，我们的国土防卫将整合海上力量、联合部队、各机构以及国际合作伙伴和私营部门，以提供最高水准的安全保障。在袭击或海上自然灾害发生时，一旦接到指令，海上部队将立即向当局提供支持。

2. 加强和维持对外合作关系

加强建立对外合作关系将有助于维护海洋领域的安全与稳定，促进各国利益发展。尽管我们的部队在必要时可以迅速增援以应对危机，但我们与盟国和伙伴国之间的信任与合作并不能在短期内提升。这些信任和合作必须经过较长时间才能建立，这样我们才能在促进相互理解和尊重的同时，不断考虑各参与者的战略利益。

促进对外合作的关键是培养海军、海军陆战队和海警队员丰富的文化、历史和语言等专业知识，从而增加与各国际伙伴的有效互动。通过“战区安全合作”建立和重振对外关系，需要加强能力建设、人道主义援助，改进海事管理的地区框架以及在海事领域执法方面的合作。

此外，海上各军种必须加强与美国其他武装力量和政府部门合作，来建立国际伙伴关系。为此，《全球海上伙伴关系》倡议寻求一种合作方式来促进海上安全，通过打击海盗、恐怖主义、武器扩散、毒品贩运和其他非法活动来促进海上安全法规的执行。

在影响全球体系之前，防止或遏制局部混乱。海上部队将与其他力量合作，确保在海上领域有充分的安全保障意识。这样一来，恐怖分子和极端分子、大规模杀伤性武器扩散者、海盗、人口贩卖者、毒品和常规武器贩运者以及其他犯罪分子等构成的跨国威胁都将受到限制。

通过前沿部署，并参与到区域和全球伙伴的互利关系中，海上部队将促进海上安全的提升。当自然灾害或人为灾害发生时，我们的海上部队可以与各机构和非政府伙伴合作，提供人道主义援助和救济。通过定期和有计划地参加合作活动，海上部队将为其他联合部队提供支持，以减轻冲突和控制破坏范围。

四、战略实施

要成功实施这一战略，海上各军种必须集中扩大美国海上力量的核心能力，实现和平时期的行动能力与战争时期的作战能力相结合。

（一）不断扩大的核心能力

美国海上各军种承担了许多任务，其海上力量的核心取决于以下六种能力，它们同时反映出美国越来越重视预防战争和对外合作。

1. 前沿存在能力

当今时代，国土安全受到各种威胁，海上力量需进行前沿部署。前沿存在可以让海军熟悉当地环境与地区组织的特性和行为模式。这将有助于海上力量在发生危机时做出有效反应，同时也考虑到了其他国家的主权。如果和平时期的行动转变为战争，海上部队将把对环境的了解和行动的丰富经验迅速应用于作战模式。前沿存在还使我们能够在离海岸线尽可能远的地方打击恐怖主义。在适当情况下，前沿部署的海上部队能独立做到孤立、捕获或消灭恐怖分子及其基础设施、资源和庇护所，当然，能与同盟伙伴合作行动更好。

2. 威慑能力

防止战争比打赢战争更为重要。我们必须从全球、区域和跨国的角度，通过常规、非常规和核手段来遏制侵略。开展有效的“战区安全合作”行动是扩大威慑、创造安全、消除冲突的一种方式。海军弹道导弹防御系统将为前沿部署的部队、盟国和伙伴国提供保护，以增强威慑能力，扩大美国国防架构。我们的空间优势必须得到保护和扩展，因为实现军队网络化、分散化作战能力很大程度上依赖于这一优势。我们将通过使用前沿部署的部队、空军基地设施、海军基地的战略和其他举措来威慑我们的敌对力量。

3. 海上控制能力

海上自由行动的能力是联合作战和机构作战最重要的推动力之一，而海上控制需要海洋领域的综合支撑，包括空间和网络。我们的海上控制面临许多挑战，其中最重要的挑战是越来越多的国家拥有先进的柴-电动力潜艇和核动力潜艇。我们将继续磨炼战术、加强训练和提升技术以消除这一威胁。我们不允许海上力量在行动自由和进入自由方面受到阻碍，也不允许敌人关闭关键海上通道和封锁海上商业通道来破坏全球供应链。我们将在任何必要的地方实施局部海上控制，最好是与盟国和伙伴国合作，但必要时靠我们自己也能实行。

4. 力量投送能力

能应对在准入、投送和维持岸上兵力等方面的挑战，是我们保持可靠战斗力的基础。拥有适当规模的部队、创新的技术、对对手的了解、灵活的联合规划，以及老练和机动的海军、海军陆战队和海警，我们的优势将得以保持。我们将保持强大的海上战略运输能力，以迅速集中和维持部队部署，促成联合作战的可能性。这种能力依赖于维持强大的美国海上商业运输产业及其关键的联合运输设施。

5. 海上安保能力

建立和维护海上安全对于消除海盗、恐怖主义、武器扩散、毒品贩运和其他非法活动等非战争威胁至关重要。海上力量应对这些非常规和跨国威胁的危机时，既保卫了我们的家园，又维护了全球稳定，促进了各国利益的发展。我们的海上部队通过既定的方案，如《海上作战威胁应对计划》（MOTR），在海上执行国内法和国际法。我们还与世界各国的海军和海警一道，维护全球安全，压制共同威胁。

6. 人道主义援助与救灾能力

基于在和平时期建立的对外关系，作为机构合作和多国合作的先锋，我们将继续以深思熟虑、积极主动的方式来应对危机，减轻灾民痛苦。这些危机与冲突促使我们采取行动，而海上力量的远征特性能够提供独特的援助。帮助非战斗人员迅速持续撤离，这种能力对于帮助美国公民和其他人员在安全受到威胁时脱离困境至关重要。

（二）优先考虑事项

为适应未来不断出现的挑战和机遇，本战略的实施要求海上各军种表现出灵活、适应能力强和统一的特性，其具体措施必须建立在演习、实战模拟、持续作战的经验基础上，并由海上各军种高层定期监督和统一指导。为使这一战略得以实施，必须采取主动行动，其中应优先考虑以下方面：

1. 提高整合与互通能力

战斗指挥官越来越需要以任务为导向的武装力量，这要求以一种更整合的方式来使用海上力量。

海军陆战队将继续作为陆空特遣部队，在水陆两栖舰艇上执行各种任务，如力量投送，同时也将作为分遣队，为执行海上安全任务而出现在各类船艇上。海军、海军陆战队和海警与安保部队、机动训练队、工程建设营、卫生服务部门、执法部门和民政部门等单位联合开展安全合作和执行人道主义援助任务，展示出这支武装力量的高度适应性。

国土防卫是军事力量整合的最显著例子。仅从海军和海警在某些未确定的地理边界上分担责任和权力的角度来谈论国土防卫是不够的。事实上，为保卫美国，海上各军种在任何地方都必须且将作为一个整体来运作。根据《国家舰队政策》，海警必须能够作为联合特遣部队的一部分在距美国海岸数千英里的地方执行任务，海军部队必须能够在必要时应对近距离的作战任务，以保障国家的安全和支持行政当局。在这些任务中，尤其是在具备不同能力和执行不同任务的各部队必须无缝合作以支持国防、安全和人道主义行动的情况下，整合和互通是成功的关键。

扩大与其他国家海上力量的合作，需要与拥有不同技术水平的多国伙伴加强协作。《全球海上伙伴关系》倡议将促进加强国际互通协作，支持海上安全合作。

要达到必要的整合和互通水平，需要各部队总部工作人员之间的高度协调，以履行供给、培训和装备的职责。此外，海军及海军陆战队的编组指挥官和海警的职能指挥官将在决定如何组织、部署和使用海上部队方面发挥核心作用。这一作用涉及确定战斗指挥官的需求，以创新的方式将各自的作战能力结合起来满足这些需求。要有效地做到这一点，即使不能直接整合，也需要海事部门之间的密切协调。在各级指挥中，我们必须加强统筹规划、执行和评估的能力。

2. 增强感知

为了取得成效，海上力量必须加大投入以增强“海上领域意识”（MDA）和提高“情报、监视和侦察”（ISR）能力。与世界海上商业利益方和参与国的海上力量建立新的伙伴关系，减少危险的非法海上运输和人员往来。在这个方面，我们已经取得了巨大的进展，同时为有效增强 MDA，《国家海上安全战略》要求开展更高层次的机构合作。

海上力量将有助于加强信息共享，在离海岸线尽可能远的地方，为消除外来威胁提供支持和动力。

认识到意识提高的好处，关键是要增强通过强有力的信息保障措施来保护信息不受损害的能力。这些措施将增强国际伙伴的信心，保证他们所提供的资料只会在授权者之间分享。

通常情况下，敌对势力不太可能尝试发起常规的武力冲突，而且，就海上力量可能受到公开挑战的程度而言，他们的战略几乎可以肯定是依赖于非对称的和出其不意的攻击，且都是通过隐秘、欺骗或伪装的方式进行。我们 ISR 的能力必须包括在支持全面军事作战的同时，以创新的方式渗透对手的战略，识别他们的能力和弱点。

我们必须消除对手主动控制前沿部队的可能性，并确保能向决策者提供他们所需的信息，以遏制侵略，并在采取此类行动之前考虑升级措施。

做好人员准备。考虑到执行本战略的部队是分散部署的，我们必须为海军、海军陆战队和海警做好人员准备，迎接未来的挑战和机遇。在一个信息交换迅速的世界中，在分权领导下，我们正在建立一支分散部队。今后，海上部队的行动将不像今天这样集中，初级指挥官将被赋予更高的责任和权力，以便能执行重要的战略任务。和前辈相比，他们需要与更多的多国伙伴以及本土居民进行互动。职业化发展和培训也必须相应地加以改进。对一支联合部队的作战运用，需要了解各部门或机构的能力与文化，这可以通过在整个训练、教育和人员分配过程中扩大学员与教员的相互合作来实现。

同样，如果要成功地与国际社会合作，我们必须通过扩大培训、教育和交流来提高区域文化专业知识。

重要的是，本战略需要新的思维方式——既要赋予个别指挥官权力，又要理解分散作战的有效效应。这类作战需要各方广泛分担责任：现场指挥官负责确保行动符合上级指挥官的意图；上级指挥官负责向下级提供意图和方针。分散部队的上级部门负责确保部队在训练、装备和文化上为其将要执行的任务做好准备；最后，区域指挥官负责确定适当的部队级别和备战状态。

五、结论

本战略源自对国家安全需求的全面评估。它不是假设冲突爆发，而是认清维持和平所需元素。展望广阔的海洋领域，它需要一个广泛而整合的核心能力，以支持我们的重大利益，而这需要由训练有素、高度积极和有能力的人来实现。

本战略注重的是机会，而不是威胁；是乐观，而不是恐惧；是信心，而不是疑虑。它认识到在这个快速变化的时代，不确定性条件带来的挑战，并指出了维护21世纪美国海权的必要性。

作为一项公开战略，本文件要求海上各军种发展更广泛的整合能力，以实现持久的国家战略目标。进一步的演习、丰富的作战经验和全面的分析是必要的，同样，基于本文件提出的海上服务承诺也是必要的。然而，仅仅靠海上各军种是无法实现这一目标的，必须鼓励和支持更大的海洋共同体中的各部门相互合作，才能确保整个海洋领域的和平与繁荣。

美国海上各军种承诺在未来数年继续推行合作战略。美国海上力量是一支永恒的力量，保护本国重大利益的同时，与其他国家共同促进全球的安全与繁荣。

后　记

从2005年开始关注、编译、研究美国海警陆续颁布的战略文件资料至今，历经十余年的断续积累，《美国海岸警卫队发展战略》一书终于和读者见面了。这本来是一件令人高兴的事情，但是欣喜之余，作者又不免诚惶诚恐起来。因为作者突然认识到，“读懂”美国海警战略的文字与“读懂”美国海警战略本身，两者之间的内涵完全不同，更何况现在对战略文件的“读”还不见得真正能“懂”呢。所以作者认为，该书的面世，无非是给美国海警战略的研究做了个铺垫，更复杂、更艰苦的工作还在后面等着呢。故此，作为一个基础性的研究成果，作者希望通过今后的不断挖掘和持续跟踪，能使其更加丰富和完善，也使其更加有时代内涵和现实参考价值。

本书得以完成，不仅得益于武警部队有关建设项目的大力支持和军事理论研究课题“美国海岸警卫队发展战略”研究结果的支持，而且得益于课题组成员的通力合作，更得益于周围其他同事和单位领导的鼓励和支持，在此表示衷心的感谢！

由于编者水平所限，书中难免有疏漏之处，希望各位读者、同仁能够给予更多的指正。我们深感在此研究领域尚有太多的研究空白，故希望该书的出版能够起到抛砖引玉的作用，以吸引更多的学者参与到该领域的研究中来。

编　者

2024年3月于宁波